地方文化资源教育转化
现实与超越

Reality and Surpassing:
Transforming Local Cultural Resources
into Educational Resources

卢德生　著

社会科学文献出版社
SOCIAL SCIENCES ACADEMIC PRESS (CHINA)

◎ 四川师范大学学术著作出版基金资助出版

◎ 四川师范大学教育科学学院著作出版基金资助出版

◎ 四川省哲学社会科学重点研究基地"多元文化研究中心"重点项目"地方文化资源转化为教育资源的路径研究"（DYWH2101）成果

◎ 四川省哲学社会科学基金项目"四川藏区地方文化资源转化为教育资源的路径研究"（SC15E058）成果

◎ 国家社科基金西部项目"多民族互嵌型社区中青少年人群共有精神家园建设研究"（19XMZ053）阶段性成果

目　录

中篇 地方文化资源教育转化的现实与考察

下篇　地方文化资源教育转化的检视与超越

绪　论

　　在党的十九大报告中，习近平总书记强调："文化是一个国家、一个民族的灵魂。文化兴国运兴，文化强民族强。没有高度的文化自信，没有文化的繁荣兴盛，就没有中华民族伟大复兴。"① "文明特别是思想文化是一个国家、一个民族的灵魂。无论哪一个国家、哪一个民族，如果不珍惜自己的思想文化，丢掉了思想文化这个灵魂，这个国家、这个民族是立不起来的。"② 习近平总书记还将文运与国运、文脉与国脉相并列，彰显文化在一个国家、一个民族发展中的重要地位和作用，突出文化与一个国家、一个民族之间的血肉联系，他强调："文运同国运相牵，文脉同国脉相连。"③ 中华民族之所以历经磨难而巍然屹立于世界民族之林，中华文明之所以历经5000多年仍具有旺盛的生命力，一个重要原因就在于其拥有博大精深的优秀文化。④ "中华民族生生不息绵延发展、饱受挫折又不断浴火重生，都离不开中华文化的有力支撑。中华文化独一无二的理念、智慧、气度、神韵，增添了中国人民和中华民族内心深处的自信和自豪。"⑤

---

① 习近平：《决胜全面建成小康社会 夺取新时代中国特色社会主义伟大胜利——在中国共产党第十九次全国代表大会上的报告》（2017 年 10 月 18 日），人民出版社 2017 年版，第 40～41 页。

② 习近平：《在纪念孔子诞辰 2565 周年国际学术研讨会暨国际儒学联合会第五届会员大会开幕会上的讲话》（2014 年 9 月 24 日），人民出版社 2014 年版，第 9 页。

③ 习近平：《在中国文联十大、中国作协九大开幕式上的讲话》（2016 年 11 月 30 日），人民出版社 2016 年版，第 5 页。

④ 张江：《建设新时代社会主义文化强国》，中国社会科学出版社 2019 年版，第 108 页。

⑤ 习近平：《在中国文联十大、中国作协九大开幕式上的讲话》（2016 年 11 月 30 日），人民出版社 2016 年版，第 4 页。

这些滋养了中华民族的优秀传统文化需要传承和发展，正如习近平总书记在纪念孔子诞辰 2565 周年国际学术研讨会暨国际儒学联合会第五届会员大会开幕会上强调的，"优秀传统文化是一个国家、一个民族传承和发展的根本，如果丢掉了，就割断了精神命脉。我们要善于把弘扬优秀传统文化和发展现实文化有机统一起来，紧密结合起来，在继承中发展，在发展中继承"。① 中共中央办公厅、国务院办公厅印发的《关于实施中华优秀传统文化传承发展工程的意见》中指出："到 2025 年，中华优秀传统文化传承发展体系基本形成，研究阐发、教育普及、保护传承、创新发展、传播交流等方面协同推进并取得重要成果，具有中国特色、中国风格、中国气派的文化产品更加丰富，文化自觉和文化自信显著增强，国家文化软实力的根基更为坚实，中华文化的国际影响力明显提升。"② 中华优秀传统文化由多方面组成，其中包括优秀的地方文化，这些地方文化具有独特的传承价值和育人价值，如何将这些丰富的地方文化资源转化为教育资源并使其在教育活动中得到传承和发展是需要重点研究的课题。

一 研究背景

（一）地方文化资源教育转化是文化强国战略的需要

一个国家的强盛不仅仅是经济的发展与富足，更重要的是文化的繁荣。2013 年 11 月 26 日，习近平总书记到孔府和孔子研究院参观考察时强调，一个国家、一个民族的强盛，总是以文化兴盛为支撑的，中华民族伟大复兴需要以中华文化发展繁荣为条件。"没有中华文化繁荣兴盛，就没有中华民族伟大复兴。一个民族的复兴需要强大的物质力量，也需要强大的精神力量。没有先进文化的积极引领，没有人民精神世界的极大丰富，没有民族精神力量的不断增强，一个国家、一个民族不可能屹立于世界民族之林。"③ 2020 年 9 月 22 日，习近平总书记主持召开教育文化卫生体育领域专

---

① 习近平：《在纪念孔子诞辰 2565 周年国际学术研讨会暨国际儒学联合会第五届会员大会开幕会上的讲话》（2014 年 9 月 24 日），人民出版社 2014 年版，第 11 页。

② 中共中央办公厅、国务院办公厅：《关于实施中华优秀传统文化传承发展工程的意见》，http://www.gov.cn/zhengce/2017 - 01/25/content_5163472.htm，最后访问日期：2020 年 10 月 20 日。

③ 习近平：《在文艺工作座谈会上的讲话》（2014 年 10 月 15 日），人民出版社 2015 年版，第 5 页。

家座谈会，就"十四五"时期经济社会文化发展听取意见和建议。座谈会上，习近平总书记强调要将文化建设放在全局工作的突出位置，并用"四个重要"来阐述文化在全局工作中的"坐标"："统筹推进'五位一体'总体布局、协调推进'四个全面'战略布局，文化是重要内容；推动高质量发展，文化是重要支点；满足人民日益增长的美好生活需要，文化是重要因素；战胜前进道路上各种风险挑战，文化是重要力量源泉。"① 建设文化强国无疑是我国未来社会发展的核心战略。

2011 年 10 月 18 日，党的十七届六中全会首次提出建设文化强国的基本战略。党的十八大以来，"建设文化强国"更是成为我国国家文化战略的集中表达，形成了对以往文化改革发展经验和未来发展目标的集中性概括。2020 年 10 月，《中共中央关于制定国民经济和社会发展第十四个五年规划和二〇三五年远景目标的建议》指出，到 2035 年要"建成文化强国、教育强国、人才强国、体育强国、健康中国，国民素质和社会文明程度达到新高度，国家文化软实力显著增强"，并且做出了"繁荣发展文化事业和文化产业，提高国家文化软实力"的具体安排。②

文化强国战略目标的实现需要传承与发展我国优秀传统文化。任何民族与国家都非无根之木，我们的生存总是寄托于民族长期发展所积淀下来的文化中。这些文化形塑了我们扎根于这个世界的方式方法，也为我们提供了丰富的精神养料。我们对未来的创造需要立足于这些优秀传统文化之上。"不忘本来才能开辟未来，善于继承才能更好创新。对历史文化特别是先人传承下来的价值理念和道德规范，要坚持古为今用、推陈出新，有鉴别地加以对待，有扬弃地予以继承，努力用中华民族创造的一切精神财富来以文化人、以文育人。"③

我国幅员辽阔，不同的地方在发展过程中形成了独特的地方文化，这

---

① 新华社：《习近平主持召开教育文化卫生体育领域专家代表座谈会并发表重要讲话》，ht-tp：//www. gov. cn/xinwen/2020 – 09/22/content_5546100. htm，最后访问日期：2021 年 3 月 18 日。

② 《中共中央关于制定国民经济和社会发展第十四个五年规划和二〇三五年远景目标的建议》，http：//www. gov. cn/zhengce/2020 – 11/03/content_5556991. htm，最后访问日期：2021 年 3 月 18 日。

③ 《习近平谈治国理政》，外文出版社 2014 年版，第 164 页。

些地方文化塑造了当地民众独特的精神气质与风貌，是中华民族优秀传统文化的一部分。挖掘地方文化资源的独特育人价值并将其转化为教育资源，使其在教育活动中得以继承和创新是实现我国文化强国战略目标的重要途径之一。

（二）地方文化资源教育转化是传统文化育人的需要

文化是一个国家的血脉，是人民的精神家园，是推动民族发展的内驱动力。习近平总书记指出："中华优秀传统文化是中华民族的精神命脉，是涵养社会主义核心价值观的重要源泉，也是我们在世界文化激荡中站稳脚跟的坚实根基。"[①] 他还强调："中国传统文化博大精深，学习和掌握其中的各种思想精华，对树立正确的世界观、人生观、价值观很有益处。"[②] 中华优秀传统文化集中体现了中华民族的智慧，影响着中国人的思想方式和行为方式，是中华民族独特的精神标志，具有很强的育人价值。

教育的目标之一是帮助受教育者形成对自己所处文化的认同，以建立对文化的自信，培育民族自信心和民族凝聚力，而这种对文化的认同必须是理性思维的结果，因此首先应该有高度的文化自觉。费孝通先生指出文化自觉的意义在于"生活在一定文化中的人，对其文化要有自知之明，明白它的来历、形成过程、所具有的特色和它的发展的趋向。自知之明是为了加强对文化转型的自主能力，取得适应新环境、新时代文化选择的自主地位"。他还指出："我们中国人有责任用现代科学的方法来完成'文化自觉'的使命，继往开来地努力创造现代的中华文化，为全人类的明天做出贡献。"[③] 这意味着我们必须加强对自己所处文化的理解，并在理解的基础上对文化进行理性的批判与传承，进而形成对文化真正的认同与自信。因此，必须加强传统文化教育。教育部印发的《完善中华优秀传统文化教育指导纲要》也指出："深入贯彻落实党的十八大、十八届三中全会精神和习近平总书记系列重要讲话精神，全面贯彻党的教育方针，积极培育和践行社会主义核心价值观，围绕立德树人根本任务，以弘扬爱国主义为核心

---

① 习近平：《在文艺工作座谈会上的讲话》（2014 年 10 月 15 日），人民出版社 2015 年版，第 25 页。

② 《习近平谈治国理政》，外文出版社 2014 年版，第 405 页。

③ 《费孝通论文化与文化自觉》，群言出版社 2005 年版，第 256 页。

的团结统一、爱好和平、勤劳勇敢、自强不息的民族精神为主线，以推进大中小学中华优秀传统文化教育一体化为重点，整体规划、分层设计、有机衔接、系统推进，促进青少年学生全面发展，培养富有民族自信心和爱国主义精神的社会主义事业建设者和接班人。"①

反过来，文化教育必须立足于优秀传统文化之中，也只有借助于这些优秀的传统文化才能实现对民族自信心和民族凝聚力的培育，因为民族自信心和民族凝聚力不能靠抽象的说教来培育，必须是在理解和感悟具体的文化的过程中逐渐吸收并内化而成的，这意味着我们需要将优秀的传统文化资源转化为教育资源。地方文化作为传统文化的一部分，无论是精神层面还是物质层面都蕴含着浓烈的地方性精神，但是其同样具有不可忽视的育人价值。深入挖掘地方优秀传统文化所蕴含的思想观念、人文精神、道德规范，并结合时代要求继承创新，让地方文化展现出永久魅力和时代风采，并将其转化为重要的教育资源是实现传统文化育人价值的重要手段。

（三）地方文化资源教育转化是创建教育特色的需要

当今社会飞速发展，人们的价值取向多元，教育需求也趋于多样化，因此，创造适合不同学生的教育是时代对学校教育的客观要求，是学校创建教育特色的根本依据，办学特色日益成为学校持续发展的竞争力和动力源，实现"学校有特色，教师有专长，学校有特长"也成为学校矢志不渝的追求。②《中国教育改革和发展纲要》也指出："中小学要由'应试教育'转向全面提高国民素质的轨道，面向全体学生，全面提高学生的思想道德、文化科学、劳动技能和身体心理素质，促进学生生动活泼地发展，办出各自的特色。"创建教育特色本质上是在落实统一的教育方针的同时，体现地方教育和学校教育个性化，最终是为了实现人的更好发展。

打造独特的学校文化，不断累积学校文化之底蕴是学校教育特色发展的路径之一，这与地方文化的传承逻辑相通。地方文化本身蕴含着丰富的历史、文学、社会等教育资源，可利用地方文化来加强人文教育，培养和

---

① 《教育部关于印发〈完善中华优秀传统文化教育指导纲要〉的通知》，http://www.gov.cn/xinwen/2014-04/01/content_2651154.htm，最后访问日期：2019年3月18日。

② 北京教育科学研究院"义务教育阶段学校特色建设的规划、实施与案例发掘研究"项目组编《特色　行动　影响》，北京科学技术出版社2010年版，第66页。

提高学生的人文素养。传承地方文化、挖掘地方文化资源的教育价值是满足学校创建教育特色需要的重要途径。学校与相关教育主管部门应该结合地方文化，打造出地方特色教育品牌。首先，地方特色历史文化资源的丰富内容，是特色教育创建的重要素材。地方特色历史文化资源所包含的文化知识、文化遗产、思想智慧与精神追求、优良传统与经验，无论在内容、形式，还是空间分布上，都是教育特色创建取之不尽的本土素材。其次，地方特色历史文化资源的浓厚积淀，是提高学生文化素养的重要基石。充分挖掘地方文化的内涵，打造独具地方文化特色的学校文化，推动教师专业素养的发展，致力于学生全方位的素质提升，是学校教育改革的重要内容。地方文化教育应充分利用地方教育元素，有效地进行校内与校外资源整合，充分利用地方文化资源打造特色教育、特色学校，使学生更深入地感受到家乡的历史文化、民俗风情。当前，很多地方和很多学校在这方面已经进行了一些探索，比如开发特色的教育资源、打造特色的教育品牌、办特色学校等，但存在流于形式的问题，其主要原因在于，地方学校未能利用好独特的地方文化资源，未能形成学校的文化教育特色。

地方文化既吮吸了中华优秀传统文化的甜蜜乳汁，又兼蓄了本地文化的营养成分。依托地方文化，将其融入学校的教育教学，把大量鲜活的地方文化资源转化为人文素质教育资源，促进地方文化资源与学校文化建设的整合，使地方文化更好地融入课堂教学，渗透在学生的生活中，体现在学生的日常行为中，打造出学校文化教育特色，这样才能真正实现提高学生人文素质的目标。

二 研究综述

"求木之长者，必固其根本；欲流之远者，必浚其泉源。"（《谏太宗十思疏》）中华民族文化博大精深，源远流长。地方文化作为中华文化的重要组成部分，是优秀中华民族文化的历史积淀，也是推动地域经济社会发展可持续的重要力量。其承载着各民族人民几千年的劳动和智慧，与中华文化一脉相承，既有中华文化的共性，又具有浓郁的地方和民族特色。将地方文化资源转化为教育资源，有助于学生尊重理解文化多样性，增强本土认同感。

本书通过对地方文化资源转化为教育资源的相关文献进行系统梳理和分析，对核心文献进行研读与内容分析，揭示该领域研究的主要内容和观念，总结反思现有研究，以期为地方文化资源转化为教育资源的研究提供新参考。

（一）地方文化资源转化为教育资源研究概述

1. 论文数量与年度分布

从总体的发文数量来看，关于地方文化资源转化为教育资源的研究整体呈现波浪式上升趋势，特别是在 2009 年之后，发文量快速上升，并在 2019 年达到顶峰状态。2009～2019 年研究成果增长迅速，数量占总发文量的 96.0%。我们将这一问题研究的历史脉络概括为：2000～2008 年为研究地方文化资源转化为教育资源的起步期，相关研究成果较少；2009～2019 年为研究地方文化资源转化为教育资源的探索发展期，研究成果逐渐增多，尤其是 2009 年以后，越来越多的学者开始关注和研究这一领域。从论文类型来看，硕士、博士学位论文和核心期刊是衡量论文研究质量的重要指标。其中，硕士、博士学位论文 63 篇，占总发文量的 15.79%；核心期刊 17 篇，占总发文量的 4.26%。综合来看，目前研究地方文化资源转化为教育资源的成果质量和层次需要进一步提升。

2. 主要研究方法

分析某一学术研究的方法至关重要。分类标准不同，教育研究方法可划分为不同类型。姚计海、王喜雪两位学者将教育研究方法分为"思辨研究""量化研究""质性研究""混合研究"四种类型。[①] 徐辉、季诚钧从研究者的研究方式与思维方式这一角度将教育研究划分为"定性与思辨方法""定量与实证方法"两大类。[②] 本书在借鉴前人对教育研究方法分类的基础上，将研究地方文化资源转化为教育资源的方法分成"定性与思辨""定量与实证""混合研究"三大类。在此基础上，对研究地方文化资源转化为教育资源的文献进行逐一分析，并借助 excel 表绘制相关数据，如表 0－1 所示。

---

① 姚计海、王喜雪：《近十年来我国教育研究方法的分析与反思》，《教育研究》2013 年第 3 期。

② 徐辉、季诚钧：《高等教育研究方法现状及分析》，《中国高教研究》2004 年第 1 期。

表 0 - 1 地方文化资源转化为教育资源研究方法统计

具体方法	定性与思辨				定量与实证						混合研究
	哲学思辨	多学科思辨	概念思辨	感悟性思辨	实验研究法	调查研究法	个案研究法	行动研究法	内容分析法	软件工程法	
数量(篇)	1	0	0	120	0	1	208	9	5	0	55
占比(%)	0.25	0	0	30.07	0	0.25	52.13	2.25	1.25	0	13.78

由表 0 - 1 可知，我国在研究地方文化资源转化为教育资源这一问题时并未出现传统教育研究的重思辨轻实证的现象，相反，使用"定量与实证"研究方法多于使用"定性与思辨"研究方法。在"定性与思辨"这一类目下，使用"感悟性思辨"研究方法最多，占总发文量的 30.07%；反之，对"哲学思辨"研究方法使用甚微，仅占发文量的 0.25%，"多学科思辨""概念思辨"这两类研究方法无人使用。在"定量与实证"这一类目下，"个案研究法"使用最多，占总发文量的 52.13%。"行动研究法""内容分析法"也有涉及，占总发文量的 3.5%，"调查研究法"使用较少，仅占发文量的 0.25%，而"实验研究法""软件工程法"这两类研究方法无人使用；剩余 13.78% 的文献则主要使用"混合研究"方法。

(二) 地方文化资源转化为教育资源研究现状

1. 地方文化资源转化为教育资源的现实背景

在已有研究中，不少研究者对地方文化资源转化为教育资源的现实背景进行了相关调查和论述，这些研究主要倾向于对地方文化传承困境和传承可能性进行讨论。

一是地方文化自身传承的困境。随着社会的快速变迁、科技的迅猛发展促使当下互联网地球村的形成，多元文化局面逐渐形成，外来文化元素加速冲击；[1] 而城市化进程使得民众原有生活方式急速转变，一些地方文化失去了生存的文化土壤和文化生态环境，日渐脱离生活；此外，地方文化传承方式多为家庭教育、民间师徒传承制等形式的社会教育，当下青年人不愿意学习地方文化相关技艺并从事相关行业，许多地方文化项目发展受

---

[1] 张永广、尚晓梅：《我国青少年群体参与非遗保护传承现状》，《当代青年研究》2017 年第 5 期。

困，危机四伏。

二是地方文化传承的可能性。首先，文化与学校课程存在天然的血肉联系。① 教育是文化的表现形式，它既是文化制度层面的一部分，也是文化精神层面的一部分，"一身而二任焉"。② 文化系统中传统的价值规范和思维方式，通常潜存于系统内各种文化形态（如知识、语言、艺术、民俗、礼仪等）中。教育作为传统文化的传播工具，其自身也体现着文化的传统，表现为其所传递的价值理念、思维方式和传递方式方面的传统色彩。教育系统所发挥的作用，是对一个文化系统中已创造的文化进行选择，并在此基础上进行加工以构成教育的内容。③ 其次，任何课程改革都离不开政策的有力支持，一些研究者对地方文化资源转化为教育资源的相关政策进行了研究，这些研究主要集中在硕士学位论文中。这些研究往往是基于现实的教育问题和特殊的政策背景选题，2001 年颁布的《基础教育改革试行纲要》中指出，"在保证实施国家课程的基础上，提倡地方开发适应本地区的地方课程资源，学校也可开发或选用合适本校特点的课程"；2014 年颁布的《完善中华优秀传统文化教育指导纲要》中明确指出："引导学生尊重各民族文化习俗，珍视各民族共同创造的中华优秀传统文明，培养作为中华民族一员的归属感和自豪感。"这些政策文件都在当时掀起了一阵研究热潮。

2. 地方文化资源转化为教育资源的理论依据

任何教育实践都离不开理论的指导，地方文化资源转化为教育资源作为一项教育实践同样离不开理论指导。现有的地方文化资源转化为教育资源的研究所运用的相关理论主要有以下几类。

一是教育类理论基础，包括生活教育理论、后现代主义课程理论等。如斯夸尔（K. D. Squire）等人选取美国学校中地方文化影响课程设计的四个案例，分析课程设计如何满足地方需求以及课程实施的文化背景，其研究得出教师和学生的目标和需要、教师的教育价值观念是课程情境化的重要影响因素，为了使课程成功实施，课程设计者必须将自身和课程实施的

① 郝德永：《课程与文化：一个后现代的检视》，教育科学出版社 2002 年版，第 1 页。
② 郑金洲：《教育文化学》，人民教育出版社 2014 年版，第 14 页。
③ 倪胜利：《教育文化论纲》，重庆大学出版社 2011 年版，第 82 页。

地方文化背景相融合。[①] 希赫（Bin Sihes）采用主题教学法，以望加锡当地文化作为教学内容，运用单组前后测设计进行准实验，其研究发现，学生在阅读理解中后测成绩往往优于前测成绩。[②]

二是心理学理论，涉及人本主义、行为主义、建构主义、多元智力理论、最近发展区等。如恩瓦鲁（J. M. Ngwaru）认为，基于行为主义的教学方法和忽视学习者的社会文化经验导致津巴布韦农村学生学业不良和被边缘化。在规范行为主义程序上组织的流行课堂实践的基础上，他提出了注重考虑当地文化和学生自己的经验的干预实验，并取得良好效果。[③]

三是文化学理论，包括文化教育理论、文化自觉理论、文化历史发展理论等。党志平从文化教育学、文化自觉理论等出发，探寻地方文化融入基础教育课程的理论根基，并提出地方文化的课程价值和融入原则。[④] 夏志芳在《地域文化·课程开发》一书中，探讨了地域文化的定义、构成以及影响因素等内容，以期从地方文化的维度唤醒人们对课程的地域文化的思考与自觉。[⑤]

3. 地方文化资源转化为教育资源的价值和意义

地方文化作为一种极具地方特色的民间文化，既影响社会发展，又对个体成长发挥着潜移默化的作用，反映出地方文化资源转化为教育资源具有重要的价值和意义。不同学者对地方文化资源转化为教育资源的价值和意义论述不同，总的来说，研究者多从本体性维度和工具性维度对地方文化资源转化为教育资源的价值进行探讨。

首先，本体性维度。其表现为两个方面：（1）滋养学生的本土情怀，增强学生的民族认同感和国家认同感。[⑥] 民族认同和国家认同一直是国民教

①　K. D. Squire et al.，"Designed Curriculum and Local Culture：Acknowledging the Primacy of Classroom Culture，" *Science Education* 4（2010）：468 – 489.

②　参见林淑珍《印尼望加锡市初级中学华文教育调查研究》，硕士学位论文，南昌大学，2020。

③　J. M. Ngwaru，"Transforming Classroom Discourse and Pedagogy in Rural Zimbabwe Classrooms：The Place of Local Culture and Mother Tongue Use，" *Language*，*Culture and Curriculum* 3（2011）：221 – 240.

④　党志平：《地方文化融入基础教育课程的理论构建》，《教育探索》2015 年第 7 期。

⑤　夏志芳：《地域文化·课程开发》，安徽教育出版社 2008 年版，第 5 页。

⑥　李臣之、王虹、董志香：《地方文化的课程价值刍议》，《教育科学研究》2014 年第 9 期。

育的重要内容，然而由于民族认同和国家认同的概念往往过于抽象，对于中小学学生而言难度较大。地方文化体现一定区域人们共同的价值观念和生产生活形态，成为国民教育的重要选择对象。学生从"爱乡土"出发，从"爱乡土"升华到"爱国家"，① 通过持续教育，认识自己所属文化和其他地域文化的特点及成就，滋养积极的乡土情怀，增强本土认识。（2）创新传承地方文化。"文化是人的活动，它从不停止在历史或自然过程所既定的东西上，而是坚持寻求增进、变化和改革。"② 地方文化资源转化为教育资源，不仅有助于培养学生自觉担当保护和继承地方文化的责任意识，而且可以让学生直接参与地方文化的建构与塑造，从而推动地方文化的延续与发展。③

其次，工具性维度。其表现为：（1）彰显教育特色。一方水土养一方人。学校不是与世隔绝的象牙塔，所属地域的风土文化对于学校特色建设来说也是丰富的营养。④ （2）丰富课程资源。地方文化涵盖一个地区人民生产、生活、人文历史的全部，既是本民族智慧的结晶，又是人们生活的重要构成部分，其所包含的服饰建筑、风俗习惯、价值观念、道德伦理等是学校教育的重要内容。将地方文化资源转化为教育资源，有助于丰富学校课程资源，拉近学生与课程内容的距离，提高学生学习主动性，培养其探究能力。

4. 地方文化资源转化为教育资源的实践路径

2019 年，教育部印发《加强和改进中小学中华优秀传统文化教育工作方案》。该方案明确指出围绕落实立德树人根本任务，多措并举，推动中小学中华优秀传统文化教育常态实施。可见，探究地方文化资源转化为教育资源的实践路径势在必行。

综合已有研究发现，地方文化资源转化为教育资源的路径主要有以下几种。一是在常规的课堂教学中融入地方文化，有研究者根据"自然环境

---

① 张雷平、周亚东：《乡土文化教育的现实困境与体系构建》，《国家教育行政学院学报》2021 年第 3 期。
② 〔荷〕冯·皮尔森：《文化战略——对我们的思维和生活方式今天正在发生的变化所持的一种观念》，刘利圭等译，中国社会科学出版社 1992 年版，第 4 页。
③ 郭连锋：《地方文化与校本课程开发的价值及策略探讨》，《教学与管理》2011 年第 15 期。
④ 杨九俊：《学校特色建设："寻找属于自己的句子"》，《教育研究》2013 年第 10 期。

对地方文化影响"课例,从课程目标、课程理念、教学模式、教学方法等多个角度对"中学地理优质课教学设计策略"做了初步探索,并提出需要继续探索的问题。① 有研究者根据地方文化资源在思想政治教育中运用的意义,提出充分发挥课堂教学、学生、全社会在思想政治教育中的不同作用,融合地方文化资源,努力提升思想政治教育的吸引力、实效性和感染力。② 二是开展综合实践活动,有研究者在问卷调查的基础上,明确指出地方文化是综合实践活动课程内容校本建构的重要原料和精神营养,并从课程内容的"形式"与"实质"结构两方面对综合实践活动课程进行构建。③ 三是地方文化校本教材开发,有研究者从文化生态学视角出发,指出地方文化语文课程具有文化价值构建、文化生态建设与语文教学改革促进等功能,并对地方文化教材开发的理念、原则、编排思路逐一论述。④ 有研究者针对现有语文教育对地方文化的忽视现象,围绕着目标设定、教材的呈现方式、教材的总体设计、教材的目录展示四个方面对《昆山地方文化校本教材》做出设想。⑤ 总的来说,大部分研究通过具体的教学实践探索地方文化资源转化为教育资源的实践路径。

5. 地方文化资源转化为教育资源的困境

虽然我国专家学者对地方文化资源转化为教育资源进行了比较广泛的研究,相关研究成果日益增多,但在教学实践中依然存在不少问题。一是教师应用地方文化资源意识淡薄。一方面,受学业水平测试和升学考试影响,教师不得不将有限的时间集中用来讲授考点,这种教学方法可在一定程度上提高学生知识水平,但学生只是知识的被迫"接受者",没有完全参与到课堂中来。另一方面,教师通常身兼数职,日常教学工作繁杂,没有足够的时间和精力去研究和整理有关地方文化资源的素材,这也在一定程度上影响了地方文化资源在课堂教学中的运用。二是应用地方文化资源的

---

① 孟勇:《中学地理优质课教学设计策略——以"自然环境对地方文化的影响"为例》,《地理教学》2021 年第 7 期。
② 李琳:《地方文化资源在学校思想政治教育中的运用》,《教学与管理》2018 年第 21 期。
③ 李臣之、纪海吉、张利纯:《综合实践活动课程内容校本建构:地方文化融入视角》,《课程·教材·教法》2018 年第 11 期。
④ 王洪志:《地方文化语文校本教材的开发策略》,《教学与管理》2016 年第 15 期。
⑤ 吴维:《〈昆山地方文化校本教材〉的开发依据及设想》,《现代教育科学·普教研究》2011 年第 2 期。

教学方式单一。有研究者对地方文化资源在中学历史教学中的应用情况进行调研，研究发现历史校本课程多采用传统课堂教学模式，教师以讲授法为主进行教学，以学生小组讨论为辅，授课地点多为教室。[①] 三是缺乏有效的地方文化资源考核评价制度。长期以来，我国学校教育以升学率做评价学校的单一标准，学生成绩是评价体系中的核心指标，[②] 这使得教师不得不将时间和精力更多放在考点教学上，难以为学生创造更多接触和学习地方文化的机会。

（三）已有研究评述

从研究方法上看，已有研究对定性与思辨、定量与实证、混合研究三种研究方法都有涉及。在硕士学位论文中，多采用问卷调查、个案研究等混合研究方法。在期刊论文中，大多数研究采用感悟性思辨研究方法和个案研究法，对哲学思辨、多学科思辨、实验研究法、调查研究法涉及较少。总的来说，关于地方文化资源转化为教育资源的相关研究并未出现传统教育研究中重思辨轻实证的现象，相反，使用定量与实证研究方法稍多于使用定性与思辨研究方法。

从研究内容上看，已有研究缺少广度和深度。已有研究虽然对地方文化资源转化为教育资源的现实背景、价值意义、实践路径、理论依据进行论述，但其研究的广度和深度有待进一步拓宽和加深。例如对地方文化资源转化为教育资源的研究多从教育学、心理学着手，很少从文化学和哲学的角度出发进行系统的、本源的建构，因此，所形成的结论也往往是对现象的一种合乎常理的"描述"，而非源于本质的剖析；地方文化资源转化为教育资源的实践路径的研究内容仅仅是对个人教学经验的总结，理论研究程度不高，缺少系统的教学理论的指导。[③] 地方文化资源转化为教育资源的困境研究虽多从现实问题出发，发现问题从而推测问题的解决策略、路径以及方式方法，但没有深入追踪问题的本质等。从整体来看，研究的广度

---

① 龚坚、雷卓权：《地方文化遗产在历史校本课程开发中的运用》，《教学与管理》2021 年第6 期。

② 邵忠祥：《少数民族乡土文化校本课程开发的问题与对策》，《中国民族教育》2019 年第6 期。

③ 吴秋连、李臣之：《地方文化融入国家课程研究述评》，《河北师范大学学报》（教育科学版）2016 年第18 期。

和深度有进一步挖掘的空间。

三 研究对象

虽然"企图或者声称给文化概念确定范围是徒然的",① 但人们一直未停止对文化这一存在物本质的描述。总体来说,大家公认广义文化几乎无所不包,社会生产力状况、经济关系、社会政治组织、社会心理、各种意识形态和科学等无不在内;② 狭义文化是一定社会群体习得并共有的一切观念和行为。③ 本书侧重关注的是狭义文化。

地方文化属于传统文化范畴。关于传统文化的层次结构,有不同的说法,比如"文化三因子"说、"文化三阶层"说、"文化三结构"说、三层次说、四层次说等。④

著名的文化人类学家马林诺夫斯基将文化结构分解为三个部分,提出了著名的"文化三因子"说。该学说将文化划分为物质、社会组织、精神生活三个层次。

著名历史学家钱穆将文化结构分为三个阶层:(1)物质的,面对的是物世界;(2)社会的,面对的是人世界;(3)精神的,面对的是心世界。

还有"文化三结构"说。(1)物质文化:满足人类生活和生存需要所创造的物质产品及其所表现的文化,具有物质性、基础性、时代性;(2)制度文化:反映个人与他人、个体与群体之间的关系,具有强制性、权威性、缓慢变迁性、相对独立性;(3)精神文化:人类在社会实践和意识活动中长期育化出来的价值观念、思维方式、道德情操、审美趣味、宗教感情、民族性格等,是人类文化心态在观念心态上的反映,分为书面文化、行为文化、心理文化、艺术文化等。

传统文化的三层次说。(1)传统文化传承的基础内容——语言文字。语言文字是中华民族的象征和根基,是传统文化传承和发展的基础载体,是中华文明的显著标识和符号系统。其本身又是中国数千年传统文化的体

---

① 〔法〕埃尔:《文化概念》,康新文等译,上海人民出版社1988年版,第8页。
② 冯契:《智慧的民族特征》,转引自陈卫平主编《反思:传统与价值》,上海文艺出版社1991年版,第2页。
③ 参见郑金洲《教育文化学》,人民教育出版社2014年版,第3页。
④ 卢德生:《传统文化育人的现实与超越》,中央文献出版社2015年版,第22~23页。

现。（2）传统文化传承的核心内容——优秀的思想体系。传统文化传承的核心内容是优秀的思想体系，即在数千年发展中凝聚形成的优秀的道德观和价值理念。（3）传统文化传承的重点内容——物质和非物质载体。传承传统文化的重要内容是充分传承和展示优秀传统文化的各种有形和无形的载体。这是当今社会最能转化为产业，产生经济效益的传统文化。

物质、制度、风俗习惯、思想与价值四层次说。（1）物态文化层：是由人类自然创制的各种器物，即"物化的知识力量"构成的。它是人类物质生产活动及其产品的总和，构成整个文化创造的基础。物态文化以满足人类最基本的生存需要——衣、食、住、行——为目标，直接反映人与自然的关系，反映人类对自然界认识、把握、利用、改造的深入程度，反映社会生产力的发展水平。（2）制度文化层：是由人类在社会实践中的各种社会规范构成的。（3）行为文化层：是由人类在社会实践，尤其是在人际交往中约定俗成的习惯性定式构成的。它以民风民俗形态出现，见于日常起居之中，具有鲜明的民族、地域特色。（4）心态文化层：是由人类在社会实践和意识活动中长期孕育出来的价值观念、审美情趣、思维方式等构成的。这是文化的核心部分。心态文化又可分为社会心理和社会意识形态。

按照巴登尼玛在《建设共享文化是民族团结的根本》一文中的观点，文化按被分享的广度可分为民族独享文化、国家共享文化和人类共享文化。①

民族独享文化只是作为民族成员拥有的文化。它是某一民族在其历史发展过程中创造和发展起来的具有本民族特点的文化。饮食、衣着、住宅、生产工具属于物质文化的内容；语言、文字、文学、科学、艺术、哲学、宗教、风俗、节日和传统等属于精神文化的内容。民族文化反映该民族历史发展的水平。语言是民族文化的重要组成部分，同时也是民族文化的表现形式。例如历史、文学（包括口头文学）、历法、医药、科学技术等，都是用一定的语言表现出来的。民族独享文化是该民族成员在迁徙和演进过程中为了适应自然和社会所形成的成果。而其他民族因为自身的生活环境的不同，生活所遇到的主要矛盾不同，可以不掌握这些文化。②

需要指出的是，文化的多元性和独特性不以民族为边界，可以用来育

①　巴登尼玛：《建设共享文化是民族团结的根本》，《民族研究》1996 年第 4 期。
②　卢德生：《传统文化育人的现实与超越》，中央文献出版社 2015 年版，第 24 页。

人的地方性传统文化与其说是民族文化，不如说是民间文化。

国家共享文化是指作为一个政治实体的国家内的各民族各阶层所共同认同的价值规范、社会制度和行为模式等。中华民族多元一体，共同组成了一个国家，而在各民族的交融过程中所共同认可的东西就是国家共享文化，比如对中华民族的理解、对中国的认同、对政治意识形态的理解和拥护，以及中华文化里面的儒家文化，当前所提倡的社会主义核心价值观，则是国家共享文化。而作为精神文化中的国学，可以理解为国家共享文化。国家共享文化被认可之后具有强制性，即作为国家的成员必须认可，至少不能公开反对，不然就会招致其他成员的反对，并进而影响其群体归属感。[1]

人类共享文化是人类共同面对自然和社会所形成的经验、知识和观念等。我们当前所遇到的自然科学，几乎都是人类共享文化。自然科学是研究无机自然界和包括人的生物属性在内的有机自然界的各门科学的总称。认识的对象是整个自然界，即自然界物质的各种类型、状态、属性及运动形式。认识的任务在于揭示自然界发生的现象以及自然现象发生过程的实质，进而把握这些现象和过程的规律性，以便解读它们，并预见新的现象和过程，为在社会实践中合理而有目的地利用自然界的规律开辟各种可能的途径。自然科学的根本目的在于发现自然现象背后的规律。因为人类面对的自然具有相似性，所以自然科学对人与自然矛盾的解决具有相似性。

本书所言"地方文化"指传统文化中人类共享文化与国家共享文化之外的部分，包括狭义上的民族文化和一般意义上的地域文化。

"地方文化资源"有两种不同的解释。第一种认为它是形成文化所依存的资源，比如文化要素、文化背景、文化主体等；第二种认为它是可资利用、使用和开发的文化，即把文化资源化所形成的结果，比如作为政治资源的文化、作为社会风尚养成资源的文化、作为经济资源的文化。本书所言为后者，即可以服务于教育的文化。

从文化到教育会经历多次转化，比如把文化资源化，文化资源转化为教育资源，教育资源转化为教育活动，所以作为教育资源的文化和教育资源之间本身也存在差异，所以本书同时使用"文化资源"和"教育资源"

---

① 卢德生：《传统文化育人的现实与超越》，中央文献出版社 2015 年版，第 24 页。

两个词，不是同义反复，而是认可二者的差异。

四　研究目标与内容

基于对研究背景及其展示出来的价值意义的认识，以及前人研究状况的分析，本书把研究目标确定为：在确定地方文化资源转化为学校教育资源的价值意义及理论视野的基础上，分析地方文化资源转化为教育资源的现实状况和实践困囿，并提出优化转化的价值定位和实现策略。

基于研究目标，重点设计了三个方面的研究内容：地方文化资源教育转化的意义与视野，地方文化资源教育转化的现实与考察，地方文化资源教育转化的检视与超越。本书分上、中、下三篇。

在上篇"地方文化资源教育转化的意义与视野"中，从地方文化资源的历史价值与现实意义和地方文化资源教育转化的学校教育价值两个方面探讨了地方文化资源教育转化的价值与意义；分析了本研究的理论基础"文化记忆理论"的发展历程、基本内涵和对本研究的启示。

在中篇"地方文化资源教育转化的现实与考察"中，分别讨论了地方文化资源转化为学科教学资源、校本课程资源和学校文化资源的现实需要与实践现状。本部分研究从文化需要、学校发展需要与人的成长需要多维视野分析地方文化资源教育转化的必要性与紧迫性，在实践现状部分基于大量的实地调查结果较为全面地揭示了基层学校在地方文化资源教育转化中的思考、经验与探索。

在下篇"地方文化资源教育转化的检视与超越"中，首先，从文化境域的不同特性、教育主体与地方文化的疏离和教育实践与文化资源转化错位三个层面讨论了地方文化资源教育转化的现实困囿、地方文化资源教育转化的价值定位和地方文化资源教育转化的现实超越。其次，从生成文化记忆、增强文化自信和培育文化品格三个方面厘定了地方文化资源教育转化的价值定位，确定了相关工作的价值取向与行动方位。最后，从三个维度探讨了地方文化资源教育转化的现实超越，分别是"多维整合：地方文化资源教育转化文化视野厘定"、"文化自觉：地方文化资源教育转化主体意识重塑"和"内外互动：地方文化资源教育转化协同平台搭建"。

上　篇

地方文化资源教育转化的意义与视野

　　上篇为本书的基本理论部分，主要探讨地方文化资源教育转化的一些理论问题，其中包括地方文化资源的历史价值与现实意义、地方文化资源教育转化的学校教育价值、文化记忆理论的发展历程、文化记忆理论的基本内涵和文化记忆理论的现实启示等。

| 第一章 |

地方文化资源教育转化的价值与意义

我国幅员辽阔，不同地区在几千年的发展过程中产生了丰富多彩的地方文化。地方文化蕴含着各地区人民在长期的社会实践中创造出来的精神财富，是中华民族文化的重要组成部分。它既吮吸着中华民族传统文化的乳汁，又兼蓄了本地文化的营养成分，充分展示了我国的综合国力。[①] 在讨论地方文化之前，首先要了解文化的内涵。从国内学者的研究表述上看，文化"狭义指的是哲学、宗教、文学、艺术、政治、经济、伦理、道德等等。广义指的是包括精神文明和物质文明所创造的一切东西"。[②] 因此，作为我国文化重要内容的丰富多彩的地方文化，在文化发展的长河中独树一帜，代表着各地区人民的性格，成为当地特有的符号，反映着当地人文、地理的特质和风貌，也是这些地区从古到今各种思想文化、观念形态的总体表征。

伴随世界多元化的步伐，文化的生存空间——社会——也发生着日新月异的变化，在跨文化交流日益频繁的当代社会，经受多重考验得以保存下来的各地方优秀文化，作为各地历史的积淀，既饱含着地方文化深厚的精神层面，又深深扎根在当地民众的日常生活中，并与社会融为一体。这样的地方文化不仅能够陶冶人的性格和情操，而且能够对该地区学校教育工作的创新与发展起到助推剂的作用。基于此，我们主要从地方文化资源的历史价值与现实意义和地方文化资源教育转化的学校教育价值两个方面，来讨论地方文化资源教育转化的必要性。

---

① 谭丽娟：《利用地域性历史文化资源开展思想道德建设的探索》，《理工高教研究》2009 年第 2 期。
② 《季羡林谈文化》，人民日报出版社 2011 年版，第 8 页。

第一节　地方文化资源的历史价值与现实意义

我国是一个具有丰富历史文化的国家，各种不同的文化以其深厚的生命力滋养着一代又一代人。[①] 地方文化是具有地方特色的民间文化，是一个地区广大民众创造享用和传承的生活文化。它既有民间文化的影子，也有各地区占主导地位的主流文化、大众文化等，其中地方性是地方文化最根本的特征。由此，根植于不同土壤的地方文化，有独特的价值与意义。

一　促进文化认同，丰富文化个性

"人类全体性……是受广义的教育进程制约。教育加快人的进化速度，最终把它培养成有意识的人，而不是孤独的人。"[②] 地方文化在日积月累的积淀中凝聚各地区人们的精神，使得同一文化背景中的人们在拥有自身的精神支柱、深厚的地方文化的同时在潜移默化中整体塑造人们的精神品格。另外，它对于各地方凝聚力、向心力的增强，也起着不可低估的作用。根植于各地区的地方文化无论是精神层面还是物质层面都蕴含着浓烈的地方性精神，在这样的文化基础之上，人们随历史的推移而形成的情怀也促使了人民个性的发展。

作为整个地区人们生存和发展的精神支柱，地方文化在人们的心中产生深层次的影响。正因为精神是整个地方民众智慧的结晶，有着历史的积累和沉淀，引领地方民众前进，指导和推动着整个社会的发展，因此，有着悠久历史底蕴的各个地方文化日益丰富，其情怀和个性也越显深邃。

（一）滋养民众本土情怀，提升民族国家认同感

人独特的脑生理机制带来了人的终极需求，这只能通过文化的情感价值系统，尤其是终极情感价值满足并形构人的意义系统。[③] 地方文化是一个地区历经漫长时期发展而沉淀下来的智慧结晶，涵盖当地的环境、生活、历史、风貌等因素，蕴含着当地民众的精神需求。因此利用地方文化培养

---

① 陈萍：《地方文化课程建构的基本理念与策略》，《课程·教材·教法》2012 年第 7 期。
② 〔法〕埃尔：《文化概念》，康新文译，上海文化出版社 1988 年版，第 69 页。
③ 景怀斌：《中华文化的终极情感价值及其共同体意识传播》，《民族学刊》2021 年第 1 期。

人们的民族认同感是潜在而有效的方式。地方文化使人们在循序渐进的过程中接受文化的陶冶，认同当地文化、反思当地文化、表现当地文化；认识自己民族的历史变迁、文化发展，热爱本地区、本民族的文化，提高民族归属感，自觉担当保护和传承地方文化的重任。①

综观全世界的地方文化，皆博大精深。各地区不同的气候、环境、历史等条件所造就的地方文化各异，各地区风土人情、生活习惯、观念看法皆因此有所不同，因此不同的环境中生活的人们具有不同的文化性格。② 而随着经济全球化，世界各国的经济发展迅速，由此造成科技至上、应试盛行的局面，在此背景下，地方文化受到忽略，在各地的学校教育中，乡土知识的授予缺乏，从深层次来讲，不利于对学生的乡土教育，从而影响学生的民族国家认同感。另外，地方文化是一种地域资源，从小处说是融在每个人血液中的乡情，从大处说它是一个民族凝聚力的象征，为培育民族凝聚力打下坚实的基础。③ 因此，利用丰富的地方文化资源，将各地区的优秀文化进行传承，是目前通过地方文化提升人民民族认同感的最好方式之一。所以我们依然要不断地强调地方文化之于人民的价值：地方文化作为一门描述性格的学问，有什么样的地方文化就有什么样的地方性格，而没有性格的人民必然是没有生命和活力的。

正如钱穆先生所言，"中国立国，是由整个国家全体各部分凝合而成。他虽有一个中心，而立国的重心并不就限制在这个中心里。他是由四围共同缔造一中心，并不是由一中心来征服四围而加以统制"。④ 即中国文化是由各地方文化组成，各地方文化组成中心文化，由此组成的中心文化又辐射影响各地方文化，二者相互包含，相互影响。地方文化的价值不言而喻，而从各地方文化的不同发展历程来看，优秀地方文化的共同特点都是能够对该地区民众的精神层面的塑造发挥着不可替代的作用，可以说，各地区民众的精神就是该区域内的社会、历史、政治、经济、文化发展脉络的综合体现。"一个国家，其创造力的开拓，离不开文化；一个民族，其凝聚力

---

① 党志平：《地方文化融入基础教育课程的理论构建》，《教育探索》2015 年第 7 期。
② 吴瑛：《世界文化强国建设经验及启示》，《人民论坛》2021 年第 7 期。
③ 陈婷：《论地域文化的教育价值》，《西北师大学报》（社会科学版）2013 年第 6 期。
④ 钱穆：《文化与教育》，广西师范大学出版社 2004 年版，第 72 页。

的增强，依赖于文化。""不同的地域文化也塑造不同品位的人，不同品位的人创造出有着质的差异的生产力的其它要素，进而影响到经济发展、社会兴衰。"①

在经济与科技飞速发展的今天，越发需要对地方文化进行认真的整理、挖掘，从而树立面向现代社会，适合各地区发展的精神旗帜，更好地滋养各地区人们的本土情怀，激发人们的民族自信心、民族自豪感及民族认同感，以推动各地区的社会精神文明建设达到一个新的高度。

（二）凝聚地方民众情感，推动文化个性发展

正如我们已经提到过的，各地区的人们隶属于他们身处的地方文化环境，每一个人都是地方文化的产物，因此，每一个成员都携带着他们自身文化中所蕴含的精神，而人们精神气质的形成必然会受到地方文化与人类活动两方面的影响。所以，纵观古今，无论任何年代，我们都能够寻找到因地域而天然凝结出的部分以群体利益和群体安危为己任的人们。由此产生的对自身所处地区以及民族国家的浓厚感情和由此带来的精神依赖与寄托，都是人们对地方文化认同表现的形式之一。

在共同的文化背景下，人们拥有共同的价值取向与奋斗目标，而其又将人们聚集成一个统一体。这一统一体则直接构成了稳定的社会结构，国家、地方源源不断地为人们提供着丰富的精神支持和物质保障。因为地方文化产生和发展的一个重要因素是整个社会大环境的"统一"，无论是统一的地区还是统一的国家，建立的制度从根本上都是在为统一的生存环境做准备，人类的生产活动、来往交流使得人们形成了彼此共同的精神和行为价值底线，人们为了维护这一底线，也必须努力地保持着生存环境基本的和谐统一。因此，地方文化在一定程度上是在给人们传递出一种统一的民族情怀，而统一的民族情怀将凝聚各地区人民的情感，促使各地区人民团结一致，激情奋斗。

地方文化是国家传统文化的组成部分，国家传统文化是地方文化的中心，并影响着地方文化，但对于各地区的人们来讲，整个国家的传统文化是相对抽象且不易感受理解的，而地方文化因其独特的地域性、亲缘性和

---

① 高承华：《提升教育水准推进地域文化的发展》，《陕西社会主义学院学报》2006年第2期。

人文性，使各地民众能够利用地方社会的价值、信念、民族、历史、风俗等知识，认识自己所属文化，因其自身正是处于该地，从一出生便与该地文化息息相关，从而对自身所处的地方文化理解更为深刻，由此，可通过掌握其他地方文化的特点及成就，进而对整个中国文化具有更深刻广阔的理解。对中国文化的整体感知是加深对地方文化理解的基础，在中国文化的整体背景下，各地方文化显得更为独特，地方文化在滋养地区人民的乡土情怀时，更多的是培养地方人们的本土情怀以及建设本土的责任感与使命感，进而推动地方人们根据不同的地方土壤，发展独特的地方文化，为发展多姿多彩的中国文化添砖加瓦。

在这个世界上，虽然地方文化中的许多内容都会经历一段被人们贬低、忽略甚至遗忘的历史，但我们也不得不承认，人的所有活动的起点和终点都可以归结到文化的层面上去，善恶皆是如此。部分地方文化虽在历史进程中有所破坏，但对地方民众的价值是不言而喻的。我们必须认识到，如今所传承下来的地方文化是历史选择的结果，因此我们现在更需要注重对地方文化的整理和把握，并将文化中的优秀部分渗透到每个人的心中，让大家以传统文化中的优秀品质为样本，凝聚地方民众情感，激发地方民众的统一意志，以此推动所有人为地区的发展进步而努力奋斗，进而促进整个地区、民族、国家走向更远的未来。

二　提升思想水平，锻造文化品格

在社会变迁的整体速度都在加快的今天，经济、政治、文化都在以日新月异的面貌彰显着新时代的鲜明特征。地方文化以其鲜明的地域性特征，承载着地区人们发展的精神力量，是各地的思想核心，而脱胎于文化的精神气质则是一个地区乃至一个国家赖以生存和发展的不可或缺的元素之一。

（一）提升思想水平

"人不是一义确定的，人可以并必须塑造自己。正是这一点才是自我解释对人的存在具有影响的基础"，[①] 这就决定提高自我存在状态是一个长久的事，也是多维度的事。优秀文化对人们的教育，尤其是思想观念层面的

---

① 〔德〕兰德曼：《哲学人类学》，张乐天译，上海译文出版社 1988 年版，第 7 页。

影响是潜移默化的。以学生群体为例，青年学生是建设社会的主力，正处在形成正确思想观念的关键时期。文化本质上是实践的，但其内核则是观念的与精神的。实践方式的不同决定着文化性质的不同，从而决定文化表现形态的不同。① 学生群体身处于多元化世界尤其是跨文化的环境中，网络时代又使得学生们能够便捷地了解各地文化，由于身心不成熟以及缺乏稳定的价值观，他们难以分辨其中精华与糟粕，更无法将之与中国本身的文化情况相联系，由此部分青年学生出现跨文化交际困难、盲目模仿别国风俗文化、追捧他国文化的情况。② 该境况不利于青年学生的全面健康成长，更不利于中国文化的传承与发展。而地方文化以其独特的地域性、人文性汇聚着当地一脉相承的优秀文化，承载着当地辉煌灿烂的地域精神，以其对青年学生潜移默化的影响，传递中国优秀传统文化，培养青年学生正确对待外来文化的态度与能力，引领青年学生吸收优秀文化，使其形成一种团结、积极、奋进的，能够推动地区乃至国家整体发展的健康思想。同时，对地方文化的深入了解可以使该地人们改变和消除以往形成的对其他群体、地域、种族的偏见和刻板印象，以更宽广的视野和开放的心胸，主动接纳和理解不同地区文化，走出自身地域文化的局限，树立正确的多元文化观，③ 进而经过批判思考、价值澄清、解决问题等过程，形成尊重不同民族、种族文化的良好心态，形成多元文化适应能力。

优秀的地方文化除了渗透并内化在人们的日常生活之中，它还为地方民众提供生活的态度。不同的生活环境影响不同的地方文化，常言江南女子温婉、川妹泼辣、东北姑娘豪爽，寥寥几字对性格特征的描述隐藏着各地的人生态度与人文特征，温婉的背后是对世事的坚韧与耐力，泼辣的背后反映勇敢与无畏，豪爽展现直面人生的果敢，各地文化虽有不同，但正是这些各异的文化汇聚成光辉灿烂的优秀中国文化，进而发挥其思想引领、价值引导的精神支柱作用。

因此，所有的地方文化中那些鲜活的、非说教性质的，至真、至情、至善、至美的健康思想、积极情感，无时无刻不在影响着该地人们对观念

---

① 戴圣鹏：《论文化冲突产生的原因及其化解途径》，《广东社会科学》2020 年第 4 期。
② 曹梦月：《大学生文化价值观的培育与优化》，《人民论坛》2017 年第 9 期。
③ 李臣之、王虹、董志香：《地方文化的课程价值刍议》，《教育科学研究》2014 年第 9 期。

的继承与更新和对新旧事物的审美价值追求，启蒙和引导大家以地方文化为坚定的基石，积极地建构既符合时代要求又具有独特个性的健康的思想观念，同时也会激励着人们自觉抵制不良思想的侵蚀，形成有理想、有道德、有文化、有纪律、知行合一的积极正确的人生态度。

（二）铸造良好文化品格

文化教育学主张，以文化财富去陶冶学生，演绎出教育与陶冶的真正目标、价值和意义，从而达到完整的人。[①] 这是对文化铸造良好文化品格和培养完整人的高度评价。同时，我们要认识到，文化带给个人的感受并不总是统一的，因此每一个人的文化品格修养也都是不同的，然而但凡接受了文化中某一固定成分的洗礼，那么人对良好品格的追求也就大同小异了，如此我们便也可以理解心理学家荣格所说的，一切文化最后都沉淀为人格，集体和个人都是这样。所以，正因为地方文化是地方历史的积累，需要人们从心理与行为上去接受，这就必然会面对地方文化中对人与人、人与自然、人与社会关系的思考，并由此来成就个人从知到行到心的自我完善。所以，要实现人的良好文化品格的完满修养，需要将文化与自身有机统一起来，和谐发展，不可偏废。

文化的主要价值为人文关怀，并体现为民众的一种生活方式，且外化为特定区域的一种人文品格。[②]即是说地方文化的存在从其本身来讲就是该区域人民品格的体现。文化的传承虽依赖一定的物质，但从其根源上来讲是对观念意识的传承，而观念意识的传承可从该地域的民俗文化中窥得一二。如岭南文化既具有厚重的历史传统，又有现代社会的文明革新成分；而从岭南文化中可深切感知到不畏艰辛、开拓进取、务实求真、敢为人先的地域精神。珠江三角洲众多城市如今仍旧举办传承而来的特色鲜明的民俗文化如龙舟竞渡、飘色、生菜会、观音诞等各种游艺竞技与民间诞会，反映珠三角地区民众的竞技精神以及务实求真品格。由此，在浓重的地方文化的熏陶中，民众在其中不断提升修养，砥砺品格，成为地方文化的传承者与发展者。

---

① 邹进：《现代德国文化教育学》，山西教育出版社 1992 年版，第 5 页。
② 凌远清：《区域民俗：地方文化软实力提升的重要依托》，《广西师范大学学报》（哲学社会科学版）2011 年第 3 期。

众所周知，良好文化品格的修养特别注重对情感与意志的培养，而对情感与意志的培养并不是一蹴而就的。西安是世界古都之一，在历史上曾有十多个王朝在此建都，其人文底蕴厚重而绵长，无论是兵马俑、古城墙还是大唐芙蓉园，无一不彰显着这座历史文化名城的魅力与韵味。而在此文化底蕴深厚的城市里，曾有王昌龄、白居易、杜牧等忧国忧民的诗人作出流传千年的诗歌。"汉皇重色思倾国，御宇多年求不得"，对皇帝一针见血的批判不仅体现了其社会责任感，更是其具有极强的民本意识与国家意识的体现；"但使龙城飞将在，不教胡马度阴山"，渴望和平的诚挚愿望是其对民众深刻同情以及以天下为己任责任感的体现，在如此的文化背景下，西安及西安民众被打上热情大方有才气的烙印。而在浓厚的文化氛围中，以各年代响应时代需求的优秀人才为榜样，从中反映的思想有助于引导地方人们对自身的文化品格进行不断修习，进而凝聚地方民众的情感与磨砺民众的意志，推动地方文化的发展。因此，在世界多元化的今天，尤其应该注重地方文化与教育的结合，从由古至今传承而来的文化中汲取有益部分，铸造地方民众的优秀品格，提高其思想意识，进而提高中国文化软实力，推动其创新性发展。

三　展现审美价值，提高人文素质

文化的审美价值是自然与人文在长期的历史浸润中逐步形成的，人人都需要美的感受，也需要拥有自己的审美理念。人要使自己"备于天地之美"，须如庄子所言，要"观于天地"（《庄子·知北游》），"原天地之美""判天地之美"（《庄子·天下》）。利用地方文化提升审美价值和人文素养便是必由之途，如席勒所言："通过美把感性的人引向形式和思维，通过美使精神的人回到素材和感性世界。"[1] 而我们所提到的众多地方文化对审美都各有各的理解，但无论如何，对各地区中的社会群体展现地方文化的审美魅力，需要依靠所获取的文化素材的质量和人们对接收到的文化内容进行筛选，当一个地区对美的认识达到了一定程度，那么该地区整体的人文素养也可以说得到了一定的提升。

---

① 〔德〕席勒：《审美教育书简》，张玉能译，译林出版社 2009 年版，第 54 页。

通过大量的事实证明，文化的审美价值可以具体体现在地方文化中的文学、历史、绘画、音乐、电影等这些文史材料之中。正如马克思所言，"艺术对象创造出懂得艺术和具有审美能力的大众"。① 但是，受现代教育中功利主义与实用主义膨胀的影响，应试教育对人文素养教育的思考减少，迫使学校、社会、家庭在升学的压力下，被分数本位的观念占据了思想空间，更使得学生们鲜有时间去培养自身的人文素养，因此学习地方文化的时间相应减少，从而导致了一代又一代的人对地方文化中渊博精神内涵的感悟匮乏。事实证明，先进的科学文化知识和传统的地方文化内容的学习并无冲突，英国作家赫胥黎说过："在一个飞速变化的时代真有一种危险，那就是一个人信息灵通和这个人有修养，很可能是互不相容的两件事情。要信息灵通，就必须快速阅读大量仅提供信息的指南之类的书籍。而要有修养，就必须慢慢去读、细细去品味很少的几本书，那是一些生活、思想和感情都有声有色的人写的书。"② 现在对人们人文素养的教育确实面临着这样的尴尬，而加强原汁原味的地方文化教育，使地方文化精髓逐渐内化为人们本身的一种素养，对整个地区、社会乃至国家的长远发展依然有着非常重要的意义。古语有云，以史为鉴可以知兴替，所以教育过程中人文道德精神的遗失，对国家、民族、个人的发展无疑是一项重大的损失。事实上，教育能够在很大程度上给予人正确、积极、正面的文化的引导，让人们以其特有的地域性格体现出文化赋予时代的人文道德精神和人文素养。当然，也不必去埋怨文化生存环境的变动带来的诸多不适，因为文化要体现出它美的价值，从根本上讲还是需要依靠人的自身修养。代代相传下来的地方文化素材如此丰富，我们理应用更多的时间与精力去将其挖掘出来，为增强各地区整体的人文素养做坚强的文化后盾。

地方文化的审美价值指该地区的民众能够从地方文化中获得情感的愉悦与精神的陶冶。比如古城沧州历史悠久，文化底蕴深厚，是《诗经》的传承之乡，汉代四家传诗韩、毛两家均出自沧州，而《诗经》是中国文学的源头，也是中国人精神的故乡，那蕴藉深永的真醇美感绵延在中国千年

---

① 《马克思恩格斯选集》第 2 卷，人民出版社 1995 年版，第 10 页。
② 转引自李西杰《道德常识何以可能？——摩尔常识观的启示》，《江苏科技大学学报》（社会科学版）2011 年第 11 期。

文脉之中，在日常生活中对《诗经》的传唱诵吟以及在学校的学习，让学生在其中更好地领略《诗经》的文化精神与审美特质。① 另外，"雅乐未兴人已逝，雄歌依旧大风传"，沧州文坛历代名家辈出，刘长卿、张继、张仲素、马致远为我们留下大量文质兼美的佳作，当代王蒙、蒋子龙、刘小放等优秀作家更以他们不懈的艺术追求给读者带来审美享受，年轻的网络作家也用他们灵动的文字展现着别样的审美情趣。置身于文学佳作中的沧州人民在多元化的审美中提高其审美修养，达到身心的和谐与人格的养成。

因此，优秀的地方文化不仅对引领社会道德方向的发展卓有建树，更主要的是它能够指导人们有意识地去担负起改造社会责任、重塑道德行为，从而展现出它独一无二的审美价值取向。美的事物是对历史的赞叹，对现实的满足，以及对未来美好期待的综合体现。地方文化对天地、生命的理解，以及对人的道德熏陶与培养，深刻地影响着人们人文气质及审美思维的提升。

地方文化的优秀之处在于它能够使人与周围的事物产生良性的互动，从而推动地区、社会的良性发展。我们应当明白，地方文化所做的不仅仅是带给我们纯粹的历史、文学或者艺术上的直观感受，更多的是通过情感共鸣以唤醒人们对美的追求之心。

四 促进知行合一，优化社会风尚

在《我的教育信条》中，杜威指出，"一切教育都是通过个人参与人类的社会意识而进行的"，"由于这种不知不觉的教育，个人便逐渐分享人类总结积累下来的智慧和道德财富"，"就成为一个固有文化资本的继承者"。② 地方文化作为地区民众意识观念的凝聚力，它促使人们拥有共同的理想信念，对地区、民族和社会产生认同感，这是以优秀地方文化为指导基础，从实际行动中遵守文化中传达的精神内涵，并将其付诸坚定的实践的良性结果。地区民众通过几千年来世世代代生活在其共同的环境中所创造出来的精神内容，构筑了整个地区生生不息的内驱力，而最为根本的方面则在于优秀的文化蕴含的正确的思想道德观念，这实际上也正是推动地区和个

---

① 张琼：《文化强国中的民族审美观念》，《西南大学学报》（社会科学版）2021 年第 5 期。

② 〔美〕杜威：《我的教育信条》，罗德红、杨小微编译，华东师范大学出版社 2015 年版，第 91 页。

人发展的动力和源泉。

我们之所以要强调地方文化对地区、人类乃至世界发展的重要性，关键在于它能够在潜移默化的过程中提高人们的道德修养，并让大家在相互交流、相互影响的过程中互为补给，并不断完善地方文化内容，通过了解、感悟等多种方式，教育和引领更多的人认识地区，认识社会，放眼世界，展望未来，从而提高人们的整体素养。

这些观念到社会实践的中间环节就是"知行合一"。"知行合一"是中国独有的哲学范畴，是儒家思想的精神品格，是中国人修身至善的实践路径，是中华民族的教育传统。[①] 尤其是在处理价值观冲突的时候知行合一。当前，我国正处于市场经济蓬勃发展和社会转型的时期，难免会出现极端个人主义复苏、集体主义观念淡薄等人生态度和价值判断的问题。在各种思想与文化的冲击下，人们如果没有将原本获取的知识与实践很好结合，就会产生文化选择困难、观念指向迷茫等问题。[②] 而这些问题的出现难免会对个人良好世界观、人生观、价值观的形成产生阻碍。由此，根据地方文化引导人们树立高尚的人生目的、确立积极进取的人生态度、实现人生价值的同时也为社会贡献出自身的价值是应对此问题的良好途径。长期以来的教育教学，普遍比较注重使受教育者学会求知、学会做事，这无疑是十分必要的，但往往忽视了更重要的一条，就是教他们学会做人，即学会处理人与人、人与社会的关系，具体而言，就是要教会受教育者能在彼此生成的良好文化氛围中，将求真、向善、爱美，知羞、知耻等品质真正内化为自己的思想修养。也就是说要让人学会怎样做人、为人、成人，要让大家知晓礼义廉耻，使之成材，成栋梁之材。这就需要发挥文化的教育作用。

历史越悠久的地方文化，已经在多年的积累和沉淀中形成了自己特色鲜明的稳定体系。地方文化中饱含对人们人生观、世界观、价值观培养和实现的内容。而知行合一的地方文化素养实际上是对人在认识自己与社会过程中的一个内在要求，最终目的是让人学会做人，遵守为人处世的基本原则，这是人应该具备的最基本的也是最重要的素质。

---

① 杨志娟：《知行合一理念：历史追溯、政策意蕴和实践模式》，《教育学术月刊》2021 年第5 期。

② 张选中：《积极营造助力良好社会风尚的舆论环境》，《人民论坛》2018 年第 23 期。

同时，我们还需要立足多元化世界的视角，来看待所有的地方文化，这要求人们在接受本地区、民族固有文化的过程中，也不要拒绝其他优秀文化。因为文化与文化之间并没有优劣之分，大家都处于一个平等对话和交流的空间，而我们只有用平等的态度对待世界上的所有文化，才能够更好地做到在保持自身文化性格的基础上，以兼容并包的态度来打开广阔的文化视野。

第二节　地方文化资源教育转化的学校教育价值

英国文化人类学创始人马林诺夫斯基（又译马凌诺斯基）指出，文化不是自给自足的存在物，而是人类生活之手段，要理解一种文化，重要的不是关注文化的形式，而是它的功能。[①] 教育具有传承和更新文化的功能，文化也正是通过教育得以保存和发展。教育的三个维度，即家庭教育、社会教育和学校教育，从文化保留的角度来讲，家庭与社会因生产生活的需要，对区域内的文化进行了一部分的保留，而从文化传承的角度来看，学校则成了主要场所。我们现在所知晓的人类文明大都是经过漫长的去粗取精、去伪存真的筛选之后保留下来的优秀内容。学校教育在此过程中发挥着举足轻重的作用。作为文明重要组成部分的地方文化通过这样自上而下的传承、相互间的平等交流以及自下而上的反馈，其承上启下的影响力不仅能够带给受教育者思想上的启迪，更能够赋予教育以改革创新的原动力。而日本学者市川博认为，地域文化有三种教育价值：一是丰富人的体验，二是培养学生的社会性，三是促进人性的形成。[②] 因此，选择合适的地方文化渗透到当地学校的教育教学活动中去，诸如校园文化建设、显性课堂与隐性课堂的创新与开发、地方文化进校园的活动等，既为地方文化的延续寻找到了合适的生存空间，又为学校教育增添了地域特色，像这样充分借地方文化之力的学校教育更加符合当今世界多元与特色并存的教育诉求。

---

① 参见〔英〕马凌诺斯基《文化论》，费孝通译，华夏出版社 2002 年版，第 15~18 页。
② 方凌雁、俞晓东：《地域特色校本课程开发的操作思路与案例剖析》，《教学与管理》2005 年第 16 期。

一　地方文化资源是学校德育工作之源

作为一定区域内的民众在长期的生活和历史发展过程中所自主生产、享用和传递的知识体系，地方文化凝聚着该地区的精神力量源泉，它们的存在是人类知识多样性的确证，蕴含着千百年来本土民众世代积累的智慧。[①] 而地方文化资源的一个显著特点，是其所蕴含的丰富精神内涵。这种精神性的内涵表现在其所具有的理想信念、政治立场、价值追求、精神品质与思想作风方面。这种潜在性的精神内涵在发挥德育效用上，既体现其优质性，又凸显教育的本源性，是一种本源性优质德育资源。[②]

经过长期积淀的区域文化，其自身所形成的道德观、风俗习惯、价值观等在一定层面上影响着个体的价值选择和行为习惯，以一种无形的力量影响着区域内人们的思维观念、思维方式、价值取向、道德情操、生活方式、礼仪制度、风俗习惯和宗教信仰。[③] 由文化的精神层面带来的核心价值体系充满地域色彩，历经千年所传承的优秀地方文化是该地区的思想结晶，它可以成为学校德育的一个重要方面，通过课堂或活动的方式将这一地区的优秀伦理道德进行普适性教育，并最终上升到与国家、社会、个人的发展相结合的层面。这既是对地方文化的保护、继承和创新，也是对学校创造性地开展德育工作的支持。可以说，地方文化资源是学校的德育工作之源。

首先，地方文化资源中所包含的丰富内容为德育内容提供多样化选择。我国地方文化多姿多彩，内容丰富多样，其中所体现的道德理念与素质内涵甚广，处于地区内的学校可结合自身德育目标与地方文化进行相应结合，形成独具特色的校本德育课程。比如，四川省阆中市是全国著名的历史文化名城，也是著名的古城，是春节的发源地，包含丰富的地方文化。古城区在重要节假日时常进行文艺表演，如张飞巡街、贡院表演等，另有浓缩阆中三国文化、风水文化、川剧变脸吐火、皮影戏文化、科举文化、丝绸文化及码头文化为一体的实景表演《阆苑仙境》。各小学中学会在此时组织

[①] 李飞飞：《基于地方文化传承的小学音乐校本课程开发研究》，博士学位论文，东北师范大学，2011，第 36 页。

[②] 杨涛、曾长秋：《补缺与融合：地方文化资源德育功能初探》，《湖南社会科学》2012 年第 6 期。

[③] 刘自斌：《区域文化在大学生德育中的作用》，《人民论坛》2010 年第 11 期。

学生进行观赏并采取观后感的形式，引导学生对家乡的人文历史、民间艺术等进行深层次思考和理解，加深对灿烂的本土文化的认识，在认识本土文化的过程中，逐步树立热爱家乡，进而深化热爱祖国的道德意识与认知。再比如河南省新乡市卫滨区的东方文化步行街是弘扬东方文化，对未成年人进行中华传统美德教育基地。700 米长的步行街上自东向西分布了三个广场，分别为神圣广场、忠义广场、孝德广场，安置了炎帝、黄帝、孔子、孟子、屈原、包公等为人们所称颂的圣哲先贤、历史英雄共 40 多组 80 多尊雕像，每尊雕像都有人物生平及其丰功伟绩介绍。步行街二层设有长达 1000 余米的文化长廊，镶嵌着百余幅精美浮雕，配以从历史文化典籍中精选出的人生哲理名言。该区的教师经常组织学生参观步行街，并以征文和采访的形式，对学生进行儒家传统道德教育，以活动的形式对学生的德育进行校外补充。[①]

其次，地方文化资源的人文底蕴为道德素质的培养打下基础。我们自古就重视德育价值，孔子主张培养"士""君子""贤人"，孟子主张"明人伦"，并指出"夏曰校，殷曰序，周曰庠，学则三代共之：皆所以明人伦也，人伦明于上，小民亲与下"（《孟子·滕文公上》）。当代德育目标依然是最重要的教育目标，取材于地方的文化资源可以更好地服务于这一目标的达成，因为深厚的人文底蕴是培养高层次社会责任感及道德感的基础。我国地方性文化包含丰富的人文知识、蕴含高阶人文精神，挖掘和学习我国地方优秀文化，感知和力行地方优秀文化的精神，对学校德育工作的开展大有裨益。实际上，人文底蕴是人们对人类文化中的先进和核心部分的才智与见识的认知，是对中华传统文化的深入理解，包括对优秀传统文化内涵、内在品质与精神的理解，是推动人们健康持续全面发展的精神动力，是引导言行的综合体。其中的"人文"决定着人的精神走向，"底蕴"显示人的才智与见识带有内敛性和隐含性的特点。通过对人文底蕴的不断丰富、积淀，人们可以提升品位和气质。具有人文底蕴的人，心智豁达、情感纯净、意志坚强。[②] 由此，深受地方文化塑造的人们具有深厚的

---

① 罗丹：《地方课程的实施策略研究——以"儒家传统道德教育"为例》，《河南教育学院学报》（哲学社会科学版）2009 年第 3 期。

② 于海礁：《谈我国学生发展核心素养中的"人文底蕴"——基于非物质文化遗产的视角》，《中国教育学刊》2017 年第 5 期。

人文底蕴，人文底蕴背后所蕴含的意志品质是培养其道德素质的基础与前提。

再次，地方文化资源代代相传的深层内涵是道德内化的基石。从人的道德形成来说，每一个人都是在有意识或无意识地对传统的继承中成长发展起来的。马克思、恩格斯在《德意志意识形态》中指出："历史不外是各个世代的依次交替。每一代都利用以前各代遗留下来的材料、资金和生产力；由于这个缘故，每一代一方面在完全改变了的环境下继续从事所继承的活动，另一方面又通过完全改变了的活动来变更旧的环境。"① 同时，地方文化资源是沉淀的一种社会价值观、精神理想和既成的制度文化，对现存的社会经济、政治产生重要影响，并引导社会向其规指的正确方向发展。

最后，地方文化资源的传统属性为德育定位指明方向。文化资源作为一种精神能量，是人们不断发展进步的精神支柱，为民族、国家的发展发挥其向心力及凝聚力的作用，其地位不言而喻。同一地域的民众信仰不同的文化，相同文化信仰的人分居于不同的地域。处在同地域的民众确定自己的文化归属的方式方法是全球化给现代德育带来的难题。由于全球化的思想浪潮，我国前些年出现背叛传统文化、盲目崇拜外来文化的现象，而在此期间所带来的传统文化生存危机以及文化差异所导致的思维方式等诸多的差异，为学校德育增加了负担，道德价值取向多元化使学生感到迷茫和无所适从，并且这一过程中学生们对本土文化及信仰的怀疑与缺失，使得各地区传统文化的传播氛围遭到了一定程度的破坏，使得国家和社会认识到在文化交流中寻求自身的文化定位的重要性。而究其根本，自身文化的定位不可避免地要回到传统文化中去。事实上当我们把地方文化作为该地区学校的德育内容时，既可以保持当地原有的地方特色，还可以课程的形式将地方文化中有关的德育内容整合到常规教学中去，这样也更有利于构建起一个具有地方特色的学校德育体系，而且地方文化本身惯有的德育力量对人们的影响更大。近几年国家增添的学校课程、教材中传统文化的内容层出不穷，如《中国诗词大会》《朗读者》《见字如面》《上新了，故宫》等文化节目，以及加强面向全体教师的中华文化教育的培训，都深刻

---

① 《马克思恩格斯选集》第 1 卷，人民出版社 1995 年版，第 88 页。

体现了传统文化、地方文化对德育定位的重要地位与作用。

二 地方文化资源是学校教育资源之基

当前社会变迁和世界多元化的背景，给各地区的学校教育提出了文化传承的使命和任务。地方文化之所以可以实现跨越时空的流传，并给此区域每一个时代的人创造新的社会财富，离不开学校的传承功能。学校教育是培养人的活动，而各地区的学校教育更加应该赋这一教育活动以深厚的地方性人文内涵和底蕴。学校教育的主要任务是关注人的发展问题。从这样的角度来思考各地区的学校教育与文化传承，要扎根于地方文化的土壤，与地方历史文化背景紧密相连。一方面，以人的发展为地方文化发展的主体支持；另一方面，以地方文化发展作为人的发展的必要条件。用地方文化来推动人的发展，最终才能促进整个国家和世界的发展。

（一） 学校教育与地方文化的现代化发展

文化现代化与提升文化软实力、建设文化强国等具有内在一致性。[①] 文化现代化是包括地方文化在内的整体国家文化格局的现代化。在人类发展的过程中，受政治经济因素的影响，形成了不同的国家、民族和地区，而每个民族和地区的风俗、信仰、饮食、环境等各不相同，形成了独具特色的地方文化。丰富多彩的地方文化不仅是我们珍贵的精神财富，也是重要的教育资源。我国基础教育课程改革中所提及的培养目标包含两个方面：一是作为一名合格国家公民应具有的具体道德素养；二是以科学主义知识观、全球观为主的显性知识素养。上一节已阐述地方文化对德育工作的有效价值，而德育是道德素养培养的关键途径。实际上，受教育者作为需要全面发展、整体性发展的人，对其的要求除上述两种素养外，理应包含生于地方、长于地方的个体性的地方知识或地方文化素养。相关的内容在《基础教育课程改革纲要（试行）》的"课程管理"等部分也有所提及。[②]

学校教育承担着教书育人的职责，是真正发生教育和进行教育的主要场所之一，更是文化传承与发展的重要基地。目前我国正处于社会经济、

---

① 杨竞业：《文化现代化：从"自由的文化"到"文化的自由"》，武汉大学出版社 2012 年版，第 271 页。

② 郭连锋：《地方文化与校本课程开发的价值及策略探讨》，《教学与管理》2011 年第 15 期。

政治、文化飞速发展的现代化时代，各个方面的转换、变革势必都会引起文化的变迁。我们特有的地方文化此时也正处于新旧交替阶段，新的文化因素开始出现端倪，形成当今多元文化的格局。当前，传统文化与现代文化、东方文化与西方文化、主流文化与非主流文化、本土文化与外来文化、民族文化与外域文化的矛盾冲突非常突出，使得文化成分相当复杂。从文化展现的形态看，我国南方和北方、内地与边疆、各个地区，在文化上既有共性，又有各自的特点和个性。这些文化或相互影响、相互渗透，或相互独立、自成系统，但都在以不同形式、不同程度地影响和规定着人们的价值取向和行为取向。同时，文化的发展越来越呈现出开放化、民主化、多元化的生态特点。

现代化社会中的各地区学校的学生具有多元的文化背景，文化与文化之间的基本要素是能够相互适应的，因为文化本身就具有独特的认同机制和信息的过滤功能。我们已经知晓各地区的学校与地方文化之间的密切关系，它们相互依存，又相互制约，而学校作为一个文化组织系统，不仅仅要担负着对地方优秀传统文化进行传播的重任，从实质上讲，它更多的还是应该将传统与现代进行合理有效融合，使地方文化既不失传统风格，同时又符合现代化学生的思想观念和发展需求。

（二）地方文化与学校教育改革

任何一种文化都有需要人们开发的未知领域和拓展的空间，地方文化亦不例外。"文化是人的活动，它从不停止在历史或自然过程所既定的东西上，而是坚持寻求增进、变化和改革。"[①] 而地方文化不断创新发展的特征与教育生生不息的性质相吻合。古老的地方文化中蕴含着比较完整的社会思想道德规范体系，伴随着时代的发展，不断凝聚、更新、整合，虽然在现代社会不断变迁的环境中，常常受到主流的、强势文化的冲击，但它依然符合地方文化体系下人们的生活习俗，也是当今各地区的学校进行教育改革的蓝本之一。

雅斯贝尔斯曾指出，如何使教育的文化功能和对灵魂的铸造功能融合

---

① 〔荷〕冯·皮尔森：《文化战略——对我们的思维和生活方式今天正在发生的变化所持的一种观念》，刘利圭等译，中国社会科学出版社1992年版，第4页。

起来，成为人们对人的教育反思的本源所在。这对人类来说是一个很大的挑战，一不小心便会误入歧途。全部教育的关键在于选择完美的教育内容和尽可能使学生之"思"不误入歧路，而是导向事物的本源。教育是人的灵魂的教育，而非理智知识和认识的堆集。在学习中，只有被灵魂所接受的东西才会成为精神瑰宝，而其他含混晦暗的东西则根本不能进入灵魂中而被理解。[①] 当前世界已经进入新的发展时期，特别是在多元的国际背景下，年青一代的自主意识、独立意识、竞争意识和自我选择意识逐步增强。在世界经济全球化浪潮中，世界各地的思潮、意识形态和网络化信息时代的冲击，使教育对象的思想意识、价值观念、思维方式等日趋多元化和复杂化，给各地区的学校教育提出了新的挑战。以学生熟悉而鲜活的地域文化为主要内容，深化教育教学改革，能够使学生更加认同自己的文化根基，意识到自己文化的特殊性，从而培养其高度的文化自觉和文化自信，增强传承发展民族文化的使命感与责任感。[②] 如何重新认识、重新理解地方文化，对形成具有地方性特色的学校教育体系，应对教育教学过程中出现的新问题、新情况，都具有深远的意义。

学校在以地方文化为背景进行教育内容改革时，可以根据各个学科的特点，在深入分析和研究地方传统文化的基础上，从中吸收那些符合各地区学生身心特点、符合现代教育理念的文化元素作为学校课程的资源，将传统文化与各课程领域相结合。在传统文化中，许多源自实际生活经验总结的内容，大多具有贴近生活、贴近社会、贴近现实且极富针对性的特点。它们除了对社会全体成员有一般性的要求外，还对各种不同的群体提出了具体的教育理念、方法和相应的要求规范和行为准则，具有很强的实用性。这些教育资源不仅内容丰富，而且言简易懂，便于遵照执行。这对于我们在学校教育中把特殊性和一般性相结合，进行分层分类因材施教，具有重要的借鉴意义。

将文化进行系统分类并与各科教学相结合的学校教育改革，一方面可以让学生通过各学科的教育活动全面了解该地区的传统文化，另一方面可通过接受各种形式的地方文化教育来实现区域内学生的全面发展。

---

① 〔德〕雅斯贝尔斯：《什么是教育》，邹进译，三联书店 1991 年版，第 5 页。
② 俞海洛：《依托地方文化 走出地方高校特色发展之路》，《中国高等教育》2013 年第 9 期。

现代学校教育是工业文明的产物，其设立之初就沿用了工业文明追求效率、批量生产的模式。因此，现代教学活动的基础是精密而周全的计划，学校成为学生应付考试的机构，教师的目标主要是想尽办法提升学生考试能力和考试成绩，教师、学生和家长关注的焦点是如何提高学生应考能力，考出好成绩。原本应该高度重视学生的政治、思想、道德素质培养的学校教育在功利化的影响下，逐渐冲淡了地方文化中最本质的育人目的。我们已经探讨过地方文化中所包含的精神和气质对人的思想、心灵的影响，因此，对于学校教育而言，很重要的一点就在于是否能够将前辈们的优秀思想融会贯通并渗透到教学中去，让学生们能够理解并体会到这些思想中所蕴含的人生意义，而把引导学生成为有理想、有目标、积极向上的自我的人则应当是学校教育的最重要工作之一。所以学校教育也应当对地方文化中的优秀内容进行深入挖掘，充分吸收文化中的有益内容，并将其运用在学校教育教学的过程中，以保持地方与国家、传统与现代的整体和谐统一。

（三）促进地方文化与学校教育各方面的有机整合

虽然学校教育只是教育的三个场域之一，但它依然能够通过学校特有的模式对地方文化进行创造性整合。地方文化中最重要的就是其潜在的道德思想理论，取其精华，发扬其优秀精神文化，是使学生遨游于文化底蕴深厚的环境里以享受学习的乐趣的途径。在文化的连续性与继承性特征的引领下，我们将地方文化里与学校教育教学一脉相承的内容发掘和整理出来，并在新时期学校教育中加以运用，将直接有助于地方文化更好地发挥其教育功能，[1] 也能够帮助学校教育实现内容的丰富和方法的创新。

1. 多元一体教育目标下的地方文化典范

我国疆域广阔，地方文化丰富而多姿多彩，共同构建了中国文化，为国家的发展提供源源不断的生命力与活力。而作为文化传递的途径——教育——担负着传递人类共同文化成果的责任，这意味着不仅要传递本国主体优秀传统文化，而且要传递本国各地区优秀传统文化。因此，在这样的格局之下，我国各地区的学校教育也承载了其独特的"多元一体"的教育

---

① 李国明、肖立新、李晓燕：《基于地方文化视域下的高校思想政治教育创新研究》，《中国成人教育》2014 年第 7 期。

目标，相应地也担负着传承地方文化的重要使命。

无论任何时期，优秀文化的典范力量都是十分重要的。例如云南的茶文化，与中原茶文化相融合又相区别。云南的茶叶种植历史悠久，在云南有各种各样的珍稀野生茶树、古茶树、茶园景观，形成了丰富多彩的、别具一格的茶文化，在其背景下，云南的少数民族对于古茶树有神圣的敬仰，他们认为茶树是有灵魂的。重要节日时，当地民众都要对古茶树进行祭祀，并虔诚地献上祭品。比如布朗族崇尚的山康茶祖节，在其《祖先歌》中表达茶树是该族生存的基石，表达了其利用自然、改造自然的大无畏的乐观精神。① 这足以对生活在这样的文化背景下的民众产生精神与行为方面的深远影响。居于湖北的土家族自古以来就有崇凤文化，从民居文化来看，无论是房屋的建造时间还是雕刻的图案，无一不展现对凤凰的崇拜；从婚恋文化来看，传唱的民歌中常以凤凰寄托情思；根据丧葬文化，凤凰一直守护着逝者的安宁；而在各种工艺文化中，凤凰题材永远是其图案中的主角。无所不在的崇凤文化隐藏着该地区民众内心深处天人和谐统一的宇宙观，表达了至真至善至美的人格理想。② 所以，我们强调学校教育要重视地方文化的优秀成果，正是因为学生对地方文化的情感、态度和价值观大多以此为前提。地方文化为教育提供了很多以身作则、言传身教的教育方法，不仅要求教育者自身要有较高的教学素养，更要求其人格、品行也能够成为受教育者的文化模范。

在学校教育中，地方文化之于学生的体验不像在家庭教育和社会教育中那样触手可及，但它是依靠隐藏在人们内心深处的地方性精神力量一点一滴地维系起来的。无论是学校里的校园环境，还是教育工作者，都应该为学生起到导向作用。

2. 规划学校传承地方文化的主要内容

越来越多的调查研究已经向我们呈现出了比较清晰的地方文化教育的脉络，结合到传统的教育教学理论，学校在对地方文化进行教育内容的选择时，通常需要从知识，情感、态度和价值观，以及能力三个方面来考虑。

---

① 王欢：《云南少数民族茶文化的内涵挖掘与社会功能解析》，《贵州民族研究》2018 年第 7 期。

② 陈潇翔：《论土家族文化中的凤凰意象——以鄂西土家族民居、婚恋、丧葬、工艺文化为例》，《湖北社会科学》2017 年第 3 期。

在知识方面，各地区的学校教育内容可包括"生态环境""生产生活""民风民俗""社会历史""传统科学""艺术""语言文学"等方面。其中，"生态环境"包括山川、草原、动植物、矿产、民族、政治、经济、教育、社会福利、社会建设等内容，"生产生活"包括饮食、生产方式、劳动工具及其制作等内容，"民风民俗"包括婚丧嫁娶、服饰、礼节、饮食、节庆、勤劳勇敢等传统美德等内容，"社会历史"包括寓言、历史名人、名胜古迹、军事、姓氏等内容，"传统科学"包括天文、历算、医学、建筑工程等内容，"艺术"包括绘画、建筑、戏曲、陶瓷、器具、民歌等内容，"语言文学"包括诗歌、传说、民谣、故事、格言、俚语、谚语、笑话和幽默及小说等内容。同时，在情感、态度和价值观方面，包括对生命的热爱，对其他地区文化、国家文化的包容与尊重，同时拥有乐观的心态和坚强的意志，以及对地区和家乡的热爱等。最后，在能力方面，学校教育除了能够直接将地方文化的具体内容传递给学生之外，还应该让学生学会爱护家乡，形成主动保护地方文化的思维，并能够接纳其他文化，提升适应多元化社会的交流能力等。

在当今多元文化社会的教育中，学校应特别注意规划地方文化的传承，怎么传承，用什么方式引起师生甚至社会对地方文化的重视，都是学校应当思考的问题。同时，还需要考虑的是每个学段的学生在认知、情感、性格、个性等方面存在的差异，学校在选择不同年级的地方文化教学内容时，还要根据每个年级学生各自不同的思想、心理特点因人施教，才能取得较为理想的效果。

3. 探索学校教育与地方文化融合的途径

文化是课程的母体，课程来源于文化。课程是浓缩的文化，课程是文化的精华。① 一方面，学校课程既是地域文化的产物，又是地域文化的动因；另一方面，地域文化既是学校课程的目标，又是学校课程的手段。② 地方的价值不仅在于人的身份建构，也推动着意义生成。③ 因此地方文化与学

---

① 李广、马云鹏：《课程实践品性的文化解析》，《东北师大学报》（哲学社会科学版）2009年第1期。
② 陈大路、谷晓红：《地域文化对基础教育学校课程的影响》，《教育探索》2008年第1期。
③ 杜芳芳、何洵：《重新理解地方及其教育学意蕴》，《教育理论与实践》2021年第13期。

校有效融合的桥梁是课程，而地方文化与各地区的学校进行有效融合的途径之一便是开发地方课程和校本课程。人是文化氛围中的人，一个人的成长与他所处的环境和耳濡目染的文化有着相当密切的联系。深入挖掘地方文化课程资源就是用那些代表先进文化方向的优秀地方文化来全面提升学校教育教学质量。与此同时，则应加强学校与家庭、社区的合作，即通过三方面的沟通互动，推动地方文化对教育的全方位影响。

　　地方文化对特定地域内学生思想观念和价值取向具有潜移默化的影响，将地方文化融入教学资源既可以缓解学科知识与学生经验之间的冲突，增强教学内容的适切性，又能够使学生获得建构知识和创造知识的能力，优化自身的知识体系，形成自己的独特见解，真正实现意义学习。[①] 而地方课程是不同地方根据特定地域或社区社会发展及其对学生发展的特殊要求，以及特定的课程资源设计的课程。[②] 校本课程则是与国家课程、地方课程相对而言的课程形式，是学校自主决定的课程计划或方案。与地方课程相对的是国家课程，国家课程主要给学生传授学科知识，而其远离学生的生活经验，导致学生难以理解和运用。因此，需要将国家课程中的学科知识与地方知识进行有机结合，在结合的过程中重视地方文化、选取适当的地方知识与各学科教学有效连接，这是学校教育与地方文化进行融合的有效途径。一是将地方文化作为学校课程或者课程元素，将乡土教材的编写纳入地方课程开发的计划中。二是将地方文化知识纳入课程评价中。在课程的开发、实施及评价的过程中充分吸收地方文化的精华，帮助学生认识地方文化，丰富学生的生活经验，充实学生的生活技能，拓展学生多方面的综合性知识。三是利用地方文化建好校本课程，校本课程是学校自主决定的课程计划或方案，该课程的设计究其根本是根据学校发展目标及特色而来，而地方文化的注入使得校本课程焕发出浓厚的地域特色，是学校创新发展的有效途径，另外地方文化在校本课程中的融入，可以引导学生关注校外的各种文化现象与社会问题，可以培养学生自觉汲取地域文化营养的意识

---

① 咸富莲：《将地域文化融入教学资源的思考》，《天津师范大学学报》（基础教育版）2015年第4期。
② 宝乐日：《地方课程：少数民族地区实施多元文化教育的载体》，《民族教育研究》2006年第2期。

与能力。① 在面对学生群体时，可采取采风、鉴赏、体验、建言等方式，鼓励学生参与民间艺术的欣赏与优秀文化的传承，提出地方文化创新的建议。在校本课程中融入地方文化，可以引导学生关注校外的各种文化现象与社会问题，培养学生自觉汲取地方文化营养的意识与能力，从而推进学校创建名牌特色校本课程，帮助学生个性化发展与人格完善。

在地方课程和校本课程中纳入当地文化内容，不仅可以促使学生了解并掌握该地区优秀文化成果，形成对地方文化的情感、态度和价值观，而且可以增强课程对各地区的适应性，增进教师对地方文化的了解和研究，调动他们参与课程开发的积极性，促进他们的专业成长。地方课程和校本课程的开发需要包括专家和教师在内的多种人员的参与，要考虑各地的实际情况：在开发过程中要听取来自不同层面如教师、学生、社区、家长的意见；在实施过程中要通过各项活动的指导，帮助学生学习。② 所以，在地方文化的传承过程中，教育的三个维度：学校、社会、家庭缺一不可，我们必须加强学校和社区、家庭的合作，让地方文化在每一个维度的相互作用下发挥最佳功效。学校可以通过家校合作的方式，组成家长之间的文化联合会，让家长向学生介绍或传授相关地方文化知识和技能，在学校中充分发挥家庭教育的作用，同时还能够激发家长与学生共同学习的热情。此外，越来越与国际接轨的现代社会，在不断吸收外来文化的同时，也不要忘记自身所承载的地方文化传承重任。

正如兰德曼所言："我们不仅是文化的建设者，我们也为文化所建设。"③ 地方文化内容丰富，底蕴深厚，包含的诸多优秀思想内容和教育方法，既能够给学校教育教学工作以启迪，也能够引导学生进行自我认识、自我反思、自我实现、自我超越，最终完成自我教育，提高自身修养。当然，如果各地区的学校能够加强与社区的沟通，与家长的合作，鼓励学生参与社区组织的地方文化活动，在活动中掌握地方文化知识和技能，并获得自我认同和民族认同，那么各地区的学校教育则不仅可以营造出很好的

---

① 何银：《地域文化视野中的校本课程开发》，《全球教育展望》2007 年第 S1 期。
② 曹能秀、王凌：《少数民族地区的学校教育和民族文化传承》，《云南师范大学学报》（哲学社会科学版）2007 年第 3 期。
③ 〔德〕兰德曼：《哲学人类学》，张乐天译，上海译文出版社 1988 年版，第 224 页。

地方文化氛围，形成良好的地方文化教育的生态系统，更有利于地方文化传承，使学校教育和学生的实际生活相结合，促进教育向生活世界回归，在充分发挥教育功能的同时，也可以强化家庭和社区的教育功能，提升家庭教育和社区教育的水平。

三 地方文化资源是学校特色打造之本

在经济与科技迅速发展的现代社会，"以经济全球化为先导的全球化浪潮带来了文化多元化的独特景观"。[1] 地方文化受其地域性的限制，在传承发展上受到一定的阻碍，但地方文化是其区域内思想意识、民俗风情、行为习惯的结晶，蕴含着丰富的文化积淀，地域文化在特色学校建设中有其独特的作用和巨大的能量，特别有利于解决"千校一面"的问题，实现办学的特色化和个性化。[2] 因此，学校须大力发展地方文化，结合地方文化的特性打造学校特色，推进学校开拓创新，引领地方文化传承发展。

我国地方文化源远流长、丰富多彩，无数前辈智慧的结晶尽集于此。长期流传下来的文化中表现出来的对自然、对人、对各种社会关系的认识，在地理风俗、生活习惯、饮食习惯、性格特点等的具体体现，都是地区内历史形成的共同社会认识，是一个地区别于其他地区的精神特质。优秀的传统文化和精神，始终是维系人与人之间的精神纽带和支撑整个地区生存、发展的精神支柱，同时也是学校文化建设发展的宝贵精神文化财富和重要组成部分。[3] 学校文化体现的是一所学校的教育理念及文化信仰，也是一个地区文化风貌的集中场所。社会的现代化使学校文化的功能日趋完善，并逐渐形成学校文化的新格局。因此，为促进学生全面、健康、和谐地发展，必须加强校园文化建设。学校文化建设是一项系统工程，是教育活动的重要阵地，是课堂教学的有益补充和延伸。地方文化以其独特的地域性成为学校特色文化建设的重要项目之一，对现代学校文化产生积极作用。在学校文化建设中，我们也应该认真去发掘、整理、保护和传承地方文化精华，

---

① 费孝通：《"美美与共"和人类文明》，《新华文摘》2005 年第 8 期。
② 万华：《促进学校特色发展的地方教育政策反思》，《教育研究与实验》2015 年第 3 期。
③ 范涌峰、张辉蓉：《学校特色发展：新时期城乡义务教育一体化的内生路径与发展策略》，《教育研究与实验》2019 年第 5 期。

并将其仔细打磨成学校文化的特色。

具有地方特色，建设适合地方发展需要的学校文化，这需要我们从学校外部各因素的宏观角度和学校内部各结构和层次的微观角度分析入手。学校文化是一种积淀深厚的文化。学校本身就是文化传统的产物，它又是以传递文化为己任的，是经过历史的积淀、选择、凝聚、发展而成的，它负载着深厚的文化，在某些方面是文化精神要求的集中体现。[①] 学校应该把培育和弘扬地方文化作为校园文化建设的重要组成部分。一方面，要在将优秀地方文化推向世界等方面做出更多的努力和探索；另一方面，要全面、透彻地了解优秀地方文化，正确处理好传统与现代、继承与发扬的关系，取其精华，去其糟粕，使之与学校的培养目标相适应，做到在保持地域性的同时体现时代性，在文化传承中促进校园文化建设的发展。同时从文化建设的角度来看，传统地方文化不仅能够起到思想上的教化作用，更多的是为学校师生提供一个共同的文化环境，使之更好地认识自己，以及认识自己所处的文化。

地方文化丰富多样，在文化形态上呈现多元化特征。在现代化发展的过程中，部分地方文化在由学校进行传承的过程中，出现部分学校文化的建设应该与时俱进，不应墨守成规、因循守旧的声音。[②] 山东是儒家文化的发源地，在某种层面上儒家文化也可称为山东的地方文化。近年来一些学校以孔子的儒学文化为蓝本，建立特色校园文化，并在开学典礼时全校身着儒生服饰，行儒家礼仪，有评论认为这是学校重视传统文化的最好体现，但亦有论者指责这是盲目复古的落后行为。暂且不论这两种说法的对错，我们在建设校园文化的时候，最应该注意的是，传统文化的精神实质总会通过这样那样的形式或仪式体现出来，并传达到每一个身处这种传统文化并接受其洗礼的人的教育过程中去，最终内化为人们自身的交往方式。学校文化对传统文化的吸收不能仅仅学习其外显的仪式化的东西，而是应该思考如何将这些仪式所表达的人与人、人与自然、人与世界的相处之道深入每一个学生的言谈举止中去，并对其产生积极的影响。

教育活动总是在一定的地域中进行的，因而有着一定的地域文化色彩，

---

①　李蕴：《民族中学学校文化建设研究》，广西师范大学出版社 2008 年版，第 117 页。

②　郝文武：《在特色发展中彰显农村学校文化和活力》，《教育科学》2020 年第 3 期。

反映着地域文化的一些特征。所谓"环境塑造人才",作为学生学习和生活的主要场所,学校环境深刻地影响着学生们的成长,而地方文化应当成为学校文化的一个有机组成部分。优秀的地方文化能够为学生提供一个良好的学校文化氛围,为引领学生朝着社会与自我所期望的方向发展助力,使其拥有正确地辨别是非、真伪的能力,同时提高学生鉴赏真善美的能力,以最终实现自我完善和发展。就社会整体而言,学校文化无疑是一种具有一定特殊性的文化,与其他文化有差距。又因为学校作为一种社会组织,其内外环境、构成因素和历史传统等都与其他组织各不相同,因而经由自身的运作,会形成其自身独特的文化模式,亦即形成独特的组织文化。总而言之,地方文化是极为宝贵而丰富的精神财富,是一个取之不尽、用之不竭的精神宝库,是学校教育的理论基础和重要内容,更是学校文化建设的重要组成部分。

第二章

文化记忆理论及其时代回响

地方文化资源的内容包罗万象，但它也是一个地方或民族最为重要的特征之一。从横向的空间维度上看，地方文化可以外显为行为习惯、风土人情、建筑风格或特色习俗。从纵向的时间维度上看，地方文化则饱含着这个地方从古至今的文化积淀。一个地方、一个群体，一代又一代人的记忆，大浪淘沙般地流传至今，有的形成了文字记载，有的则化成了生活里不可或缺的日常，还有的早已消逝在时间的长河里。

在我们讨论地方文化之前，需要思考它们是如何发展的，是如何在不同的历史阶段形成不同的特征的，这些文化又是如何被保存下来的。

第一节　文化记忆理论的发展历程

从词源上看，记忆这个词来自拉丁语"memoria"，其含义中既有"记忆"的部分，也有"回忆"的部分。西方学术语境认为"记忆研究"（memory studies）一词中包含了"公共记忆（public memory）、集体记忆（collective memory）、社会记忆（social memory）、国家记忆（national memory）、文化记忆（cultural memory）等术语"。[①] 这些术语事实上已经将文化记忆理论的发展脉络展现出来了——记忆从个体到集体再到文化的脉络，经历了从神经学或脑科学到心理学的发展，然后再转向社会学，最后走向文化学的过程。从这一发展脉络来看，记忆与个体、集体和社会都有着深远的联

---

① 李彦辉、朱竑：《国外人文地理学关于记忆研究的进展与启示》，《人文地理》2012 年第 1 期。

系，但文化中的记忆、记忆中的文化与我们的日常又有所不同。要了解文化记忆与地方文化的关系，首先要弄清楚这一理论是如何发展而来的。

一　起源：个体记忆研究

在神经学、脑科学等领域中，都曾有关于记忆的研究。在这些研究中，往往会看到记忆、回忆等词。实际上，记忆与回忆的确有联系，但也有所不同，当两者被放到了文化研究的领域里，则有更大的区别。而我们常见的文化，又与这两个词有着密不可分的关系。文化通常被看作一个集体、一个民族不可或缺的东西，其中最重要的组成部分是代代相传的历史，这些历史关乎文化包裹着的集体，同样也关乎集体中的每一个人。

在西方文化的传统中就有"记忆术"一说，曾被罗马人划归为修辞学的组成部分。西塞罗在其作品中将记忆分为"自然的"和"人为的"两种，并认为记忆术是"人为的"记忆的基础，其对象是个体，通过给予个体方法和技巧，来训练其记忆"术"的层面，主要是为了培养个体的能力。而从历史演进的角度来看，古希腊哲学家赫拉克利特就曾在其作品中，通过对运用阅读和听觉获取记忆的两种不同方式的对比，来讨论记忆现象。柏拉图则将知识、记忆、灵魂三者联系起来，不仅提高了记忆的地位，而且拓展了记忆的深度和广度。约翰·洛克认为："在有智慧的生物中，记忆之为必要，仅次于知觉。"[①]

在记忆研究的初始阶段，无论是生物学还是哲学，抑或是后来的心理学，都离不开对个体的认识。大量研究的出发点和落脚点均源自个体的记忆从何而来，如何保存个体的记忆，如何对个体记忆进行传承等，其焦点都在讨论记忆与个体的关系上。直到德国心理学家赫尔曼·艾宾浩斯才将记忆系统的理论研究带入了现代科学心理学的领域。最初，心理学关注的主要是短时的个体记忆，依然强调个体记忆的自主性。艾宾浩斯正是通过实验研究法，观察不同被试的记忆过程，并将记忆分为"识记—保持—联想—复现"四个阶段，以此为依据，搭建起了艾宾浩斯记忆曲线模型。弗雷德里克·巴特利又在此基础上进行了深化，其观点开始倾向于将记忆看

---

① 〔英〕约翰·洛克：《人类理解论》，关文运译，商务印书馆1983年版，第119页。

作社会条件下的一个建设性过程。至此，记忆的研究开始显现出从个体走向社会的征兆。

二　转向：社会学的记忆

由于记忆在实际生活中所呈现出来的面貌并不是个体记忆的简单汇总，而且"个体层面的记忆理论在很多情况下并不能完全地解释个体的记忆活动，个体与相应生活年代下的社会环境、文化背景也影响着个体的记忆活动。个体之间存在着大量共同的记忆，已经构成了一种社会事实"，[①] 所以，后来的学者对记忆活动的思考范围进行了拓展。

（一）集体记忆

真正将记忆与社会联系起来进行研究的是社会学家莫里斯·哈布瓦赫，他所提出的"集体记忆"这一概念，实现了记忆研究的第一个转向，即从个体生物学迈向了社会学领域。

哈布瓦赫曾是柏格森的学生，在柏格森的哲学研究中有大量的关于"记忆问题"的探讨，其观点对哈布瓦赫产生了一定的影响。后来哈布瓦赫的老师迪尔凯姆从心理学的个体层面解释了记忆的传统，并进行了批判，提出了"集体意识"的概念，"为他克服柏格森的主观主义，继而把记忆作为一种社会现象来加以阐释提供了基础"。[②] 在哈布瓦赫的研究中，个人记忆与集体记忆、回忆形象、记忆与历史三个板块是其观点的主要部分。

在对记忆的个人属性和集体属性进行探讨时，哈布瓦赫认为记忆虽然为个人所拥有，但这些记忆也属于集体的记忆，个人不可能脱离社会这个框架来形成或寻回记忆。他认为记忆是一种社会现象，与自我、他人、社会以及整个环境都有着密切联系。只有记忆被置于对应的群体之中时，才能引起人们对记忆感同身受的理解。从这一层面来看，哈布瓦赫着重描述了个体记忆在集体互动中是如何进行塑造的，而这种互动形成的记忆，其实质不过是许多个体记忆的集合而已。

[①] 高德武、刘亭君、张春阳：《基于羌族文化记忆的乡村旅游规划研究》，四川大学出版社2014年版，第15页。

[②] 〔德〕扬·阿斯曼：《文化记忆：早期高级文化中的文字、回忆和政治身份》，金寿福、黄晓晨译，北京大学出版社2015年版，第27~28页。

同时，他还认为"存在着一个所谓的集体记忆和记忆的社会框架；从而我们的个体思想将自身置于这些框架内，并汇入到能够进行回忆的记忆中去"，① 由此形成了"社会框架"的概念。并且他进一步提出将集体作为记忆和回忆的主体来看待，但集体记忆只是记忆形成的框架条件。在他看来，"尽管集体记忆是在一个由人们构成的聚合体中存续着，并且从其基础中汲取力量，但也只是作为群体成员的个体才进行记忆"。② 所以，不少学者也对他的"集体记忆"观点产生了质疑，认为"所谓集体的记忆框架对于个体记忆的'植入'，不可能是彻底的、绝对的，个体记忆中总是存在'溢出'集体框架的'漏网之鱼'"。③

因此，哈布瓦赫理论中所说的集体，并不具有实在性，它只不过是一个抽象的主体，只是记忆形成的社会基础，而记忆想要实现，还是需要依靠生物层面上的个体才行。刘易斯·科赛对哈布瓦赫进行了评价，他认为："哈布瓦赫往往倾向于把不同时期的观点看作是收集在一本相册里的一组不同的相片，某些特定观察者现在所持的观点与这本相册中其他时期的观点是彼此隔绝的。"④ 尽管哈布瓦赫的集体记忆概念有诸多瑕疵，但他依然是首位强调"我们关于过去的概念，是受我们用来解决现在的问题的心智意象影响的。因此，集体记忆在本质上是立足于现在而面对过去的一种重构"的研究者，对后来的记忆研究产生了深远影响。

（二）社会记忆

虽然哈布瓦赫通过强调其"集体记忆"不是一个既定的概念，而是一个社会建构的概念，并且认为不同的家庭、宗教、社会阶级都有自己独特的社会记忆，但是哈布瓦赫并没有再去深入地研究与探讨集体记忆是如何得以传播和保持的。后来的研究者保罗·康纳顿对集体记忆又做了进一步

---

① 〔法〕莫里斯·哈布瓦赫：《论集体记忆》，毕然、郭金华译，上海人民出版社 2002 年版，第 69 页。

② 〔法〕莫里斯·哈布瓦赫：《论集体记忆》，毕然、郭金华译，上海人民出版社 2002 年版，第 39~40 页。

③ 陶东风：《"文艺与记忆"研究范式及其批评实践——以三个关键词为核心的考察》，《文艺研究》2011 年第 6 期。

④ 转引自刘亚秋《从集体记忆到个体记忆——对社会记忆研究的一个反思》，《社会》2010 年第5 期。

研究，他将集体记忆与社会记忆关联起来，指出集体记忆并不是集体中每一位成员私人记忆的简单相加，而是本身就属于群体的，并以此提出了"社会记忆"的概念。

第一，在康纳顿看来，我们何以认识体验，在很大程度上取决于我们关于过去的知识。即使是生活在此刻的现实中的人们，在对现在进行体验的时候，都难免会参照其过去关于事物的经验和知识。康纳顿在《社会如何记忆》一书中进行了这样的描述："感知一个事物或者对它有所为，就是把它放到预期体系中。感知者的世界以历时经验来规定，是建立在回忆基础上的一套有序的期待"，[1] 并且回答了"群体的记忆如何传播和保持"这一问题。他指出，一个群体需要通过不同的"仪式"来塑造共同的记忆，而社会记忆与个体记忆之间的关系纽带就是这个"仪式"。社会记忆在纪念仪式上才能找到，但是，纪念仪式只有在它们操演的时候，它们才能被证明是纪念性的。没有一个有关习惯的概念，操演作用是不可思议的；没有一个有关身体自动化的观念，习惯是不可思议的。在康纳顿看来，纪念仪式是要社会群体记住集体的认同特征，也就是说，把过去理解为一种具有某些明显认知因素的集体自传。

第二，关于社会记忆的对立面——社会忘却——的问题，康纳顿同样也注意到了。他提出了一个关于记忆本身的认识观点，认为人们很可能会注意到现实的体验，在很大程度上取决于过去有关的知识。"在回忆被当成文化活动而非个人活动的时候，它容易被看成是对一个文化传统的回忆；反过来，这种传统也容易被想象成是某种刻写的东西。"[2] 但像这些在时间维度上属于历史的东西，并不都是社会记忆。他认为，并不是所有的社会事件都能成为纪念仪式，同样，被选中的纪念仪式也有重要和不重要之分。因此，选择什么不选择什么，什么重要什么不重要，就关系到意识形态和权力的问题。在历史上影响深远的社会实践如果没有被选中，这就是康纳顿的社会忘却。[3] 在他看来，以一场仪式取代另一场仪式，既包含"社会记

---

① 〔美〕保罗·康纳顿：《社会如何记忆》，纳日碧力戈译，上海人民出版社2000年版，第1页。
② 〔美〕保罗·康纳顿：《社会如何记忆》，纳日碧力戈译，上海人民出版社2000年版，序言第5页。
③ 孙峰：《从集体记忆到社会记忆——哈布瓦赫与康纳顿社会记忆理论的比较研究》，硕士学位论文，华东师范大学，2008，第27页。

忆"也包含社会忘却。所以康纳顿不断强调，必须把社会记忆和历史重构加以区分，其意义就是让大家承认："第一，记忆文本不等于原始记忆；第二，记忆文本也不是对原始记忆的原封不动的复制；第三，记忆文本作为一种理解，已经构成对原始记忆的改变；第四，正是原始的本真记忆、记忆文本，以及对记忆的每一次表述或理解，一起构成了生生不息、变动不居的历史。"① 相较而言，他认为社会记忆"有更加非正式的程序和更广泛的文化分布"，但历史却保持了相对的独立性，也由此减少了很多由记忆的控制所造成的历史损害和信息流失，这正是历史重构的重要性和必要性所在。

第三，康纳顿还为人们提供了另一个社会记忆研究的内容，即社会记忆的控制与权力等级之间还存在密不可分的关系。他支持在构建"社会记忆"过程中权力的重要性，也更看重政治权力对"社会记忆"的建构。在他看来，"社会记忆"是为支持现存社会秩序合法化而存在的，现存社会秩序合法化决定着"社会记忆"。现存社会秩序的合法化也就是现存秩序的权力关系，指的是当前社会、政治、经济、文化等秩序的合法化。换句话说，社会之所以建构"社会记忆"，是为了让拥有"社会记忆"的人服从社会秩序。正如康纳顿自己所说，"过去的形象一般会使现在的社会秩序合法化。这是一条暗示的规则，任何社会秩序下的参与者必须具有一个共同的记忆，对于过去社会的记忆在何种程度上有分歧，其成员就在何种程度上不能共享经验或者设想"。同样的，社会忘却也与权力相连。社会忘却的核心是控制社会记忆，"新政权的渴望越是坚定，它越是专制地寻求引入一个强迫性忘记的时代"。② 新政权建立之初的一个特点就是控制记忆。因为新政权的建立需要整个制度对应的记忆，其选择需要表现出新权力阶层的意志。因此对记忆的选择有两条显著特征：其一，对现有权力阶层而言，会选择本身具有正面意义的人物或事件，他们必须通过这些正面的社会性事件，来加深大家对自己的价值观的理解，推行新的政策和制度，并证明自己的合法性；其二，权力阶层所选择的人物或事件是当时社会了解或知道的，具

---

① 赵静蓉：《文化记忆与身份认同》，三联书店 2015 年版，第 72 页。
② 〔美〕保罗·康纳顿：《社会如何记忆》，纳日碧力戈译，上海人民出版社 2000 年版，第 8 页。

有一定的社会性和历史意义，并且对当时的社会有一定影响力。因此，这样的记忆在被选择之后，会更容易被社会认同。

总的来讲，哈布瓦赫打通了记忆从个人层面通向社会层面的渠道，他提出了集体记忆概念，强调记忆与环境之间的关系，认为人际交往形成于个体记忆与社会互动的过程中，集体只是一个承载的框架，个体记忆正是从这个框架中进行提取的。但哈布瓦赫对集体记忆的共时研究，仅仅关注到了记忆形成的社会基础，没有涉及记忆在历时角度的传承。康纳顿的研究丰富和补充了哈布瓦赫的"集体记忆"理论，探讨了记忆在社会文化延续中的作用和模式，指出"习惯－记忆"是社会群体文化延续的主要方式。他通过对记忆传承问题的讨论，使记忆的展演得到进一步凸显。他关注记忆的传播和保持，并将研究目光投向了"仪式"，发现了权力在记忆过程中的重要作用。他所提出的社会记忆是对过去的保存和重现的观点，不仅对人类学、民俗学的仪式研究有借鉴作用，而且对记忆研究领域产生了极其重要的影响。

三　形成：文化记忆理论

从本质上讲，文化记忆的研究来源于社会层面，哈布瓦赫、康纳顿等人将记忆研究的范围拓展至此，为文化记忆的研究铺设了道路。后来法国学者皮埃尔·诺拉建构了跨学科和跨领域的文化记忆研究，而阿斯曼夫妇则正式开启了文化记忆理论研究之路。

（一）记忆之场

关于历史与记忆的关系问题，研究者们讨论了很久。历史的确是记忆的一种，但历史的体现也需要通过某种载体，记忆也是如此。而文化的记忆同样也需要传承和体现的"载体"，这个载体就是诺拉所提出的"记忆之场"，但记忆与历史也有必然的不同。

诺拉的研究中想要表达的一个最为重要的内容，是他对历史与记忆之间关系的看法。关于这一点，他有多种表述，其研究中所说的记忆表现为一种模式并带有秘密性质的"原始而古旧的社会记忆"，历史则是社会从过去中创造出来的，会随着社会发展这一变动的因素而变迁。他运用了一组排比区分记忆与历史的关系："（1）记忆是鲜活的，由现实的群体承载；历史是对过去事物不完整的、成问题的重构。（2）记忆是当下的现象，是经验到的与现在的联系；历史则是对过去的再现。（3）记忆带有情感色彩，排斥与其自身不容之物；历史是世俗化的思想活动，采用分析方法和批判性话语。（4）记忆把回忆置于神圣的殿堂中；历史则把回忆驱除出去，让一切去神圣化。（5）记忆与集体相连，既是集体的、多元的，又是个体的；历史属于所有人，具有理想性。（6）记忆积淀在空间、行为、形象和器物等具象中，历史关注时间的连续性和事物间相互关系。（7）记忆是绝对的，历史只承认相对性。"① 从这些区别来看，历史与记忆是对立的关系。历史属于过去，并且受到了理性的、批判性的重构，而记忆则属于当下，有具体形象，是鲜活而有生命的。但诺拉同样认为，记忆也是被历史所缠绕的，因此也就出现了另外三种记忆类型。第一，作为记录的记忆，例如档案；第二，作为义务的记忆，例如历史学家们所寻找的每个群体特定的记忆，这种记忆方式让记忆"成为私人事务，它让每个人都感到有责任去回忆，从归属感中找回身份认同的源头和秘密"；② 第三，作为距离的记忆，体现在历史学家的写作中，因为历史、记忆与现实之间存在距离感，历史学家为了防止让历史仅仅成为历史，所以开始关注常常被民族记忆所放弃的记忆之场。"记忆之场这个概念就用来指称那些能够保存已经不存在的记忆的'场'，并通过它在断裂处重建联系。'场'概念的多元一方面为个人选择提供了便利，每一个个体都能够从记忆之场中选择对他来说具有记忆意义的对象；另一方面也反映了人们当前对身份的焦虑，在迫切的认同需求面前拾起那碎成一地的记忆。"③

诺拉在他的著作《记忆之场》中通过对法国文化史的研究，将历史和记忆进行了重新划分，并且把"记忆之场"作为研究的重点。他通过研究证明了对记忆进行操控的并不是"集体灵魂"或"客观头脑"，而是"借助符号和象征的社会"。所以，此处所谓"记忆之场"，并不一定是一个实际存在的实物或具体的场所，而是任何能在集体层面与过去和民族身份联系

---

① 孙江：《皮埃尔·诺拉及其"记忆之场"》，《学海》2015 年第 3 期。
② 孙江：《皮埃尔·诺拉及其"记忆之场"》，《学海》2015 年第 3 期。
③ 余宏：《源流与分类：当代西方文化记忆研究的基本架构》，《汕头大学学报》（人文社会科学版）2020 年第 6 期。

起来的文化现象（无论物质的、社会的还是精神的）。像这样的一种可以唤起一个民族的集体记忆，让人们获得民族认同感，并借此将文化进行延续和传承的文化现象，就是"记忆之场"。"'场'被认为包括地理位置、建筑、纪念碑、艺术作品、历史个体、纪念日、哲学和科学文本以及其他象征性活动。"[①] 从根本上讲，它具有一种唤起民族记忆的功能。按照诺拉的界定，"记忆之场"这一抽象概念将实在性、象征性、功能性融于一体，是"一切在物质或精神层面具有重大意义的统一体"。[②]

很明显，诺拉的"记忆之场"继续对哈布瓦赫集体记忆观点中的记忆与历史二元对立的看法进行了更为极致的探讨。诺拉虽然也对历史和记忆进行了区分，但他提出的"记忆之场"却是记忆与历史的相互交替、相互作用所导致的定义。它具有鲜明的特色，首先是把东西铸造在记忆中的意志，因为如果我们没有打算将一些东西铸造成历史的话，"记忆之场"就会成为永远的历史的场所。其次是历史、时代和变化需要参与到影响中去，"记忆之场"正是因为这些影响，才拥有了不断变化的能力，其所蕴含的意义也会再次产生，并继续分出多条支线。因此，后来的哲学家科利在谈到诺拉时，将其观点概括为"记忆与历史发生断裂，与记忆一体化的历史的丧失，出现了新的被历史纠缠的记忆形态"三个方面，并发表文章指出"记忆"与"历史"存在截然不同的地方，记忆是构成历史的母体，历史是从切断与记忆的关系开始的，所以记忆成了历史的研究对象。在他看来，历史就是记忆。不过总的来说，"记忆之场"依然是分析哈布瓦赫社会记忆"重构"理论的延伸和发展，开辟了历史学研究的新视角和新领域，为后来文化学的研究提供了理论借鉴。

（二）文化记忆

20 世纪 80 年代，欧美文学理论界的研究开始转向文本和语境，由此延伸到文化学和传播学中，形成了"文化学转向"，德国人文学家也将目光投向宏观文化大背景层面的文本文化。在这种学术背景的渲染下，当时媒介

---

① 余宏：《源流与分类：当代西方文化记忆研究的基本架构》，《汕头大学学报》（人文社会科学版）2020 年第 6 期。

② 丁华东、黄琳：《"记忆之场"：皮埃尔·诺拉的档案记忆思想发凡》，《档案与建设》2020 年第 4 期。

的发展和代际变化的影响，也为文化记忆理论的正式提出提供了社会支持。正是在这样的背景下，扬·阿斯曼与其夫人阿莱达·阿斯曼在哈布瓦赫、瓦尔堡、皮埃尔·诺拉等人的理论的基础上，将"文化记忆"这个概念引入人类学，结合自身优势将记忆、社会和文化这三个要素整合起来，并从社会和文化向度上正式提出了文化记忆理论。

第一，文化记忆是限定在文化中进行讨论的。文化学对"记忆"的研究与前面的领域有所不同，"它不再关注人作为生物所具有的将感知和经历的内容存储到大脑中的能力，而是将记忆看成是一个和文化、历史等范畴紧密相连的概念。记忆连接了过去和现在，并且建构着未来，个人的记忆受它所处的社会、文化环境的影响，个人和集体的记忆不但是他们各自主体同一性的重要组成部分，同时也是重要建构成分"。[①] 阿斯曼夫妇认为，文化包括两个方面："第一是人类为了适应改变环境而与物质发展紧密相关的过程，主要涉及的是文化技巧和文化功能等，人类共同生活中变得越来越复杂的技术和传承积累相关的方面；第二则是各个群体的自我构建过程和他们为再生者和死者之间建立联系而进行的各种活动，在这个方面上记忆则完全占据这核心位置，它能够帮助人在时间维度中自我调整，应当被视为人类社会的原始动力和每个人的基本需求。"[②]

第二，阿斯曼夫妇从文化学的角度来认识记忆，认为记忆不仅是一个过程，即文化保存、传承和延续的过程，还可以是一个结果，即经过社会化筛选的，被阐释、被揭示、被重新发现和重新建构之后的结果。从这一理解上看，文化记忆中所解析的"文化"应当是"真实的事实"，既包括被历史学家们记录下来的历史，也有康纳顿所说的被刻意遗忘了的历史，以及对这些历史的证实。只有这样，"记忆"才会对"文化"进行精确的回忆和阐释，成为"记忆的文化"和集体性的知识。同时，扬·阿斯曼认为记忆不单是个体生物学的问题，记忆具有双重基础，即神经基础和社会基础，前者属于生理性的，记忆需要借助神经系统才得以形成。因此，神经系统受损，就会使记忆受损，日常生活中因脑部海马体"失忆"就

---

① 汪民安：《文化研究关键词》，江苏人民出版社 2007 年版，第 351 页。
② 李立宏：《文化记忆理论在高校红色文化教育中的有效运用》，硕士学位论文，西华大学，2020，第 20 页。

可以说明这种现象。扬·阿斯曼以社会基础为出发点，提出了记忆的文化基础的问题。人类发展到今天，经历了漫长的历史演进，并最终成了拥有特定记忆的群体。因此，扬·阿斯曼认为文化记忆能够帮助我们更好地理解社会。

第三，扬·阿斯曼的文化记忆理论的核心是记忆。在他看来，关于记忆研究的初始阶段，回忆与记忆是有所不同的。记忆是一种"术"，一种个人所拥有的方法。而回忆的对象则是群体，"其关键问题是：'什么是我们不可遗忘的？'每个群体都会面对这个问题，但其明晰程度和重要程度多少有些差异。如果这个问题在某个群体里处于核心地位，并决定该群体的认同及其对自身的认识，那么我们便可称此群体为'记忆的共同体'。回忆文化里的记忆指的是'把人群凝聚成整体的记忆'"。① 阿莱达·阿斯曼则是从记忆的主体与客体的认识上来进行描述的："从记忆客体的角度来说，记忆就是一系列被选择、被征用、被赋予意义的符号；从记忆主体的角度而言，记忆的二次诞生本质上就是一个语言符号的建构和叙事过程——记忆必须以被记忆的方式展现出来——这两者之间天然地存在一种互文共证的关系。"②

第四，扬·阿斯曼从三个方面对"文化记忆"进行了阐释。首先，文化记忆的内容是关于集体起源的神话以及与现在有绝对距离的历史事件。对这些内容进行回忆的目的并不是要将其客观地重现，而是要论证集体的现状是合理而必然的，从而达到巩固集体的主体同一性的目的。这就解释了为什么有些历史事件（或其中的某些细节）会被遗忘——它们对集体的主体同一性是举足轻重的甚至是颇具威胁性的。其次，文化记忆的传承一定是遵循着特定而严格的形式的，从媒介上来说，文化记忆需要有固定的附着物，需要一套自己的符号系统或者演示方式，如文字、图片和仪式等。其中节日和仪式是文化记忆最重要的传承和演示方式。节日的规律性和重复性不仅保证了文化记忆在形式上得以传承，而且提供了让集体中的成员聚集并参与仪式演示的机会。最后，集体中的某些成员在对文化记忆的掌

---

① 〔德〕扬·阿斯曼：《文化记忆：早期高级文化中的文字、回忆和政治身份》，金寿福、黄晓晨译，北京大学出版社 2015 年版，第 22 页。
② 赵静蓉：《文化记忆与身份认同》，三联书店 2015 年版，第 43 页。

握和阐释上享有特权。由于文化记忆对集体的主体同一性起着异乎寻常的重要作用，所以它的存储和传播都会受到严格控制，对这一控制权的掌握一方面意味着责任和义务，另一方面也意味着权力。① 这三个方面体现了"文化记忆"的显著特点，即内容选择上的关键性、形式上的仪式感以及掌控上的权力性，搭建起了一个完整的文化记忆理论模型。

阿斯曼夫妇将记忆理论的研究上升到人类文化的高度来阐释记忆的建构和传承，认为文化与社会是人类的基本结构，是人类生存不可或缺的基本条件。这一理论认为文化具有协调性和持续性，这两大特性为身处这一文化体系之中的人们提供了无障碍交流的象征性的符号体系，以及身处不同年代的个体的文化保障。记忆则是文化的协调性和持续性得以实现的关键因素。阿斯曼夫妇认为文化记忆是"每个社会和每个时代它们所特有的重新使用的全部文字、图片、材料和仪式的总和"，那么，文化记忆的主要研究对象就是文字和仪式，文字和仪式的经典化也是文化记忆得以形成的关键。通过特定的庆典仪式或特定的节日，文化记忆的内容得以展现。而就在"文化记忆"被重现的同时，在群体的参与下，文化记忆的内容也得以传播，同时该群体的身份认同也再次地被确认和巩固。因此，他们将文化记忆定义为"包含有特定时代、特定社会所有的、可以反复使用的文本系统、意向系统、仪式系统"。②

可以说关于记忆的研究发展到阿斯曼夫妇这里，整体进入了文化的领域，而文化记忆受到其所研究的文化的影响，也形成了多元化的态势。按照阿斯曼夫妇的观点，文化不是一种简单的整体的记忆，而记忆也不会完全受到文化的支配或构建。与此前的研究有很大不同的是，哈布瓦赫认为集体记忆是被构建的，康纳顿认为社会记忆是对过去的保存和重现。同集体记忆相比，文化记忆更加强调文化，以及记忆的文化功能；与社会记忆相比，文化记忆更加注重记忆形成过程中权力政治等社会因素的影响，而非群体的社会结构。它不仅关注日常生活的距离以及客观的文化形构和机构化的交流，同时文化记忆也对记忆研究的理论进行了发展。它一方面拓

---

① 汪安民：《文化研究关键词》，江苏人民出版社 2007 年版，第 353 页。
② 刘亚秋：《记忆的微光的社会学分析——兼评阿莱达·阿斯曼的文化记忆理论》，《社会发展研究》2017 年第 4 期。

展了记忆理论的研究领域，另一方面引入了时间维度与结构维度；不仅塑造了我们能够理解的历史和现实，也提供了反思自身和世界的新视角，还将记忆理论在方法论上向前推进了。

第二节　文化记忆理论的基本内涵

阿斯曼夫妇认为，大脑记忆是记忆的内在维度，因此记忆也就必然会存在外在维度。他们认为记忆存在于社会和文化双重因素的框架之中，并将记忆的外在维度分为模仿性记忆、对物的记忆、通过社会交往传承的记忆以及文化记忆四种类型。"模仿性记忆就是指人们在模仿中学习日常行事、遵从习惯风俗所产生的相关记忆。对物的记忆包含的是人对物品所产生的认识以及人投射于物品之上的记忆，物品本身不会产生记忆，因此对物的记忆涉及的是人在物品上投射或提取记忆。通过社会交往传承的记忆，主要是指语言和言语，语言和交往能力都是人在后天与他人的交流中形成的，交往记忆自然也在这种互动中形成。"[①]"文化记忆涵盖了前三个范畴的记忆，与社会、历史范畴相联系，它负责将文化层面上的意义传承下来并且不断提醒人们去回想和面对这些意义。"[②] 同时文化记忆也有潜在的和现实的两种模式，潜在的模式就是以档案、文本、图像和行为规范等形式被储存下来的东西，现实的模式就是过去在当代语境中被采用并赋予新的含义。

一　文化记忆的维度

阿莱达·阿斯曼认为人类的记忆有三个不同的层次，并且有不同的表述，记忆并未拘泥于其中某一个层次，这些层次也无法脱离其他层次而存在。它们必须相互关系，人类的记忆才能够被理解。因此，她将记忆划分为三个维度，即神经维度、社会维度和文化维度。[③] 记忆和回忆的基本前提

---

① 叶蔚春：《文化记忆：从创伤到认同》，博士学位论文，福建师范大学，2018，第 28 页。
② 黄晓晨：《文化记忆》，《国外理论动态》2006 年第 6 期。
③ 冯亚琳、〔德〕阿斯特莉特·埃尔主编《文化记忆理论读本》，余传玲等译，北京大学出版社 2012 年版，第 43、45、46 页。

是大脑和中枢神经，神经网络总是与社会网络和文化领域这两个维度相互关联，生物学上的记忆不仅是在与他人的相互作用中形成和扩展的，而且是在文化产品和文化行为的相互作用中形成和发展的。在记忆的过程中，这三个维度通常是同时具备的，只是不同层次的记忆，其侧重点不同。神经维度的记忆是图像和文字等外部的信息穿过脑电波，在神经突触交汇。社会维度的记忆的重点是作为交际网络的记忆，这种记忆不能脱离个体的生理器官而存在，神经维度是这些信息的物理数据载体。在文化记忆的维度中，记忆的载体范围及时间半径和持久性明显扩展。文化记忆建立在经验和知识的基础上，并通过代际界限得以保持稳定。扬·阿斯曼的研究认为文化记忆是一个集体形象，并让集体中的成员对该形象产生认同的记忆，文化层面上的符号和象征建构了这种形象。他将文化记忆分为时间、媒介、功能、权力、建构五个基本维度。①

第一，从时间维度理解文化记忆，包括两个方面，即文化记忆在时间上的跨度和指向。一方面，文化记忆与集体记忆的区别之一在于两者有着不同的时间跨度。此前的集体记忆承载于个体，续存的时间受制于个体的生命长度，代际传播跨度为三代到四代。文化记忆则脱离了个体生命，通过文化符号得以传承数千年。另一方面，集体记忆并未观照记忆的未来，而文化记忆更加关注文化对记忆的建构和传承的思考，即文化记忆的反思性特征。这种反思的意义就在于，它不仅传承了文化的过去，并且流传于当下，还对未来的发展有明确的指向。

第二，媒介维度是文化记忆的呈现方式。扬·阿斯曼在哈布瓦赫"回忆图像"的概念上进行了拓展，将文本、意象、仪式等文化符号所形成的文化记忆称作"回忆形象"，这些形象的存在是由文化的特点决定的。用诺拉的"记忆之场"概念可以很好地理解文化记忆的媒介，即它既包括了非物质性的历史叙述，也包括了物质层面的记忆残留物存在的场域。

第三，功能维度是文化记忆的核心维度。阿莱达·阿斯曼将文化记忆分为功能记忆和存储记忆。"有人栖居的记忆我们想称之为功能记忆。它最重要的特点是群体关联性、有选择性、价值联系和面向未来。与历史相关的种

①　王蜜：《文化记忆——兴起逻辑、基本维度和媒介制约》，《国外理论动态》2016 年第 6 期。

种学科相比之下是第二等的记忆，是所有记忆的记忆，它收录的是与现实失去有生命力的联系的东西。这种记忆的记忆我建议称之为储存记忆。"① 在阿莱达·阿斯曼看来，功能记忆具有两大作用。一是为群体提供身份认同，这个集体可以是一个宗教团体、一个民族或一个国家，他们借助仪式、特定的节日、文本、图像等记忆符号获得或制造属于自己团体的记忆来区别于其他团体。二是为当下提供合法性，这种合法性通常与权力挂钩，拥有权力的人就拥有了话语权，可以创造出一个由过去及现在到未来的具有延续性的回忆，或者根据当下决定选择或遗忘某些内容。存储记忆则没有功能记忆这样强大，反而会被遗忘。但功能记忆与存储记忆在一定的条件下也可以相互转化。

第四，权力维度是文化记忆的隐藏维度。既然功能记忆与权力相关，也就说明文化记忆的背后实际上隐藏着一种权力逻辑。流传下来和传播出去的文化由谁来选择，哪一部分的文化会被选择呢？其实"记忆之场"已经给我们提供了一个具象的媒介，那就是档案。阿莱达·阿斯曼认为档案馆的作用并不是存储记忆，而是经历一番筛选之后才进行保存的，并且档案也不全都能被常人所获取。档案作为一种记忆，总会有权力想要去对它加以控制，档案馆的实质是一个权力博弈的斗争场所。

第五，建构维度是由前面四种维度共同决定的。文化记忆具有生成性和建构性，它既不是自然而来的，也不是一成不变的，它并不像我们看到的那样有着过去和历史的中立立场，它由权力引导，有目的、有计划地在各种媒介中建构起来的。

虽然这五种维度已经很好地诠释了文化记忆的内涵，但后来有学者提出还可以将文化记忆分为知识维度、情感维度和社会维度，并将其中的情感维度看作文化记忆重要的引导者和构建者。西方学界认为严肃而具体的创伤记忆正是属于文化记忆的情感维度。而对于一般的文化记忆现象而言，具有普遍意义的情感维度如何构建呢？有学者认为逝去的知识体验或生活方式成为一种文化追忆，在从个体文化记忆转化为集体文化记忆的过程中，我们需要强调主观意义的情感认知。换句话说，在情感维度上所具有的主

---

① 〔德〕阿莱达·阿斯曼：《回忆空间：文化记忆的形式和变迁》，潘璐译，北京大学出版社2016 年版，第 147 页。

动性是激发文化记忆的基本。文化记忆的储存和传承，如果脱离了情感维度的观照和引导，也只是冰冷的符号而已。情感维度让文化记忆的构建和发展显得更加具有生命气息。

这几大维度并不是彼此割裂的，而是相互配合，共同搭建起了文化记忆从产生到传承再到指向未来的具体过程，这也更好地诠释了文化记忆不是故步自封的过去，而是饱含了鲜明时代特色的人类史。

二 文化记忆理论的特征

文化记忆理论发展至今，经历了从个人到集体的讨论，但讨论的内容无一不是文化。因此，也可以说文化记忆是为人类所独有的记忆。这种记忆带有文化的气质，同样也拥有文化的特性，并因此使人的记忆与动物的记忆有着本质的区别。扬·阿斯曼认为，每个文化体系中都存在"凝聚性结构"，包括时间和社会两个层面。从时间层面上看，文化"把过去和现在连接在一起，其方式便是把过去的重要事件和对它们的回忆以某一形式固定和保存下来并不断使其重现以获得现实意义；在社会层面上，它包含了共同的价值体系和行为准则，而这些对所有成员都具有约束力的东西又是从对共同的过去的记忆和回忆中剥离出来的。这种凝聚性结构是一个文化体系中最基本的结构之一，它的产生和维护，便是'文化记忆'的职责所在"。[①]

扬·阿斯曼试图从记忆形象的社会学动力出发进行研究，同时，他提出了文化记忆的六个特征。第一，文化的认同功能。文化记忆具有认同具体性或群体关联性，主要是从文化记忆的群体知识储存功能出发进行讨论，群体从存储的知识中获得关于自身的整体性和独特性的意识。第二，文化记忆具有现实的重构能力。从文化的两种不同的形态来认识文化记忆，一种是档案、图画、文本、行为模式等绝对化的形态，另一种是不同于当下的变化的形态。文化记忆就是将知识与当下的情境进行联系，并不断地进行构建与重构。第三，文化具有稳定的形式。文化记忆不但包含知识的固化和客观化，还包括知识以社会遗产的形态进行传播，具有成形化的稳定

---

① 黄晓晨：《文化记忆》，《国外理论动态》2006 年第 6 期。

保存形式。它不但能够摆脱文化传不出去、口头讲述的未成形状态，还可以借助仪式、图案、文字、物品等进行具象化造型。第四，文化记忆的组织性。文化记忆需要专业的机构化组织以及专门的回忆载体进行传递，借助仪式和专业回忆人员来实现，具有极高的组织性。第五，文化记忆中包含知识的约束性。这一特性与其价值及意义密切相关，需要通过与群体的自我形象建立关联所产生的价值倾向及重要性落差，赋予储存的文化知识和象征以一定的结构。第六，文化记忆具有反思性。文化记忆不仅关注过去，而且观照当下，并指向未来；不仅包括对文化成员的自我观照，还包括对文化整体的自我形象观照。因此，扬·阿斯曼的文化记忆理论强调历史的接受、传承和文化的连续性，以及在现实语境中对世界的解释。从根本上讲它就是一种组织了"重要的连贯性"的原则。

从文化记忆的特征可以看出，作为记忆的一种形态，文化记忆不仅包括了"被记住的过去"，而且包括了"记忆的历史"；不仅是记忆保存与延续的过程，而且会被人们及时空环境选择和重构。

三　文化记忆理论的价值

历史是由人民群众创造的，历史的车轮滚滚前进，文化记忆在其中究竟扮演着什么样的角色呢？从文化记忆的维度和特征上看，它作为一个过程，将过去、现在和未来串联起来，不仅是对过去的再现，而且有重构和建造，以及传播和延续。从这些方面来看，文化记忆理论有其独特的价值。

第一，文化记忆具有对过去进行存储和重构的价值。文化记忆的存储功能存储的是过去的记忆。随着时间流逝，所有的现在都将成为过去，因此人们如何对待今天，决定着过去是存在还是消失。"文化记忆的建构、遗忘和重构是循环往复的过程，为历史事件与传说根据地方政治、经济发展需要所做出的自我调整与适应提供了理论依据。"[①] 真正留存下来的过去是在现在这个社会框架下被重构的过去。当人们想要留住过去的时候，必须保留过去曾经存在的证据，而这些证据是足以代表过去的东西。文化记忆的存储功能就担负了这样的责任，帮助人们认识到现在与过去的不同之处，

---

① 赵飞、黄敏、聂瑞：《文化记忆的遗忘与重构——沙田柚起源说的演变》，《农业考古》
　　2019 年第 4 期。

同时又引导人们思考当下，构建相对于未来时空的过去。

第二，文化记忆具有自我建构、身份认同的价值。"自我"意味着的其实并不只是"自我"，事实上每一个"自我"的理解、定义和想象都与已经存在的过去有关，文化记忆建构了过去，所以对现时的社会环境产生了影响。个体存在的文化和社会建构了"自我"的身份。对自我身份的确认，带来了对自我身份的认同。如扬·阿斯曼所言："认同是与意识相关的，它与一个无意识的自我认识所进行的反思相关。"[1] 文化记忆除了有对个体身份的自我认同，还有对集体身份的认同。个体处于集体之中，集体整合为社会，个体意识受到所处环境的影响，并使个体产生归属感。文化记忆通过仪式、图案等符号让归属感上升到认同感，从而形成对自我身份的认同，以此来对抗其他群体。它构建的是现在的我们所能够理解的过去和现实，同时在构建的过程中让人们审视和反思，运用新的视角去构建新的身份认同。

第三，文化记忆对文化传承的价值。"一种文化上的认同会符合、巩固而且最重要的是再生产一个文化形态。通过文化形态这一媒介，集体的认同得以构建并且世代相传。"[2] 一定的时间结构和历史意识是文化记忆形成的基础，文化记忆在形成之后就有了一个相对稳定的知识体系，这些知识如果不能跟上时代变迁的步伐，就必然会被永久遗忘在过去。因此，文化记忆中存储的属于文化遗产的部分，必须返回到现实进入社会记忆的层面，并通过外在的媒介来展现和传播历史留下的经验和回忆，才能得到更为长久的传承。

第四，文化记忆对文化多元共生和跨文化交流的价值。从根本上讲，文化在被创造或重构的整个过程中，都是可以被人们理解和认知的。文化记忆并不是小范围内的人群的记忆狂欢，也不是某种特定文化的自娱自乐。它的运行不仅意味着人们能够对不同的文化在概念上进行认识，同时也意味着人们可以对其进行实际运用。由此才产生了不同文化之间的交流和互

---

① 〔德〕扬·阿斯曼：《文化记忆：早期高级文化中的文字、回忆和政治身份》，金寿福、黄晓晨译，北京大学出版社 2015 年版，第 133 页。

② 〔德〕扬·阿斯曼：《文化记忆：早期高级文化中的文字、回忆和政治身份》，金寿福、黄晓晨译，北京大学出版社 2015 年版，第 145 页。

动，通过交流和了解才能发现文化的差异和多元。任何一种文化记忆都会通过某种符号进行表达，以便在传承或传播的过程中可以被直观感受。所以文化记忆是连接不同文化的桥梁，为文化的多元共生和跨文化交流提供了可能。

第三节　文化记忆理论的现实启示

文化记忆理论从关注个人到关注集体，本质上都是对人与社会及其关系的理解。社会由不同的人组成，人的记忆受不同的环境和际遇的影响，产生了不同的记忆。这些记忆又在环境中以不同的形态和方式得以流传，但流传的内容不仅成为记忆，还有很大一部分成为这个环境中生活的人们所共同拥有的文化。因此，虽然我们不一定能够完全保证，时至今日依然在社会群体中广为传承的文化记忆全部是记忆中的精华部分，但可以肯定的是，它对现实社会的影响是必然的。

一　文化记忆与认同

在古往今来的文化形成过程中，记忆的时间维度和空间维度让一群聚集到一起的人，因为同一种精神力量产生了超越人的生物性的凝聚力，这种力量就是文化的力量。文化记忆的核心功能就是身份认同，而文化记忆所具有的其他功能，都是在形成身份认同的过程中对其他环节的影响。身份认同有很多种维度，文化认同是其中最根本、最核心的维度。

（一）文化记忆与文化认同

扬·阿斯曼认为，文化记忆所要回答的问题是"我们是谁"和"我们从哪里来、要到哪里去"的文化认同性问题。"文化认同是人们在一个民族国家共同体中长期生活而形成的对该民族国家文化精神的肯定性体认，它集中体现为对该民族核心价值的认同，是提升一个国家与民族凝聚力和创造力的应然矢量与诉求标尺。"[①] 文化记忆为文化认同提供了生成的土壤。文化记忆本身具有建构和重构特质，经由仪式、庆典、图像、文

①　刘振怡：《文化记忆与文化认同的微观研究》，《学术交流》2017 年第 10 期。

字等符号进行传播。在这种传递的过程中，文化记忆的反思性让其可以展示的东西更加丰富、持久和连续。从鲜活的历史到集体中的个体所记住的符号，所形成的群体文化认同，是文化记忆产生的土壤和历史素材。

一方面，文化记忆通过保存代代相传的集体知识来确证文化连续性，以此为后人重构的文化认同提供了历时性的维度。扬·阿斯曼对哈布瓦赫的集体记忆进行了发展，认为历时性的认同是记忆的其中一项功能，文化是构建社会的历时性身份之一。文化记忆的时间维度表明其时间延伸的长度要比传统的集体文化更长，因此才拥有了被群体成员共同享有和认可的形式。这些记忆被人们附着在了具体的象征物上，依靠文化符号的形式得以延续。文化记忆的历时性理解不仅回答了当下世界的状态，还指向了未来会有什么可能。这也是文化的这种延续与"传统"有所不同的地方。真正的"传统"应当是未来的基础和源头，它不会拘泥于某种固定的形式，文化记忆则更强调文化意义的承载形式，在节日、仪式、文本中有着更为丰富的体现，也就是这些可以用来规范群体文化传承的固定的符号系统。

另一方面，文化自身的可持续的规范性和定型性力量是文化认同的重要生成机制。认同的形成受到各种各样的因素影响，"记忆""文化""认同"三者之间有着密切的联系。文化记忆是对真实的回忆建构、重构和反思，并成为人们所认同的记忆。扬·阿斯曼认为，社会中存在特定的"联动结构"，在这个结构中，回忆、身份认同和传统相互联系。文化记忆从客观角度呈现了这些联动结构及随之产生的群体归属原则，也为身份认同和群体认同提供了重要的生成机制。

文化认同归根到底是一个实践性的问题，如何让文化真正走进人们的真实生活并产生意义和价值，这是文化记忆在时间维度和空间维度上需要不断探索的东西。

（二）文化记忆与身份认同

法国社会学家孔德认为："真正的个人是不存在的，只有人类才存在，因为不管从哪个方面看，我们个人的一切发展，都有亏于社会。"[①] 德国哲学家那托普也认为："在事实上个人是不存在的，因为人之所以为人，是因

---

① 转引自吴俊升《教育哲学大纲》，商务印书馆 1935 年版，第 145 页。

为他生活于人群之中，并且参加社会生活。"① 每个人是以拥有特定文化记忆的身份参与社会的。那么，身份所蕴含和代表的内容是什么呢？"身份"也是如此，它所承载的是特定社会成员对共有文化的一种认同。

第一，文化记忆对身份进行塑造。哈布瓦赫曾认为记忆的一个主要功能就是对身份的塑造，而集体记忆又是具有高度评价性的行为，被集体所认同了的记忆，更容易被传承下去。集体通过记忆行为形成一个群体，这一群体的成员彼此类似，并拥有大致相同的身份认同，由此与其他的集体有所区分。这表明，成为集体认同了的记忆，对群体成员而言，是一种相对普遍的记忆。文化记忆之所以能够成为身份认同的一种方式，正是因为它蕴含着这种普遍性。首先要认识到文化记忆的普遍性，才能够认识到身份认同的内涵。文化记忆的普遍性已经是不为个人意志所转移的普遍性，记忆在被提取整合并成为文化记忆的那一刻，就已经具有了客观性。

第二，身份认同是文化记忆的核心，文化记忆是确认身份的手段。人的自我是一种意识活动，而人的记忆则是自我意识的起点，以及一个社会建构起来的历时性身份。"从历时性上看，身份认同的过程其实就是一个个体历史建立的过程，过去、现在和未来三个时间维度共同作用于这一过程，而个体的身体性以及与其相关联的感性感知世界的方式则是认同的核心。……从共时性上看，身份认同又是一个社会建构的过程。"② 因此，从本质上来讲，人的自我意识是自由的，因为存在历时性，所以也是特殊的、特别的，是个体所独有的。因此记忆最终走向的是一种对自我意识的认同。它使我们保持自己，即便超越任何历史也可以确认自己的位置，也就是确认"我"与这个社会的存在关系。

从根本上说，记忆是人类文化遗传的基因密码，文化记忆作为认同的重要手段，是经历过长期洗礼而传承的文化知识。记忆需要被认同，才能够实现延续性，才能够对现在和未来有所影响。

二　文化记忆的时代传承

文化记忆的传承功能体现在方方面面，它最大的挑战不在于对真实的

---

① 转引自吴俊升《教育哲学大纲》，商务印书馆 1935 年版，第 145 页。
② 赵静蓉：《文化记忆与身份认同》，三联书店 2015 年版，第 20～21 页。

过去进行梳理和原封不动的存储，而在于如何把握好过去的记忆与现实的社会之间的良好衔接，并以此为基础让当下的文化指向未来。正如皮埃尔·诺拉所言："记忆的毁灭同样也是一种揭露。这种毁灭意味着一个旧身份关系的破碎，也意味着经历过的事物的结束：历史与记忆等同的结束。"①面对随时可能发生的"记忆危机"，人们所要做的就是探索让记忆重新在当下的社会鲜明地活起来的路径。

（一）重塑地方文化肌理韵味，构建地方文化传承体系

地方文化承载着在这个地方居住的人们共同生活过的印记，但历史的不断变化使文化记忆的价值和功能受到了挑战。技术的进步、传递媒介的更新换代，使地方文化在不经意间变成了"没有地域特色"的"特色"。这从近年来国内旅游业的开发就能够明显看出来。大量旅游景点的商业化，淹没了原本的地方特色，那些我们本可以称为"符号"的东西，所代表的已经不是地方的文化记忆，而是工业社会的技术产能。正在受到这种浪潮不断冲刷的地方文化迫切需要重塑，需要构建一种现代化的传承体系。

1. 厘清地方文化记忆生成的价值取向

文化如何生成记忆，记忆如何形成文化，在哈布瓦赫、扬·阿斯曼等学者的研究中都给出了不同的解释。但从源头上讲，地方文化记忆的价值取向如何厘清，可以从以下这几方面进行思考。

第一，地方文化记忆生成的自然价值取向。回顾地方自然环境与文化记忆之间的关系。自然环境是文化的天然场地，"文化"一词最早来源于对自然和农业的理解。环境承载着文化最初始的状态。俗话说，一方水土养一方人，北方的文化记忆与南方的文化记忆大有不同。例如北方的冰雪和南方的艳阳，都是塑造地方文化的元老，正是这些自然之美，让文化得以多元。因此，地方文化记忆生成的第一个价值取向就是自然取向。是功利性地利用自然，还是和谐地与自然共处，都会影响地方文化记忆的形态和内容，甚至未来的发展。消失在历史中的楼兰古国即是如此，当初存在时有多么风光，后来消失时就有多令人唏嘘。从时间的维度上看，重视文化

---

① 冯亚琳、〔德〕阿斯特莉特·埃尔主编《文化记忆理论读本》，余传玲等译，北京大学出版社 2012 年版，第 95 页。

记忆的自然价值取向，就有可能为地方文化延续提供存活的空间。

第二，地方文化记忆生成的人文价值取向。加强地方人文环境与文化记忆之间的联系。从文化记忆研究的源头来看，对个人的关注是最基础和最本源的，个人既是集体之中的个人，也是社会之中的个人。虽然集体记忆、社会记忆并不是个人记忆的简单加总，但个人记忆也让集体和社会有了变化的可能。人与人之间有原生环境的不同，也有后天经历的差异，这些不确定的因素，同样成为地方文化记忆的变数。尤其是在交通和信息都如此发达的今天，人与人之间的交流变得更为频繁，增加了地方文化传播的空间广度。文化有了流动的轨迹，但同样也容易受到外来文化的侵袭。因此，个人在重塑地方文化过程中的作用不容忽视，这也是文化记忆生成的人文价值取向。

第三，地方文化记忆生成的未来价值取向。虽然文化记忆主要观照的内容是过去、历史，但影响的是当下的生活和未来的建构。文化记忆的重构性特点是重塑地方文化的理论基础。从发展的角度来看，每一个地方都希望自己的文化绵延流长。简单的重复虽然能够短暂延长记忆的实践，但记忆的质量并不高，这也是为什么曾经辉煌过的许多文化，最终留下来的寥寥无几。经过历史和每一代人的筛选，文化不断地受到扬弃。以儒家文化为例，从春秋时期孔子开始，到汉代董仲舒，再到后来明朝的程朱理学，一直发展到现代社会，每一个时代对儒学内涵的解读都有不一样的地方。从文化记忆的功能维度和权力维度来看，一方面其存储功能保留了孔子时期儒家学说的原始状态，另一方面权力维度让儒家学说有了权力导向下的时代特色。但这些特色经过文化记忆的反思性特征的打磨得以绵延至今，到现在都还能够发挥一定的作用。对于文化而言，其生命的延续就在于此。重塑地方文化肌理韵味，构建文化传承体系的意义也在这里。我们都不希望看到自己所拥有的文化只是昙花一现，这需要人们不断反思，不断在历史的基础上融入有预见性的东西，让好的文化被更长久地保存下来。

从根本上讲，地方文化记忆生成的价值不在当下，而在未来。当下所做的一切对文化的存储或重构，不仅仅是简单地记录历史、述说过去，更应该放眼未来，让文化历久弥新，无论时间过去多少，未来的人们都可以有"根"可寻，知道自己"从何而来""将去何处"。文化记忆归根到底，就是一个地方的源头。

2. 活化文化记忆，塑造地方文化身份，形成文化认同

哈布瓦赫指出，集体记忆在本质上是立足现在而对过去的一种重构。现代社会，信息技术的发展，加快了各式各样文化传播的速度。交通的发达，也为文化的交流提供了便捷。但正因为这样，大量未经过筛选的信息要素进入地方文化之中，塑造地方文化身份就显得尤为重要。

地方文化记忆的打造，不是简单的"记住"或者背诵，最重要的是引导。让文化走进人们的生活，挖掘生活中的地方文化记忆。文化的传递必须通过展示才能够拓展其生产的空间。但认同的内化过程是漫长的，在社会层面上的认同可以是"承认、赞同他人的价值、标准、期望等并将内化于群体的行为和自我概念之中"。心理层面的认同更为内化，包括"随着赞同、认可而产生的个体与群体情感上的联系，通常会形成一种归属感，将自己归属于这个群体，认为自己是群体中的一部分"。① 地方文化的优势就在于大体上固定的集体已经形成，并且已经拥有了很大一部分共同的过去、共同遵守的行为规范和价值，这些重要的东西形成的凝聚力经得起检验。从时间上来讲，一部分文化需要留存原貌，例如建筑、雕塑、文字、图画等，另一部分则要跟随时代变化而变化，例如某些重要仪式的呈现方式，是否简化或者是否数字化等问题，都是值得探讨的。而对于一些没有文字的地方而言，人们的文化记忆已经沉积在历史演进的过程中，集体对于文化记忆的唤起和表述，则需要在具体的社会情境中依靠实践进行延展。

集体和社会要通过多种方式来传承其文化记忆，归根结底，一切的文化都必然会有其源头。追本溯源，从文化记忆的反思性特征来探索，要重塑和建构地方文化，就要找到地方文化的"根"。它存在于地方的历史之中，但并非所有的历史都被尘封在时间的泥土之下。传统固然有其时代的旧习，如果文化经过反思和筛选之后，依然值得集体共享，那么被时间所遗忘的部分也只是其表层，真正的内涵，结合不同的时代特点，依然可以熠熠生辉。

---

① 李立宏、袁怀洋、封德平：《文化记忆视角下的中华优秀传统文化认同建构》，《三门峡职业技术学院学报》2019 年第 2 期。

（二）推动地方文化创新转型，平衡场域文化承载方式

文化遗忘的速度比我们想象中的还要快，像曾经鼎盛的唐三彩的制作方法，在成为博物馆冰冷的文物或史书上的图文资料的时候，它也不曾想会被淹没在浩如烟海的历史尘埃里。2008 年，唐三彩传统烧制技艺入选中国非物质文化遗产名录，才又让更多人见到了这种珍贵文化。由此可见，现代传媒和技术的发展，对地方文化的传承起着重要的推动作用。

第一，地方文化传承媒介的选择。原始的地方文化传承的媒介主要是固定的仪式或文本型的资料，在地方内部可以小范围地进行传承。在大众创业万众创新的新时代，地方文化传承的媒介可以有两种，一种是客观媒介，也可以称为被动媒介，包括传统的仪式、雕塑、纪念场馆、图文记载以及官方的宣传报道等。这些媒介起着对地方文化记忆在形态上的固化作用，让无论是本地人还是外地人，都能够直观地接触文化记忆。但这种形态相对而言比较传统，也不容易让人们产生文化记忆的情感。而另一种则是主观媒介，也叫作主动媒介，简单来讲，就是文化记忆的实践。研究者们一再地对我们强调，文化不是固定的，而是流动的。那么文化何以流动呢？关键在人。为什么现代社会的人们更难与地区文化产生共鸣呢？其中一个因素就在于生活节奏的加快，让人们越来越没有时间参与到文化传承的实践中去。无论大长假、小长假，走到风景区都是千篇一律的小吃、纪念品商店和歌舞演出，传达出来的信息非常商业化，而最重要的文化中的精神内涵却依然没有得到很好的传扬。文化记忆变成了商业记忆，失去了人间烟火的气息。为什么大家对傣族的泼水节印象深刻？因为节日的仪式是傣族人亲自完成的。为什么李子柒会成为中国当代田园文化的典型人物之一？因为她输出的视频中，从头到尾都体现着一句话："我相信这是好的，而且我也能做好，并且我做到了。"主动媒介的关键就在两个字——躬行。不过总的来说，地方文化的传承有赖于这两种媒介的综合运用，客观媒介中的形式需要主动媒介的传递才能盘活，主动媒介传达出去的内容要有客观媒介的形式为承载才更具有真实的说服力。

第二，创新地方文化空间场所。空间对于文化传承而言是必不可少的场所，现代社会科技可以帮助地方文化拓展传播的空间。与传统的空间场域所不同的是，当今文化空间场所实现了多元化。一方面，传统文化场所

正在进行现代化的改造。例如肩负了文化记忆存储功能的纪念馆、档案馆，近年来正在实现数字化的道路上不断前进。由于很多文物、古代文本不易保存、不能长时间暴露于空气中，曾经很长一段时间里，人们都只能从影像资料中获取，无法直观感受实物的具体形态和文化气息。数字图书馆、数字博物馆技术的成熟，让承载文化记忆的空间大为拓展，不用受时间和空间的限制，拉近了人与文化记忆的距离。另一方面，文化记忆在教育体系中备受重视，这也极大地激活了地方文化的生命力。地方文化通过校本教程、特色课堂等方式走进新生代孩子的世界，这不仅有助于保存地方文化记忆，也对其未来的传播指明了方向。

历史、过去、文化、记忆，给我们的世界带来的究竟是什么？最简单也最根本的回答就是对从何处来，该怎样生活，以及将去何处的探讨。过去不等于历史，历史也不等于文化，记忆更不是这些要素的杂糅。文化记忆之于当代，依然在为我们敲响警钟。不断反思，及时重构，面向未来，深入探讨嵌入地方记忆内核的文化要素，寻求历史记忆与现实空间相契合的部分，才是打通地方文化传承之路的关键。

中　篇

地方文化资源教育转化的现实与考察

中篇为本书的现实考察部分，主要介绍和分析了地方文化资源教育转化的三种形式，分别为转化为学科教学资源，转化为校本课程资源和转化为学校文化资源。每个部分重点讨论了地方文化资源教育转化的现实需要和实践状态，以此揭示现状、分析经验，并为下篇的问题解析和对策建议奠定现实基础。

| 第三章 |

地方文化资源转化为学科教学资源的实践考察

学校教育是文化传承的主要方式，学科教学则是学校教育的主要手段。从内涵上讲，教育是培养人的活动，其主要功能是传承文化，而学科教学则是这项传承活动的具体形式之一。从古至今，随着交通与通信的发展，不同民族、地区的人与人之间，文化与文化之间的交流与对话显得越来越频繁，尤其是现在多元化的世界里，文化与不同门类的学科之间的联系更加紧密。在我国，短时期内，从学校教育教学的过程仍然以学科课程、分科教学为主流的现状来看，文化与学科教学的整合依然需要一个漫长的磨合期。

随着现代化、全球化浪潮的席卷，在主流文化占领教科书和教学内容的时候，地方文化在学科教学中以一种堪忧的生存状态呈现出来。曾经一度有观点认为，主流文化的学习和普及是为了让人们更加便利地交流，但面对越来越多的地方文化，尤其是少数地方文化都在不同程度地走向衰落甚至灭亡的现状时，我们必须否定以前的错误观点，因为历史和现实无一不在强烈地警示着我们，文化从来就不是一家之言，它的多样性和多元性决定了传承过程中必然的文化特色。因此，在地方文化的传承已然成为当今教育学科研究的重要内容之一的现实面前，思考如何将地方文化整合到学科教学中去成为我们亟待讨论的主要议题，文化与学科教学的整合，无论是对地方文化的传承还是对激发教育者和受教育者的地方文化情感，都有十分重要的理论意义和实践意义。

我们现在最需要做的就是尽量充分地将地方文化中具有深刻人文、教育及传承意义的优秀内容，以符合学生学龄、学段、学习心理特征的方式整合到不同学科的教学过程当中，用学科教学过程中这种显性课堂讲授和隐性课外辅导结合的方式，使地方文化如春雨般渗透到学生学习和生活的各个方面中去。

第一节　地方文化资源转化为学科教学资源的现实需要

中华文化历史悠久，底蕴深厚，地方文化特色显著，深入人心，并体现在人们生活的方方面面。地方文化蕴含着代代相传的思维方式、价值观念、行为准则，一方面具有强烈的历史性、遗传性，另一方面又具有鲜活的现实性、地域性。正如司马云杰在《文化价值论——关于文化建构价值意识的学说》一书中指出的："从他出生时起，文化就对他进行着潜移默化的影响，塑造着他的精神世界，对他的精神世界进行着建构。"[①] 一方水土，一方文化。将多彩丰富的地方文化资源转化为学科教学资源，既更新了地方文化传承形式和手段，又填充和丰富了课程资源，为传统课堂教学注入勃勃生机，使其呈现新气象。

一　文化传承与学科课程整合促进教育合力

地方文化具有课程价值。[②]地方文化与学科教育资源整合，既让学生以更为开放和包容的视角去面对文化传承和创新，又为学校课程变革提供新的动力，集学生发展、课程变革、文化传承三者为一个有机整体。地方文化资源转化为学科教学资源，并不是简单的拼盘、拼凑，或硬塞到学科课程的一种杂糅，而是一种创新、整合教育资源的过程。在这个过程中，以教育目标和学生身心发展特征为依据，科学合理地对地方文化进行筛选并深度融合，让地方文化有机沁润学科知识，形成教育合力，实现综合育人目标。

（一）学科课程是地方文化传承的重要形式

人类学家露丝·本尼迪克特认为："文化是通过某个民族的活动而表现

---

① 司马云杰：《文化价值论——关于文化建构价值意识的学说》，陕西人民出版社 2003 年版，第 10 页。
② 李臣之、王虹、董志香：《地方文化的课程价值刍议》，《教育科学研究》2014 年第 9 期。

出来的一种思维和行动方式，一种使这个民族不同于其他任何民族的方式。"① 地方文化是一定地域人们在长期生产、生活、劳作等社会实践活动中形成的独具特色的一种思维方式和行动方式。对于从小深受地方文化熏染的个体来说，地方文化始终以显性和隐性的方式进入个体生活世界，影响塑造着个体，构成其心理结构的一部分，并通过个体思维方式、行为习惯、精神观念体现出来。

文变染乎世情，兴废系乎时序。进入 20 世纪后半叶，信息技术革命的开展，全球呈现经济、政治、文化一体化趋势。一方面，互联网、电缆、卫星技术等信息网络传播技术的广泛运用，邮件、Twitter 等网络媒体的普及运用，变革了传统的文化传播模式，为各国文化传播与交流提供了无限平台。在信息技术革命和全球化背景下，世界不同文化凭借便利的网络技术和发达的社交媒体，彼此间交流冲突、融合渗透，在形式和内容上获得长足发展。另一方面，我们也要看到全球化本身也是西方文明向其他地区强势扩展的过程，其背后暗含着西方国家推崇的文化霸权主义。西方国家将自身意识形态和价值观作为一种世界性价值观，借助信息网络平台、传统传播媒介进行宣扬甚至强制灌输给相对落后国家，给落后地区传统文化和地方文化带来巨大冲击。尤其对于一些中小学生来说，他们本身容易接受外来的新奇的事物，在西方文化冲击下，对本民族文化缺少认同感和归属感，地方文化传承与保护工作困难重重。

学科课程是地方文化传承的重要形式，文化与学科课程有着天然的联系。其一，课程内容来自社会文化的选择和浓缩，离开文化，课程便是无源之水，无本之木。其二，课程是文化传承的主要手段，是文化发展与创新的有效机制，离开课程，文化便如同一池死水而终将枯竭。② 地方文化根植于每一个学生的血液之中，他们既是地方文化的观赏者，也是地方文化的实践者，学科课程与地方文化融合势在必行。学科课程与地方文化融合为学生了解地方文化提供平台。其深刻的文化体验帮助学生形成对待地方文化的正确态度，认同自己的身份与文化，从自身出发热爱地方文化，实现对地方文化的接纳与认同。

---

① 转引自庄锡昌、顾晓鸣《多维视野中的文化理论》，浙江人民出版社 1987 年版，第 123 页。
② 李臣之、王虹、董志香：《地方文化的课程价值刍议》，《教育科学研究》2014 年第 9 期。

（二）地方文化与学科课程整合实现综合育人

《现代汉语词典》中将育人解释为对人进行德育、智育、体育、美育等多方面的教育、培养。在英文中，综合一词表述为"integration"，内涵为"整合"，由系统的整体性及其在系统核心的统摄、凝聚作用而导致的使若干相关部分或因素合成为一个新的统一整体的建构、序化的过程。① 根据协同论，任何一个复杂系统，当外部力量作用下物质聚集到临界值时，各子系统相互作用，就会产生"1＋1＞2"的效果。② 因此，综合育人指为实现全面发展的育人目标，教育者对不同类型、不同性质的教育资源加以组合，发挥整体教育效果，达成育人目标。杜威曾在《民主主义与教育》一书中指出，生活就是通过对环境的行动的自我更新过程，而教育在它最广的意义上就是这种生活的社会延续。③ 地方文化是学科课程生活化的重要载体，地方文化与学科课程整合是实现综合育人的重要路径。

教育资源包括教育领域通过社会总资源的配置所取得的所有人力资源、物力资源及财力资源的总和。④ 学科课程拥有着丰富的教育资源和材料，但是过去人们一直将书本知识、教材、教学工具等视作学科教育资源的全部，忽视诸如人文历史、民风民俗等地方文化资源和社区资源。但无论是哪一类教育资源，都与地方文化资源有着千丝万缕的联系。例如当代的文史著作及读物、相关的文学作品等都会或多或少地涉及地方的人、物、事，如果缺少这些地方文化，课堂教学就会变得空洞乏味。此外，文物、遗址、历史证人、民俗民风，现代化视听媒体等所承载的地方文化内容，更是学科课程形象化教材的重要组成部分。总之，学科的特点本身就决定了地方文化资源是学科课程资源中不可或缺的一部分。

学科课程与地方文化融合，充分发挥综合育人优势。其表现为以下三点：其一，学生和教师生于斯长于斯，地方文化为教师和学生所熟悉，在课程资源的搜集和整理等方面非常便捷高效，在搜集整理的同时深化学生

---

① 黄宏伟：《整合概念及其哲学意蕴》，《学术月刊》1995 年第 9 期。
② 苗素莲、祝春：《政府在校企合作中的作用探析——基于协同论的视角》，《全球教育展望》2013 年第 9 期。
③ 〔美〕杜威：《民主主义与教育》，王承绪译，人民教育出版社 2001 年版，第 10 页。
④ 宫淑红、李逢庆、胡贝贝：《开放教育资源比较研究》，山东人民出版社 2014 年版，第 16 页。

对地方文化的情感认同；其二，充分挖掘地方文化，使得在学科课程教学过程中地方文化资源与学科教学资源相互联系、相互渗透，形成合理结构，发挥教育整体结构，实现综合育人功能；其三，充分利用学生对地域文化的熟悉感和亲近感，通过从学生的日常生活之中寻找地域文化，学习和理解地方文化，让学生搜集自己喜爱的课程资源，能够培养学生思考和钻研的良好习惯，激发学生学习动机。

二　地方文化与国家文化互动完善教育资源

课程既是文化的载体，也是文化的一种形式。[①] 众所周知，一个社会文化由两种不同层次文化构成。一种是代表国家、民族主流价值体系的国家文化，一种是具有地域特色的地域文化。历史和实践告诉我们"一枝独放不是春，百花齐放春满园"。因此，探寻国家文化与地方文化的良性互动机制是当今教育学科研究的重要内容之一。

（一）地方文化与国家文化的良性互动关系

国家文化内涵在这里与主流文化内涵一致，是指在一定时代，一定范围，每一个社会的基础和上层建筑领域中形成的占主导地位的文化，如政治、经济、哲学、法律、科学技术、文化艺术等，是主流文化，都具有官方色彩，都以独立的学科存在。除此之外，还有另一种文化，具有民间色彩，通常不以书面形式展现，如风俗、习惯等，这就是非主流文化。[②] 地方文化被视为非主流文化的一种。一般来说，国家文化是在社会起支配作用的文化，以官方形式出现的文化，与社会主流价值观有着密不可分的联系。地方文化则是国家文化永葆生机的重要源泉，它以民间形式存在，对保护我国传统文化和文化的多样性具有重要意义。郑金洲在《教育文化学》中谈到课程是主流文化的体现者，"它将主流文化转化成适合学生接受的方式，使得学生在课堂学习及师生日常交往中，就有意无意地、或多或少地习得这些文化"，我们从教材出版的内部决策过程、外部市场的发行过程、教材编写与审查、教师对教材选择上得以窥见。[③] 长期以来，受传统的知识

---

① 郑金洲：《教育文化学》，人民教育出版社 2000 年版，第 288 页。
② 徐万邦、祁庆富：《中国少数民族文化通论》，中央民族大学出版社 1996 年版，第 29 页。
③ 郑金洲：《教育文化学》，人民教育出版社 2000 年版，第 291 页。

本位教育观影响，在课堂上地方文化与地方知识被排斥压抑，学生对孕育本土社会和本土人民的地方文化越来越冷漠，越来越陌生。[①] 因此构建地方文化与国家文化的良性互动关系，加强学生对地方文化认同和情感关怀是一件非常紧迫的事情。地方文化与国家文化良性互动具有显著的正向效应。一是国家文化与地方文化良性互动是回归学生生活、促进个体个性发展的需要。地方文化是一种大众文化，是一种面向生活的文化。对于每个生于斯长于斯的个体来讲，地方文化与他们的日常生活联系密切，或者说地方文化本身对成长和学习产生影响。挖掘地方文化并将地方文化资源转化为学科教育资源，可以充分发挥地方文化教育功能，使学科课程教学能真正回归学生生活，为个体成长发展增强文化底蕴，充实其精神力量。二是地方文化与国家文化的良性互动是增强教育活力、创新传承地方文化的内在要求。课程是一种文化选择，文化作为课程的母体决定课程的文化品性。文化只有随着时代社会的发展与时俱进，不断更新，保持开放性，才能获得时代意义上的适切性内涵与标准。[②] 地方文化是一个地区生活历史、民风民俗、生活方式、价值观念等的结晶，是该地域最为宝贵的精神财富，从地方文化本身的构成来看，它既包含许多积极先进的内容，也夹杂着部分陈规陋俗。其先进成分对稳定社会秩序、推动社会发展有着积极的推动作用，对个人的成长发展也有着不可或缺的作用。将地方文化资源转化为学科教育资源是国家文化与地方文化良性互动的有效机制，也是地方文化传承和发展的重要形式。将地方文化资源转化为学科教育资源，一方面有助于学生在课堂上亲身探索体验地方文化，对地方文化进行反思和批判，培养学生的文化判断能力和选择能力，增强课堂教学的实效性；另一方面可以使地方文化传承内容与形式得以更新，在教育变革中迸发强大生命力。

（二）地方文化是学科课程资源的重要补充

地方文化是一个地区民众特殊的生活方式和思维方式的集合。杰佛雷·哈特曼认为这种同一性文化渗透所有的事物，它能够使个体内心深处滋

---

① 刘正伟、李品：《论基于地方文化的校本课程开发》，《教育发展研究》2006 年第 17 期。

② 郝德永：《课程与文化：一个后现代的检视》，教育科学出版社 2002 年版，第 363 页。

生出共同的地方性情感，并具有使人获得归属感的品质。① 也就是说地方文化是由地区成员创造的一种同一性文化。地方文化通过两种方式影响塑造着个体。一是显性方式。地方文化通过书本知识或学校外的知识直接影响个体的思维方式、生活习惯。如个体在日常生活中与地方成员交往时，传递地方知识、积累生活经验，使个体在观念和情感上获得地方文化认同。二是隐性方式。地方文化通过传统的习俗和社会规范约束个体并塑造个体，如伦理道德、习俗观念等，通过教化的方式，浸润社会肌理，实现代代相传。总之地方文化不仅以外在可见、可触摸的形式影响塑造个体，也以潜移默化、润物无声的方式影响塑造个体心灵。理想的课程文化应贴近学生日常生活，立足学生已有的感性经验，使课程在学生未知和已知之间建立桥梁。地方文化有其特有的生存土壤，依托特定的文化语境表达，形成了区别于主流文化独特的文化性格。然而在我国，学校课程文化内容是以主流文化为主的课程内容，地方文化逐渐被边缘化。一方面，对于乡村或少数民族地区学生来讲，这些文化脱离他们实际生活，致使少数民族学生对学科课程的主流文化难以理解和认同。另一方面，对于城市或汉族学生来说，缺乏多元文化视角审视自身文化能力，不能形成对其他文化的理解与认同。② 伴随着主流文化与地方文化的冲突，课程文化选择要摆脱原有的视野局限，跨入新的视界中，寻求两者之间的平衡。既承认主流文化的价值引导作用，也要肯定地方文化是学科课程资源的重要补充。在对课程文化进行选择时要承认文化的多元性，树立文化平等的理念，才能使选入学校课程的文化体现多样性和丰富性，使学生接触到多元的文化知识，树立多元共生、理解差异的观念。

第二节　地方文化资源转化为学科教学资源的实践分析

　　"要加强对中华优秀传统文化的挖掘和阐发，使中华民族最基本的文化基因同当代中国文化相适应、同现代社会相协调，把跨越时空、超越国界、

① 参见〔英〕特瑞·伊格尔顿《文化的观念》，方杰译，南京大学出版社 2003 年版，第 21 页。
② 包舒畅：《我国民族地区基础教育课程文化选择的误区及思考》，《教育学术月刊》2011 年第 2 期。

富有永恒魅力、具有当代价值的文化精神弘扬起来。"① 地方文化是中华传统文化的重要组成部分。对地方文化资源的开发运用，既是基础教育课程改革的体现，也是符合学生全面发展的需要。在学科课堂教学中运用地方文化资源，以教材为基础，将抽象的学科理论知识置于真实的生活情境中，这种源于生活又回归生活的方式对活化地方文化、提升学生人文素养和教师专业素养具有重要意义。

从地方文化资源转化为学科教学资源实践的探索来看，几乎可以涉及每个学科，笔者重点介绍涉及相对较多的语文学科和政史学科的情况。

一 丰富内容，增强地方文化间的区域交流

案例1 成都市某学校部编版二年级下册《绝句》教学目标设计

（1）知识与技能

正确流利、有感情地朗读文本，学会本课生字"鹂""鹭"，能正确理解"窗含""千秋雪""门泊""万里船"；理解"寓情于景"的写作方法；认识和了解杜甫的生平与事迹；培养学生整理、分析和处理材料的能力；增强学生对本土文化的交流能力。

（2）过程与方法

熟练运用听读、跟读、默读、自由朗读、背诵古诗，体会作者的思想感情；通过研学旅行、合作探究等方式实地对杜甫草堂进行考察，实地观察杜甫草堂周围景色，感悟诗人对大自然美景的赞美之情，激发学生观察了解大自然的兴趣。

（3）情感态度价值观

激发学生学习古诗的兴趣，感受祖国传统文化的魅力，提升学生的语文素养、审美品位、交流能力；亲身感受家乡的名人遗迹和风土人情，增强学生对家乡文化的认同感和自豪感，做好家乡文化的传承者和传播者。

案例2 广元市某中学人教版《蜀道难》教学目标设计

（1）知识与技能

了解李白其人，理解诗歌的艺术手法，如章法、意境、声韵等；

---

① 习近平：《在中国文联十大、中国作协九大开幕式上的讲话》（2016年11月30日），人民出版社2016年版，第15～16页。

明确诗歌的基本内容，整体感知全诗的感情基调，疏通大意，把握全诗的行文脉络；了解剑门蜀道文化中优秀的文学知识、民俗文化、艺术文化以及精神文化等。

（2）过程与方法

学习给诗歌划分节奏，反复诵读，把握这首诗参差错落的语言特点，在吟咏中体会蜀道的雄奇壮丽、高峻险要，感受诗的声韵美；培养学生鉴赏诗歌作品的能力和方法，鉴赏本诗的艺术特色；进行实地考察，合作学习，搜集和整理有关当地民俗、历史、文学、名人、自然风光等信息，鼓励学生善于发现问题并尽力解决问题，增强信息的搜集与处理能力，培养与他人的合作意识和协调能力。

（3）情感态度价值观

品味蜀道之"难"的典型意象，体会诗人豪放飘逸的诗风，感受诗的意境美。鉴赏诗人状"难"之法，体悟诗人赞叹、惊惧、忧虑之情，感受本诗的宏大气势和奔放的感情，品味诗歌的浪漫主义风格。此外，关注当地文化生活，全面地了解剑门蜀道文化，培养学生对家乡与本土文化的热爱之情，激发学生继承和弘扬地方文化的责任感与对家乡文化的认同感，做好家乡文化的传承者。

案例3　仪陇县某小学部编版《朱德的扁担》教学目标设计

（1）知识与技能

学会"朱、攻、守"等17个生字，读准多音字"难"，会写"扁""担"等10个生字；学习运用工具书及联系上下文，积累"同志""队伍""会师"等词语，借助图片和生活实际理解"会师""斗笠"等词语的意思。

（2）过程与方法

能正确、流利地朗读课文，能复述课文；通过参观游览朱德同志故居纪念馆等，追忆革命战争时期朱德同志的光辉事迹，提升学生搜集整理资料和语言表达的能力。

（3）情感态度价值观

了解朱德同志和红军战士一起挑粮的生动事迹，体会革命领袖以身作则，与群众同甘共苦的高尚品质，培养尊敬热爱革命领袖的思想感情；通过学习地方红色文化资源，掌握历史文化知识，学习朱德元帅和张思德同志红色革命精神，传承和弘扬家乡红色文化，增强学生的社会责任感与家国认同感。

文化交流的本质是发信者通过言语语言和非言语语言将真实信息传递给受信者，希望后者能准确理解发信者的意图。受发信者和受信者间时空距离所带来的"视域差异"影响，受信者往往不能准确理解发信者的本来含义和意图，造成双方交流的误解。换言之，文化交流的本质是不同视域背景的发信者与受信者的互动过程。在交流的过程中，两者间的文化交流对话能力是至关重要。

课堂是学生和教师当下的生活，而不仅仅是为未来做准备的场所。从哲学角度看，"生活就其本质来说是对话的"。① 从教育的角度看，古往今来，孔子的"不愤不启，不悱不发"，苏格拉底的"助产术"，巴西教育家保罗·弗莱雷提出的以"对话式教学"为根本方式的"解放教育观"教育主张，无不体现了对话是教育的本质。"相互作用的对话"是优秀教学的本质性标识，因为"对话"是思想的"平行交流"，是"对世界发表意见"，是实现"自由的实践"；② 是沟通人心的桥梁，没有对话就没有沟通，没有沟通也就没有教育。

"对话"与"分享"也是语文教学的本质特点。③ 作为母语教育的语文教学，对培养学生对话能力、交流能力有着更为突出的特点和鲜明的优势。换句话说，学生语文学习的起点并非为零，每一个学生在面对文本的时候，都能够依据先前的经验形成个性化的感受和认识，并因其认知广度与深度不同而呈现不同的认知面貌。④ 而在地方文化中，许多内容源自实际生活的经验总结，大多具有贴近生活、贴近社会、贴近现实且极富针对性的特点。将地方文化融入语文学科教学中，将抽象的学科理论知识置于真实的生活情境中，这种源于生活又回归生活的方式，既引导学生了解地方文化的精

---

① 〔俄〕巴赫金：《诗学与访谈》，白春仁等译，河北教育出版社 1998 年版，第 387 页。
② 〔巴西〕保罗·弗莱雷：《被压迫者教育学》，顾建新等译，华东师范大学出版社 2001 年版，第 7 页。
③ 钟启泉：《对话型教学的创造》，《教育发展研究》2020 年第 4 期。
④ 邢秀凤：《回归语文教学本色的课堂对话策略及实施》，《教育研究》2013 年第 3 期。

髓，培养健全人格和高尚情操，提高审美情趣和审美创造的能力，又有助于学生关注身边的文化现象，理解多元文化，学会用辩证的眼光批判地接受地方文化，做新一代地方文化的传播者。

（一）设计教学目标

1. 知识与技能层面

《义务教育语文课程标准（2011 年版）》中指出，"认识中华文化的丰厚博大，汲取民族文化智慧。关心当代文化生活，尊重多样文化，吸收人类优秀文化的营养，提高文化品位"。"培育热爱祖国语言文字的情感，增强学习语文的自信心。"《普通高中课程方案和语文等学科课程标准（2017 年版）》也明确指出，"弘扬中华优秀传统文化，继承革命文化，发展社会主义先进文化，培育和践行社会主义核心价值观，增强文化自信，树立为中国特色社会主义、人民幸福、民族振兴和社会进步作贡献的远大志向"。树高千尺有根，水流万里有源。

地方文化既有中华文化的共性，又有各自的地域特性，各地方文化相互交流、相互促进，共同创造了中华文化，形成其博大的表象。将地方文化资源引入语文课堂，使得语文课堂呈现地域特色的同时，也体现出地方文化资源的教育价值。

一是地方文化融入语文课程，构建地方性知识。20 世纪 60 年代，克利福德·吉尔兹的地方性知识的提出在社会科学领域引起了广泛的关注并产生了极大的影响。地方文化是社会科学领域中"个性"与"特殊性"的具体表现，记录着人们在历史中形成的与自然、社会互动的智慧，其本身蕴含着丰富的物质、制度、精神文化，也相应地包含着这三类文化的知识，对生活的方方面面都会产生潜移默化的影响。地方知识是青少年知识结构中不可缺少的一部分，它对于个体在成长过程和未来生活中遇到各种问题的应对解决，更具现实和能动的作用。① 目前，众多中小学致力于将地方文化融入语文教学中。成都市某小学在设计《绝句》这类与地方名人、自然风光有关的课文时，教师会把相应的名人生平与事迹、地方人文景观及地

---

① 吴维：《〈昆山地方文化校本教材〉的开发依据及设想》，《现代教育科学·普教研究》2011 年第 2 期。

方文化背景有机地融入教学中。该校老师认为，这样不仅能够丰富课本知识，拓展教学内容，还能够拓宽学生的视野。此外，学校让学生大量诵读地方名人的优秀作品，参观名人故居等，帮助学生将学习内容向纵深拓展，以此来培养学生们多方面的能力和良好的地方文化素养。

二是地方文化融入语文课程，培养文化交流能力。文化因交流而丰富，文明因互鉴而精彩。一种文化往往是以对自身文化的认知为基础来认识和理解其他文化的。对于文化交流而言，我们要清楚认识到：第一，语用能力和语言能力在文化交流中具有重要地位。第二，语言所传递的文化信息是文化交流不可中忽视的重要组成部分。不同地域受地理、自然环境等种种因素的影响，其生活方式也不尽相同，因而文化带有地域性；① 文化是变化的而不是静止的。第三，倡导文化交流主体相互尊重、理解、宽容和平等对话。

实质上，语文学习的内容是听、说、读、写四个部分。其中，听与读着眼于语言理解力，指向信息输入；说与写着眼于语言表达力，指向信息输出。一个人拥有了良好的听读（输入）与说写（输出）能力，就能够比较顺畅地运用语言，顺畅地与他人、与外部世界进行交流。听、读、说、写能力并不仅仅体现工具性质，同时也包含人文性内容，即一个人具有了听、读、说、写能力，就会对所"输入"或"输出"的内容有自己的理解与体会，必然要对其中各种内容之逻辑关系有准确和清晰的把握。② 这与文化交流的本质是一致的。因此，将地方文化融入语文教学中，对增强学生地方文化认同，培养学生对本土文化交流与表达能力具有重要意义。以广元市某中学在《蜀道难》教学目标为例：了解李白其人，理解诗歌的艺术手法，如章法、意境、声韵等；明确诗歌的基本内容，整体感知全诗的感情基调，疏通大意，把握全诗的行文脉络；了解剑门蜀道文化中优秀的文学知识、民俗文化、艺术文化以及精神文化等。教师以《蜀道难》为契机，通过讲解或让学生搜集相关的资料了解蜀道的起源、历史、民俗活动等，使学生对蜀道的历史和文化有清晰的认识，组织学生到现场考察，让学生亲身感受蜀道的巍峨与壮丽。通过这些方式，增强学生对地方文化的认同和理解，从而达到继承弘扬地方文化、增强学生文化交流能力的目的。

---

① 袁昌寰：《英语教学与学生跨文化交流能力的培养》，《课程·教材·教法》2001 年第 8 期。
② 邢秀凤：《回归语文教学本色的课堂对话策略及实施》，《教育研究》2013 年第 3 期。

2. 过程与方法

传统观点认为知识是静态的，是对客观事物的真实反映，是不容置疑的普遍真理。课程的目标以结果为取向，要求学生通过阅读、记忆、背诵、巩固、复习等方式掌握这些静态的知识，在这种观念指导下，容易将丰富的教学内容限制在狭隘的认知主义框架中，极易导致学生丧失学习兴趣。2001 年，我国第八次基础教育课程改革确立了"知识与技能""过程与方法""情感态度与价值观"三位一体的课程目标体系，[①] 其中"过程与方法"强调学生在"主动参与、乐于探究、勤于动手"过程中学会学习，实现对方法的掌握、能力的培养与提升。《义务教育语文课程标准（2011 年版）》也指出："能具体明确、文从字顺地表述自己的意思。能根据日常生活需要，运用常见的表达方式写作。具有日常口语交际的基本能力，学会倾听、表达与交流，初步学会文明地进行人际沟通和社会交往。"语文作为一种探究性与综合性的学科，将地方文化融入语文课堂，根据地方文化特点和学生认知特点，辅以新型教学方式，有助于学生养成自主、合作、探究的学习习惯，在语文学习过程中形成独特的学习体验。

地方文化融入语文课堂，实现工具性和人文性的统一。2011 年《语文课程标准》规定："语文是最重要的交际工具，是人类文化的重要组成部分。工具性与人文性的统一，是语文课程的基本特征。"语文的工具性和人文性是各自独立、自成系统，又互相制约、互相联系的统一体。这种对立统一的关系构成了语文的本质属性。然而在教育实践中却出现了"重工具轻人文"或"重人文轻工具"的钟摆现象，这一现象使语文教学陷入困境。[②] 地方文化与语文课程的工具性和人文性不谋而合。地方文化作为文化的一种，需要通过人们深入了解、学习方能继续传承下去，语文课程本身就承担着传承文化的功能。而其中，语文课程最重要的就是人文精神的传承与培养。语文课程要在继承和弘扬优秀文化的基础上，增强学生的民族文化认同感，增强民族凝聚力和创造力，促进学生全面发展，这是地方文化作

---

① 朱彩兰、李艺：《基于双重属性的"过程与方法"解读及三维目标描述建议》，《课程·教材·教法》2012 年第 11 期。

② 刘月娥、李臣之：《论语文"工具性"与"人文性"的钟摆与动态统一》，《教学与管理》2015 年第 28 期。

为语文课程资源可以承担的。① 以都江堰市某小学部编版二年级下册《清明》教学目标为例：

> 会认"魂""酒"2个生字，会写"魂""欲"等6个字；正确、流利、有感情地朗读古诗、背诵古诗；通过合作、探究等形式，搜集本地清明节风俗相关信息，如都江堰清明放水节、插竹竿、挂青等；能借助注释和插图了解诗句的意思，想象画面，说出诗中描绘的景象；了解家乡特色习俗，激发学生对家乡的认同感和自豪感。

教师在对《清明》进行教学时，除了让学生掌握语文"听、说、读、写"基本技能，也通过开展和组织小组合作、研究性学习等各种活动，搜集整理本地清明节习俗，增强学生家乡文化感受，激发学生的学习兴趣，将知识的传授转化为学生自主合作、体验探究过程中的自动生成，提升学生的思维和合作能力，激发学生对本地文化的认同。

地方文化融入语文课堂，实现语文课程与生活连接。新课标指出要建立开放而有活力的语文课程。开放而有活力的语文课程要求课程要面向生活、面向自然、面向社会。地方文化蕴含着当地民众世代相传的思维方式、价值观念和风俗习惯，与当地居民生活息息相关，由当地历代人所构建，具有生活性。地方文化的融入，沟通了语文课堂内外，实现学校与社会的有机联系。通过设计真实生活情境，学生在真实的生活情境中学习，在真实的语言运用情境中学习，沉浸在真实的语文世界之中。以自贡市某小学写作学习单元《家乡的习俗》为例，教师可精心安排学生自主活动，带学生去参观本地特有民俗——自贡灯会，实地感受本地民俗文化的魅力。学生以访谈、游玩、实际演习的方式与传统艺人交流学习，搜集整理自贡灯会的传说、起源、历史发展等知识，激发学生学习兴趣，学生乐于接受又能提升学习效率。

3. 情感态度价值观层面

地方文化的优秀之处在于它能够使人与周围的一切产生良性的互动，

---

① 王虹：《地方文化融入语文课程的诉求及其价值》，《教育导刊》2013年第10期。

从而推动整个社会的良性发展。哲学家尼采曾说："不要凝望深渊，因为深渊同样会向你回望。"我们应当明白，地方文化所做的不仅仅是带给我们纯粹的历史、文学或者艺术上的直观感受，它教给人们的远胜于这些表面的华丽，更多的是通过情感共鸣唤醒人们对真善美的追求之心。这与语文教育目的是相符合的。语文教育是"人的教育"，最终意义是指向精神层面，增强学生情感体验，塑造正确的价值观念。将地方文化纳入语文教学，梳理地方文化特质及蕴含其中的价值观念，通过审美化、人文化的语文教育以润物细无声的方式完成对学生的价值观引导，达到"以文化人，文以化之"的育人目标。

培养乡土情怀，增强地方认同。2014 年，《完善中华优秀文化教育指导纲要》指出："加强中华优秀传统文化教育，是培育和践行社会主义核心价值观，落实立德树人根本任务的重要基础。"作为中华优秀传统文化的有机组成部分，地方优秀文化对于培养乡土情怀、家国认同感有着重要价值，同时也为语文课程内容增添鲜活养料和营养。以广元市某中学《蜀道难》为例，其情感态度价值观层面目标设计如下：

> 品味蜀道之"难"的典型意象，体会诗人豪放飘逸的诗风，感受诗的意境美。鉴赏诗人状"难"之法，体悟诗人赞叹、惊惧、忧虑之情，感受本诗的宏大气势和奔放的感情，品味诗歌的浪漫主义风格。此外，关注当地文化生活，全面地了解剑门蜀道文化，培养学生对家乡与本土文化的热爱之情，激发学生继承和弘扬地方文化的责任感与对家乡文化的认同感，做好家乡文化的传承者。

学生在语文课堂中接受文化的陶冶，认同当地文化，反思当地文化、表现当地文化，认识自己民族的历史变迁、文化发展，热爱本地区、本民族的文化，提高民族归属感，自觉担当保护和继承地方文化的重任。

地方文化中蕴含着至真、至情、至善、至美的健康思想、积极情感，它们潜移默化地影响着人们的价值观念和对新旧事物的价值追求，同时也会激励着人们自觉抵制不良思想的侵蚀，形成有理想、有道德、有文化、有纪律、知行合一的积极正确的人生态度。而这与语文的人文性价值殊途同归。语文的人文性是对人的生命、价值、尊严的肯定与人生意义的追寻，是文字背后的生命厚度与思想深度。因此，将地方文化融入语文课程，不仅可满足学生的精神需要，还有助于重塑儿童的精神世界。如仪陇县某小学《朱德的扁担》情感态度价值观目标设计如下：

> 了解朱德同志和红军战士一起挑粮的生动事迹，体会革命领袖以身作则，与群众同甘共苦的高尚品质，培养尊敬热爱革命领袖的思想感情；通过学习地方红色文化资源，掌握历史文化知识，学习朱德元帅和张思德同志红色革命精神，传承和弘扬家乡红色文化，增强学生的社会责任感与家国认同感。该小学通过故地重游、参观纪念馆、重温历史等形式，让每一位学生切身感受革命先辈争取民族独立、实现国家富强的执着追求，铭记今天幸福的来之不易，不忘曾经为今天幸福而英勇奋斗的前辈。

（二）丰富课程内容

曹明海在《语文教育智慧论》中讲到语文教育要"让语文教学成为开启人的灵性、开发人的潜能、体悟生命的意义、完善个性人格的生命场，让生命的花朵在场园里绽放"。[1] 事实上，大部分语文教材有着统一的国家标准，学生在语文教材的指导下学习普适性的文化知识。教师将教材视作唯一的教学资源，学生也只能"搂"着教材"一味"地学，且这些知识远离学生实际生活情境，学生很难将所学知识与自己日常生活联系起来，不利于学生的长远发展。

新课标指出，课程资源开发"课堂教学资源和课外学习资源……自然风光、文化遗产、风俗民情、方言土语、国内外的重要事件、日常生活的话题等也都可以成为语文课程的资源"。"学校要有强烈的资源意识，认真分析本地和本校的特点，充分利用已有的资源，积极开发潜在的资源，特别是人的资源因素和在课程实施过程中生成的资源因素。"地方文化切近学生的日常生活，是以学生熟悉的生活情境为背景，如果将熟悉的地方文化融入语文学科课程，扩展以语文教科书为核心的课程内容，拉近学生与课程文本间距离，有利于学生语文经验的生长，加强学生的学校经验与社会

---

[1] 曹明海：《语文教育智慧论》，青岛海洋大学出版社 2001 年版，第 74 页。

经验整合，从而增强语文课程的动态发展功能。地方文化资源丰富多彩，其中可利用的文化资源不计其数，本研究在调研的基础上，选取以下几类资源进行论述。

一是自然与人文景观。陈鹤琴在《谈谈儿童绘画》一文中指出："要扩大儿童眼界、丰富儿童的经验，要指导儿童向大自然、大社会取教材。"大自然、大社会中可看见的、可呼吸的、可触摸的都是儿童天然的教育资源。自然人文景观不仅仅是自然的馈赠，更是历史赋予的一笔宝贵人文资源。将自然与人文景观融入语文学科教学中，不仅可以开阔学生视野，陶冶学生情操，提升学生对家乡的认同感和自豪感，还可以让学生体悟背后蕴藏的历史文化底蕴，提升学生语文素养。如成都市某中学在教授《出师表》时，设计真实问题情境，开展项目式学习，学生按小组分工合作，实地考察武侯祠、诸葛井等，搜集三国蜀汉文化相关资料，了解人们纪念诸葛亮的仪式和习俗，在课堂上进行分享。通过这种方式，引导学生关注地方历史文化，增强对地方文化的认同感和自豪感，提升语文素养。该市另外一所小学毗邻诗圣杜甫的故居草堂，利用自身的独特地理位置优势，学校组织学生吟诗、唱诗、给诗歌谱曲、给诗歌配画、担任杜甫草堂小小讲解员，提高学生参与兴趣与热情，培养学生的文化素养。

二是民俗文化。民俗文化是产生并传承于民间、世代相袭的文化事项，是在普通人的生产生活过程中所形成的一系列物质的、精神的文化现象。看似一种最草根、最具有区域性、最朴素的民俗文化，是我们中华民族最宝贵的文化资源，也最能体现民族归属感。[1] 在民众创造的所有文化中，民俗文化也是与生活的关系最为密切的，甚至它本身就是生活的一部分。民俗生活化的特性使它成了语文教育中不可缺少的组成部分，更是教育和培养学生热爱本地方文化最好的素材。通过对语文教学中民俗文化内容的学习，既可以让学生接受已经与生活融为一体的民俗文化的教育和熏陶，引导他们对生活的深切关注和思考，养成审视历史和现实的睿智及洞察力，培养他们在生活中传承地方文化的意识；也可以使教师的讲解深入化、有趣化、开放化，真正实现教育与生活的融合目标。[2] 成都市双流区某小学在学习《北京的春

① 蔡志荣：《民俗文化的当代价值》，《西北民族研究》2012 年第 1 期。

② 薛晓蓉：《民俗文化在语文教材中的教育价值》，《教育理论与实践》2009 年第 21 期。

节》这一课时，选择我国的春节进行目标导向的专题性研究学习。采用研究性学习方式，既可以使学生养成自主探究、合作共享的学习习惯，更可以培养他们的探究能力。

三是名人文化。名人文化作为一种宝贵的人文资源，不仅承载着文化信息，更是人类宝贵的文化遗产。名人一定程度上推动着历史向前进，他们是传统文化的传承者和创造者。这些文化名人的精神价值和独成一家的风骨成为这座城市的灵魂。巴蜀古地，人才辈出。纵观四川历史，我们会发现大禹、李冰、扬雄、李白、杜甫、苏轼等历史名人，他们在面临民族安危或人生重大选择时都能以社会责任为内在驱动力、以民族大义和百姓安危为重，在历史画卷中书写下浓墨重彩的一笔。这些历史名人，既承载着中华民族优秀的精神品格，又闪烁着巴蜀人民独特的气质风范，是四川地区的宝贵资源和突出优势。将地方名人文化融入语文教学中，可以使学生了解到历史名人的事迹，接受名人精神的熏陶，特别是学习历史名人身上的爱国情怀和仁爱之心等优良品质，陶冶着人的性格和情操，增强对地方文化的认同。以眉山市某中学为例，该中学在讲述苏轼的两首词时，融入"三苏"的成长故事、成长历程、取得的成就、思想的结晶、著作言论等，以"三苏"作为学生们积极学习的健康模范，以期为其今后的人生成长奠定基础。此外，该中学借助"千年英雄——苏轼"交流活动，根据不同年龄阶段学生的认知特点与需求，制作本地名人——"三苏"相关的宣传册、漫画绘本、动画等。鼓励学生在制作过程中进行适度的艺术加工，在人物、情节等细节处使用适当的想象和创作，使故事情节得到合理化虚构，等等。

四是红色文化。终身之计，莫如树人；育人之本，莫如铸魂。习近平总书记在党的十九大报告中明确指出，红色文化是我们文化发展的优势，应当倍加珍惜。不论时代如何发展，不论身处何时何地，红色文化都流动在我们的血液里，铭刻在我们的记忆里，是我们民族强大的动力，是我们奋斗的精神之源。然而，在经济与科技迅速发展的现代社会，以经济全球化为先导的全球化浪潮带来了文化多元化的独特景观，学生在多元文化浪潮下，各种信息充斥着他们的学习生活，一定程度上制约着他们对红色文化的接纳和吸收。语文教育具有筛选、整理、选择、传递、保存和提升文化的作用，并于无声处传承本土优秀文化。革命精神融入语文校本课程教学，能够充分发挥语文课程的育人功能，对中小学生世界观、人生观和价值观的树立，以及爱国主义和艰苦奋斗精神的确立都发挥着不可替代的激励和启迪作用。以广安市某小学为例，在学习《邓小平爷爷植树》篇目时，充分运用地方红色文化资源——邓小平故居，组织学生通过走访、参观、上网等形式搜集邓小平的生平、战斗事迹、改革事迹等，注重学生的参与体验，传承和弘扬优秀革命文化传统，培养和锻炼学生敢于拼搏奋斗的精神和能力，激发学生努力奋斗的热情，引导学生珍惜幸福生活并怀有感激感恩之心。

表 3-1　成都市某中学部编版九年级下册《出师表》第三课时教学设计

教学流程	师生活动	设计意图
新课引入	复习上两节课内容。 问题：诸葛亮向后主提出的三条建议？ 朗读并背诵课文第二部分。	在预习翻译的基础上，引出对关键句的解读，激发学生的思考。
自学指导——合作与探究	1. 分析第六段。（1）表明作者出身的句子（词语）有哪些？（2）当时作者的志趣是什么？（3）"感激"的原因是什么？（4）文中的"卑鄙"是什么意思？具体指什么？（5）哪句话概括了与先帝患难与共的历史？ 小结：本段述身世，讲经历，以使后主明白先帝创业之艰难，同时表达自己愿竭忠尽智来报先帝知遇之恩的决心。 2. 分析第七段。（1）作者夙夜忧叹的原因是什么？（2）"五月渡泸，深入不毛"的原因是什么？（3）哪句话表明伐魏时机已成熟？（4）表达作者思想感情的是哪一句？ 小结：本段叙述受命以来的心情及所采取的措施，以表作者忠心，尽心尽责辅佐陛下，以报先帝托付之情的决心。 3. 分析第八段。（1）第一句照应上段哪一句？（2）第二句前半句照应上段哪一句？（3）第三句照应第一段哪一句？（4）最后一句表达依依惜别之情。 小结：本段是对上文的回顾，再次提出对陛下的期望和要求，这既是臣对君的忠心之述，也是长辈对晚辈诚挚关爱的表露，感情真切自然。	引导学生整体感知诸葛亮的情感。
赏读品味，总结全文	1. 你从文中看出诸葛亮是一位怎样的贤臣？ 2. 文中 13 次提到"先帝"有何用意？ 3.《出师表》中深厚感情。 4. 领会文章议论中融以叙事、抒情的写法。 5. 品味谏言的语言特点：谨言善谏，情辞恳切。	引领学生更好地把握本文写作特点，感受《出师表》和诸葛亮的精神对后世的影响。

续表

教学流程	师生活动	设计意图
合作探究，拓展延伸	开展项目式学习，设计真实问题情境。 设计项目式学习，学生按小组分工合作，实地考察武侯祠、诸葛井等，搜集三国蜀汉文化相关资料，了解人们纪念诸葛亮的仪式和习俗，在课堂上进行分享。	引导学生关注地方历史文化，增强对地方文化的认同感和自豪感，提升地方文化的传承和交流能力。
总结反思	通过今天的课堂，你们学到了什么？	引导学生对课堂学习做评价总结。

表 3 - 2　成都本土文化资源在小学六年级语文下册中的运用分类

类型	关键词	单元、课
民间习俗	节庆活动：都江堰防水节、郫县望丛赛歌会、人日游草堂。美食文化：伤心凉粉、郫县豆瓣、军屯锅盔、夫妻肺片等。民间技艺：火龙舞、夹关高跷等。	第一单元 北京的春节 腊八粥 古诗三首 　寒食／（唐）韩翃 　迢迢牵牛星／《古诗十九首》 　十五夜望月／（唐）王建 藏戏 　写作练习：家乡的风俗
成都文学	文人文学、民间文学。	第二单元 鲁滨孙漂流记 骑鹅旅行记（节选） 汤姆·索亚历险记 　口语交际：同读一本书 　习作：写作品梗概
红色文化	保路运动、川军抗战、红军长征邛崃纪念馆、成都市烈士陵园、成都市天府广场毛泽东雕像、成都市人民公园里的保路运动纪念碑等。	第四单元 古诗三首 　马诗／（唐）李贺 　石灰吟／（明）于谦 　竹石／（清）郑燮 十六年前的回忆 为人民服务 金色的鱼钩
名人文化	文人墨客：司马相如、扬雄、杜甫、李白等。历史名人：诸葛亮、刘备、李冰等。传奇女子：卓文君、黄娥、薛涛、浣花夫人。	第六单元 古诗词诵读 　采薇（节选）／《诗经·小雅》 　春夜喜雨／（唐）杜甫 　江畔独步寻花／（唐）杜甫

（三）更新教学形式

传统语文教学仍然习惯采取以知识灌输为主的教师讲授法，教学方法相对僵硬。大多数语文教师已经习惯了采用"教师讲、学生听"的教学策略，习惯性地将重点放在知识传授上，甚至只是围绕知识点展开传授，限制了教学方法的更新。在这种背景下，学生在语文教学设计中逐渐丧失了主体地位，教师的思维代替了学生的思维，教师的讲授代替了学生对语言的感悟和思考，从而导致学生在学习过程中缺乏实践锻炼、自我的情境体验和师生、生生交流合作的机会，影响了学生创造力的培养。地方文化蕴含着当地人民世代相传的思维方式、价值观念和风俗习惯，它不仅流淌在当地民众的血液里，还跳动在现实生活的脉搏里，极具生活气息。将地方文化资源纳入语文教学中，将大大改变这一传统语文教学模式，促进语文教学形式的更新。

1. 项目式学习

"项目式学习"是指基于课程标准，以小组合作方式对真实问题进行探究，从而获得学科知识的核心概念和原理，并发展创新意识和一定学科能力的教学活动。[①] 相对于传统教学形式，项目式教学开展中教师和学生角色发生了转变。教师由过去的知识传授者角色转变为引导者角色，学生则由传统教学中被动的学习者变成了主动的积极的探索者。项目式学习的优点在于：以驱动任务为主导，促进学生完成学习任务，获得相关研究成果；强调学生为主，有持续的探究与实践；创设真实情境，运用课本知识，解决生活实际问题；指向核心素养，让学生的学习真实发生。[②] 以眉山市某中学开展"千年英雄——苏轼"项目式学习为例，具体情况如下。

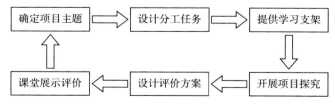

图 1　项目式学习流程

---

① 胡红杏：《项目式学习：培养学生核心素养的课堂教学活动》，《兰州大学学报》（社会科学版）2017 年第 6 期。

② 杨葛莉、陈艳华：《以项目式学习突破"活动·探究"单元实施困境——以八年级上册新闻单元教学为例》，《语文建设》2020 年第 13 期。

（1）确定项目主题

眉山市某中学在讲授人教版《水调歌头》《江城子》时，设计项目式教学。家乡名人苏轼被法国《世界报》评选为"千年英雄"，眉山市作为苏东坡的故乡，正在举办"千年英雄——苏轼"交流活动，本校将设计介绍手册作为交流手册，你打算如何设计手册？会考虑哪些方面呢？

设计意图：创设真实情境，引导学生发现实际生产生活中的问题，激发学生探究欲望，开启项目学习。

（2）设计分工任务

教师活动：梳理苏轼的生平及代表性作品，介绍豪放派的风格与特点：①苏轼的生平及作品，包括时代背景、求学经历、仕途经历、主要作品等；②豪放派的特点，创作视野较为广阔，气象恢宏雄放，语词宏博，不拘守音律等。组织同学们充分讨论，最终确定苏轼生平代表作品、逸闻、世界影响三个项目课题。

项目任务1——基础知识铺垫：①学习苏轼词两首（课上）；②搜集整理有关苏东坡的逸闻（课下）。

项目任务2——实地调查：①实地考察三苏祠，了解苏东坡的生平（课下）；②搜集整理有关苏东坡的逸闻，如与苏轼相关美食故事、文学故事等（课下）；③搜集相关资料，整理分析苏轼的影响（课下）。

项目任务3——规划设计：结合调查情况，进行介绍手册的设计（课下）。

项目任务4——项目研讨：①小组展示（课上）；②评价交流（课上）。

设计意图：通过梳理研究课题，保证项目的丰富度。通过分组，使学生明确自己在项目学习中的角色与任务。通过开放式的讨论，引导学生分析问题、深入思考，培养学生的思维能力和语言表达能力。

（3）提供学习支架

在学生进行项目任务的过程中，教师提供有助于学生解决问题的各类支持，如前置课、项目任务单。教师通过前置课带领学生学习苏轼的生平、代表作品等基础知识，引导学生对家乡名人苏轼进行了解，初步了解苏轼的生平及作品特点。教师将项目任务进一步细化，形成指导性更强的项目任务单。

设计意图：为学生进行项目任务探究提供各类支持，尽量减少学生参与每个环节时遇到的困难，引导学生的探究活动指向预定目标。

（4）开展项目探究

各小组根据项目任务单制定实施方案与计划，实施方法有下列三种形式。

① 实地考察

学生通过在三苏祠、三苏博物馆实地考察了解苏轼的生平、逸闻、影响。第一小组的同学调查苏轼生平及代表作品，如苏轼的出生地、故居、家庭成员，选取《水调歌头》《江城子》作为代表作品等。第二小组调查了苏轼的逸闻，如美食故事东坡肉、"日啖荔枝三百颗，不辞长作岭南人"，苏轼与佛印的故事等等。第三组的同学调查苏东坡的影响，包括世界影响及本土影响。

② 资料分析

经过调研和实际走访后，三个小组的同学对手册设计均有了初步设想。但调查过程中也产生了一些疑问，同学们通过查阅资料、合作讨论等方式，进行自主探究、解决疑问。如一组同学联系学过的知识并请教老师，总结出"苏轼早期和晚期的词有着不同的特点，前期的作品大气磅礴、豪放奔腾如洪水破堤一泻千里；而后期的作品则空灵隽永、朴质清淡"的结论；二组同学通过网络查阅资料，结合对家乡东坡文化的认识与了解，发现苏东坡的逸闻多与他豁达性格分不开；三组同学通过广泛查阅资料和搜集信息，从本土影响和世界影响两个方面进行总结。

设计意图：引导学生透过的家乡文化，探究其背后的意义，激发探究欲望，培养深度思考的能力。引导学生走向本土，关注家乡特色，培养语文核心素养。引导学生运用所学知识解决实际生活生产问题，培养思辨能力和知识迁移运用的能力。

（5）设计评价方案

语文项目式学习评价是基于教学目标，对学习过程和结果的综合性评价。

设计意图：对项目式学习的过程和结果进行评价，使学生有方向性地完善本组项目方案，激发深入学习的动力，促使项目式学习向前推进。

（6）课堂展示评价

各小组派出代表，向老师和同学陈述小组的项目学习过程，包括项目任务的分配、项目探究过程、项目结论或作品展示、心得体会等；小组展示过程中，教师和其他小组进行思考，并根据项目评价量表对该小组的项目学习进行评价。

设计意图：通过课堂展示，分享项目学习成果，提高学生的表达能力。通过多维度的评价、多层次的交流，使每名学生都参与到项目中，激发学生深入学习语文的动力和兴趣。

地方文化资源化与项目式学习承载的意义有诸多吻合点。第一，学生科学精神和人文精神的养成。项目式学习对问题的思考没有统一的思路，解决问题没有预设的方法，教学素材的选择、探究方案的制定均没有固定的模式，学生以问题为中心，围绕中心问题，搜集资料，展开探究。这就需要学生养成科学研究态度，了解科学研究的基本方法和规则等，这说明项目式学习有助于培养学生的科学精神。学生在进行项目式学习时，还需要通过合作探究方式对相关问题进行解决，需要不断地自我反省、自我批判，在这个过程中，渗透着对人类命运和自身生命的察思和关怀。在语文课堂中地方文化资源化强调工具性和人文性的统一。新课标中提到语文课程的重要作用其中一条就是为学生形成正确的世界观、人生观、价值观，形成良好个性和健全人格打下基础。地方文化是丰富的地域传统文化的积淀，是真、善、美等核心价值的多样化体现，对学生的价值引领起着积极的作用。人文精神是地方文化与语文课程的共同追求，二者的融合也是显然的。以眉山市某中学为例，该学校在学习苏轼生平、代表作品等基础知识，引导学生对家乡名人苏轼进行了解，初步了解苏轼的生平及作品特点后，开展项目式学习，搜集手册制作的文化材料。第二，学生的学科核心素养和学科能力发展。"以项目为载体，重构教学单元，落实统编教材双线组元的课程设计，将立德树人的课程目标贯穿始终，将语文学科核心素养的培育落到实处，可以实现向高中语文学习的自然过渡与有效对接。"第三，实现课内外教学资源的有效整合。地方文化融入语文课堂，借助项目式教学模式，实现了由封闭课堂向广阔生活世界的延伸。这实际上反映了大语文的教育观，提醒教师语文课程资源不应局限于教材内容，还有更广博的文化资源可利用。再者，地方文化博大精深，仅凭课堂的学习是不够的，需要学生深入生活，深入社会去了解、调查、研究。有的民间节日、游戏活动等都可通过切身感受习得，其教育作用远比教材的说教更为深刻。如双流区某小学在学习《北京的春节》这一内容时，教师设计项目式学习，以"南北方的春节习俗"为项目主题，引导学生进行分小组合作，搜集本地的春节民俗资料，实地感受本地民俗文化的魅力。学生可以通过网络搜索、书籍查询，也可以通过与父母、长辈、传统艺人交流学习，搜集整理四川特有的春节习俗，发现自己感兴趣的，回到语文课堂内各抒己见，有兴趣的可以继续深入研究。

2. 研学旅行

江油市某小学"走进李白故里，品读唐诗魅力"研学旅行

本次活动方案是学生在课堂中学习完《黄鹤楼送孟浩然之广陵》一课后，参观诗仙——李白故里，学生以小组为单位，合作完成预先设计好的探究学习清单。清单上的内容有：（1）参观太白碑林、太白洞、陇西院、李白纪念馆等；（2）选择展品并进行解读；（3）结合生活与学习，学会做一首小诗。

具体活动方案：

（1）活动基本信息

主题：走进李白故里，品读唐诗魅力。地点：江油市青莲乡。时间：5月20日。班级：四年级XX班。教具：扩音器。

（2）教学内容

参观李白故里青莲乡。重点教学内容是介绍李白的个人生平经历、诗歌作品，感悟浪漫主义情怀。

（3）教学目标

参观李白故里，了解李白成长故事，感悟李白自信旷达的人生态度，感悟诗人浪漫主义情怀。

增强学生自豪感，增强学生对地方文化的认同，培养家乡文化的传播者；让学生学会通过搜集整理、研讨交流，走访等形式搜集信息，培养学生搜集信息能力。

（4）活动安排

路线安排：江油市某小学—9 路公交站—青莲牌坊招呼站—原路返回。

组织方式：全体学生以 6 个人为一个学习小组。根据活动方案的路线组织实施，由旅行社负责车辆安排，并为所有参加活动人员购买门票和旅游意外伤害保险。

活动方式：全程以学习小组为单位进行考察和参观。

（5）教学过程

参观前，讲解李白的基本情况，分发学习单，激发学生探究兴趣，让学生在思想上做好合作探究的准备。在参观中根据《研学旅行探究学习清单》上面的问题有针对性地参观，分小组合作完成学习任务，选择切合主题的参观景点进行拍照，描述并说明选择藏品的理由。这样能够使学生学会通过实物解读知识的技能并善于发现身边蕴含信息的事物。参观后，学生结合课堂内外所学知识和社会生活，写一首小诗。活动成果展示上，组织一次分享会，各小组互相交流彼此的学习单内容和小诗。

现阶段语文教学中，学生只能从固定的内容与形式中汲取知识。在这样的语文学习中，学生无法形成自主认知与恰当的表达方式。学生只有不断吸取生活中活的语言材料，并对其加以补充，才能在社会生活中形成自己的语言运用能力。让学生走出校园，感受社会空间中的丰富教育资源，已成为当今教育的热点话题，研学旅行的产生，为语文教学提供了一种新的方向。

其一，体现语文核心素养的基础性、持续性、人文性与终身性。研学旅行属于主题明确的校外学习活动，语文学习与研学旅行相融合。这个过程中可以综合运用语文知识，还可以体现语文教材内容的整体性。研学旅行中所呈现的知识面很广，不仅有阅读的材料，也有写作的素材，更有听说读写综合运用的机会。此外，在研学旅行的过程中，学生可以学习各种语文知识与技能，切身体会祖国文化的博大精深、源远流长。其二，书本知识与生活建立联系。研学旅行可以让学生在广阔的语文学习环境中感受语文知识与生活的联系，学会良好的道德习惯，培养正确的人生观与价值观。地方文化是某一个地方所特有的风土人情、民间文艺等，内容丰富，具有亲切感，具有独特的人文性。研学旅行基于地方文化，有利于学生培养地方认同感和生成属于自身的文化记忆。在研学旅行的过程中，以多种方式开展地方文化教育，学生们通过感受生活中的点点滴滴而丰富文化知识，增强对地方文化的认同。江油市某小学在李白故里——江油青莲开展研学活动，在现场，学生聆听解说员的讲解，回顾李白不朽诗篇。学生根据《走进李白故里——品读唐诗魅力学习清单》上面的问题有针对性地参观，分小组合作完成学习任务。参观后，学生结合课堂内外所学知识和社会生活，写一首小诗。活动成果展示上，组织一次分享会，各小组互相交流彼此的学习单内容和小诗。在整个研学旅行活动中，师生们尽情领略唐代伟大诗人李白的诗歌神韵和诗仙风采，了解这位才华横溢并有着远大政治抱负的才子传奇的一生。该小学四年级学生黄同学在课堂上分享说道：

> 在以前，我觉得李白离我很远，每次在背他的诗，我觉得很难背。这次，我们去了李白故乡——青莲，了解了他的一生，知道了他是一个积极乐观、具有浪漫情怀的人，而且他的家乡离我的老家很近，我现在觉得他不是陌生人了，我也喜欢上了唐诗。

二　激活记忆，增强对地方文化的情感认同

（一）设计教学目标

案例1　南充市某中学历史《伟大的抗日战争》教学目标设计

（1）知识与技能

学生通过阅读教材，能够提取、概括课本中的历史信息，进而回

答有关抗日战争基本史实的问题，熟悉抗战的基本史实。能够按照时间顺序在地图上定位重大战役的位置，通过地图分析日本设计侵华路径的原因。

（2）过程与方法

借助张澜在川军抗日誓师大会上讲话、川军将领王铭章台儿抗战事迹创设真实问题情境，使得学生能够站在历史人物的角度去思考问题，体会当时紧张悲壮的局势，内化"爱国主义"的价值内涵；探究中国军民抗日方面的问题，努力做到论从史出，史论结合，历史与现实结合起来，从而提高历史思维能力。

（3）情感态度价值观

通过学习地方红色文化资源，掌握历史文化知识、启发革命精神教育，保持对历史学习的长久兴趣；学习川军抗战红色文化革命精神，陶冶高尚的审美情操，树立远大的政治抱负，坚定崇高的理想追求。

案例2　成都市某中学政治《传统文化的继承》教学目标设计

（1）知识与技能

从日常生活传统文化入手，引入成都历史遗迹的发展历程及概况、非物质文化遗产、成都习俗文化、成都文学、成都历史名人等，让学生了解传统文化的含义及四种基本形式，掌握传统文化的特点，理解传统文化的继承性，分析传统文化的相对稳定性和民族性，树立对待传统文化的正确态度，辩证地看待传统文化在今天发挥的作用。通过学生阅读教材、合作探究、实地考察等方式，培养学生整理、归纳、概括、提升、总结、社交等能力。

（2）过程与方法

课堂采用多种学习方法并用的形式，通过阅读政治课本教材，掌握基本内容。采用小组讨论和探究、自行在网络上搜索相关的文化知识的形式、采用课堂讨论课下撰写小论文、创办手抄报等方式，调动学生学习的主动性。采用情景模拟、问卷调查、实地考察等丰富学生研究学习政治的形式。

（3）情感态度价值观

领悟我国传统文化的价值，激发学生热爱、学习继承传统文化的

热情，树立正确看待传统文化的态度；树立正确认识传统文化价值的
态度；通过学习成都家乡的历史发展情况以及对成都传统文化的了解
与认识，培养学生热爱家乡的情感，增强对成都文化的认同，逐步树
立正确看待传统文化的态度，提高学生保护和传承成都本土文化的
意识。

　　集体和社会要通过多种方式来传承文化记忆，而归根结底，一切的文
化都必然会有其源头。追本溯源，从文化记忆的反思性特征来探索，要重
塑和建构地方文化，就要找到地方文化的"根"。地方文化的优势就在于
大体上固定的集体已经形成，并且已经拥有了很大一部分共同的过去、共
同遵守的行为规范和价值，这些重要东西形成的凝聚力要经得起时间
检验。

　　地方文化蕴含丰富的德育资源以及深厚的人文历史底蕴。充分挖掘地
方文化资源，利用地方特色文化丰富和补充传统的政治、历史学科教育，
开始成为提高教育效果的新思路。2011 年版的《义务教育思想品德课程标
准》就明确指出，中学思想政治课教学应"结合本地、本校的实际情况，
重视对当地资源的开发利用，发挥本土资源的优势和独特价值"。《全日制
义务教育历史课程标准》也明确指出："利用乡土教材和社区课程资源。还
应随时随地发现和利用本地区丰富的人力资源，如历史见证人、历史专家
学者、阅历丰富的长者等，他们能够从不同层面和多种角度为学生提供历
史素材和历史见证。"

　　然而在政治、历史学科的教学实践中，学校很多授课教师只停留在对
课程内容简单灌输的层面，与学生的生活实际相脱轨，使思想政治教育沦
为空洞的说教，一定程度上导致学生对历史、政治产生抵触情绪。地方文
化与历史、政治学科整合，一方面有助于引导学生积极主动地去认识和探
索本地文化的历史、成就以及发展情况，将学生身边的具体事例应用于政
治、历史课堂教学，不仅可以激发学生兴趣，增加教育实效，更可以培养
学生们的家乡意识，形成对家乡及地方文化的情感认同，增强学生的民族
自尊心和自信心。另一方面，锻炼学生们在多元文化社会背景下的文化适
应能力，鼓励学生用开放的视角看待文化之间的不同元素，理解不同地域

文化之间的差异，并主动培养自己的文化素养和跨文化适应能力，培养学生处理多元发展的知识、技能、态度和情感。

首先，在学校政治、历史学科中灵活运用学生熟悉的地方文化资源，贴近学生生活，在潜移默化中帮助学生产生深刻的爱国认知、强烈的爱国情感和坚定的爱国行为，树立科学的人生观、世界观、价值观，培养团结统一、爱好和平、勤劳勇敢、自强不息的民族精神，培养高尚的道德情操，自觉做社会主义核心价值观的坚定信仰者、积极传播者和模范践行者。① 以南充市某中学历史《伟大的抗日战争》教学目标设计为例：借助四川将领张澜在川军抗日誓师大会上讲话、川军将领王铭章台儿抗战事迹创设真实问题情境，使得学生能够站在历史人物的角度去思考问题，体会当时紧张悲壮的局势，内化"爱国主义"的价值内涵；通过学习地方红色文化资源，掌握历史文化知识、启发革命精神教育，保持对历史学习的长久兴趣；学习川军抗战红色文化革命精神，陶冶高尚的审美情操，树立远大的政治抱负，坚定崇高的理想追求。

其次，通过选择丰富生动的教学内容，设计灵活多样的教学形式、情境，能够让学生整体性地掌握地方文化知识，感悟到地方文化所蕴含的风俗和文化底蕴，更多地了解家乡的历史、文化、方言等知识，培养学生的人文素养、创新精神和团结合作的意识。以成都市某中学政治《传统文化的继承》教学目标设计为例：从日常生活传统文化入手，引入成都历史遗迹的发展历程及概况、非物质文化遗产、成都习俗文化、成都文学、成都的历史名人等，让学生了解传统文化的含义及四种基本形式，掌握传统文化的特点，理解传统文化的继承性，分析传统文化的相对稳定性和民族性，树立对待传统文化的正确态度，辩证地看待传统文化在今天发挥的作用；领悟我国传统文化的价值，激发学生热爱、学习继承传统文化的热情，树立正确看待传统文化的态度；树立正确认识传统文化价值的态度；通过学习成都家乡的历史发展情况以及对成都传统文化的了解与认识，培养学生热爱家乡的情感，增强对成都文化的认同，逐步树立正确看待传统文化的态度，提高学生保护和传承成都本土文化的意识。将地方文化与政史学科

---

① 李琳：《地方文化资源在学校思想政治教育中的运用》，《教学与管理》2018 年第 21 期。

整合，学生自主学习、选择、探索地方文化资源，了解地方文化的历史、成就以及发展情况，培养学生们的家乡意识，增强对家乡文化的情感认同，形成热爱家乡，保护家乡文化资源的潜意识。

（二）选择课程内容

表 3-3　成都本土文化资源在《文化生活》中的运用分类

类型	关键词	单元、课和框
历史资源	古蜀文化 三国文化	第一单元第二课第2框：文化塑造人生 第二单元第三课第1框：世界文化的多样性 第三单元第六课第2框：博大精深的中华文化 第四单元第八课第2框：在文化生活中选择
传统资源	传统民俗建筑：宽窄巷子、锦里、洛带古镇、黄龙溪等民间节庆：成都灯会、花会	第一单元第一课第1框：体味文化 第一单元第二课第1框：感受文化影响 第二单元第四课第1框：传统文化的继承 第三单元第六课第2框：博大精深的中华文化
革命资源	保路运动 川军抗战	第一单元第二课第2框：文化塑造人生 第三单元第七课第1框、第2框：永恒的中华民族精神、弘扬中华民族精神 第四单元第八课第2框：在文化生活中选择 第四单元第九课第1框、第2框：走中国特色社会主义文化发展道路、建设社会主义精神文明
商业文化资源	饮食文化 茶文化 大熊猫	第一单元第一课第2框：文化与经济、政治 第一单元第二课第1框：感受文化影响 第二单元第三课第2框：文化在交流中传播 第二单元第五课第1框、第2框：文化创新的源泉和作用、文化创新的途径 第三单元第六课第2框：博大精深的中华文化
文学艺术资源	文艺：川剧、四川清音、扬琴、竹琴、金钱板、相声、四川荷书、飞刀花鼓、四川皮影、成都糖画、蜀锦蜀绣、成都金银漆器艺术、武侯祠竹编艺术等 文学：文化名人、诗歌文化、杜甫草堂、陆游祠及望江楼等	第一单元第一课第1框：体味文化 第一单元第二课第2框：文化塑造人生 第二单元第三课第1框：世界文化的多样性 第二单元第四课第1框：传统文化的继承 第三单元第六课第1框、第2框：源远流长的中华文化、博大精深的中华文化 第四单元第八课第2框：在文化生活中选择

　　课程内容是一系列比较系统的直接经验和间接经验的总和，课程内容是根据课程目标从人类的经验体系中选择出来的，并按照一定的逻辑序列

组织编排而成的知识和经验体系。① 地方文化根植于民间土壤，是劳动人民生产创造的结晶，地方文化中语言、饮食、服饰、建筑、信仰、风景名胜等都可成为政治、历史课程的内容来源。我们所要做的地方文化与政史课程的整合，并不是要将既有的地方文化元素原封不动地照搬到学校课堂上去，并不是将地方文化元素简单地复制进来，而是有选择地融合，立足学生发展身心特点和实际需要，通过提取优秀地方文化进行适当糅合加工，以此有选择地进行文化整合。

基于地方文化构建政治、历史课程的价值诉求如下。

一是尊重学生主体性。教育应尊重学生的主体性存在，促进其社会属性与个性的养成，引领和帮助学生实现身心的完整发展。美国著名课程论专家施瓦布认为，"课程审议的主体是一个集体，这个集体由校长、社区代表、教师、学生、教材专家、课程专家、心理学家和社会学家等组成"，而学生是课程的有机构成部分，他有权诘问他应当朝哪个方向发展、他应当学些什么。新一轮基础教育课程改革以来，逐渐确立了"以生为本""以人为本"的教育理念，"以学生发展为中心"意味着学生是课程的主人，他不再是课程知识的被动接受者，而是他自己课程的主动开发者、他自己课程的主体。② 因此，在对地方文化进行选择和组织时，树立"以学生发展为中心"，一要考虑课程内容是否满足学生学习需要，即课程内容是不是学生想学、乐学的内容；二是要考虑课程内容是否满足学生全面发展的需要。以成都市某中学设计的成都本土文化资源在《文化生活》中的运用分类（见表3-3）为例，该校教研组经过长时间搜集和整理，对成都文化取其精华、去其糟粕，选取一些具有教育价值、文化吸引力的部分和学生感兴趣但不常见、不易得的部分，涉及成都的历史资源、传统资源、革命资源等，激发学生的学习兴趣，营造主动探究的学习氛围，搭建教材知识与学生生活实际之间的桥梁。

二是回归现实生活。卢梭在《爱弥儿》中强调：在万物的秩序中，人类有它的地位；在人生的秩序中，童年有它的地位；应该把成人看作成人，

---

① 廖哲勋、田慧生：《课程新论》，教育科学出版社2003年版，第182～183页。
② 殷荣宾、季浏、蔡赓：《基础教育学校体育课程内容选择及价值取向的演变与诉求》，《武汉体育学院学报》2017年第2期。

把孩子看作孩子。杜威指出:"儿童的世界是一个具有他们个人兴趣的个人世界,而不是一个事实和规律的世界。儿童世界的主要特征,不是什么与外界事物相符合这个意义上的真理,而是感情和同情。"陈鹤琴也提出"做中学、做中教、做中求进步""大自然、大社会都是活教材"的观点。因此,课程的内容选择应立足于学生文化的土壤、学生的文化品性,认可并尊重个体自身文化的存在。以成都市某中学设计的成都本土文化资源在《文化生活》中的运用分类为例,该校教师在课程内容方面说道:"我们在对课程中进行选择时把学生已有的生活经验放在首位,在选择之前我们会对学生的兴趣、爱好、需要做前期调查,选取内容时也尽量贴近儿童的真实生活与现实世界。以成都饮食文化——盖碗茶为例,这种盖碗茶背后隐藏着我们成都人闲适自信的生活态度和人生观念,这种态度和观念的传承,将会在学生遇到困难时给予他们信心和力量。"因此,课程内容以学习者已有的经验准备作为起点,注重与学生的学习和生活经验相嵌合,使其更加符合学生的心理需求和经验储备。

(三) 更新教学形式

1. 探究性学习

表 3 – 4　成都市某中学《传统文化的继承》探究性学习设计

教学流程	师生活动	设计意图
新课引入	视频引入,为学生播放两段川剧变脸的视频,其中一段是由川剧变脸著名表演艺术家王道正表演的《空城计》选段。播放后邀请学生讨论和发言。结束后,可以切入正题,变脸艺术的起源、发展和传承。 师:川剧变脸在成都非常普及,有时候在茶馆进行表演,表演时大家满堂喝彩,这说明变脸艺术在我们成都是有很深的群众基础的,是受到老百姓喜爱的艺术形式。除了川剧艺术,成都还有其他传统文化资源吗?同学们熟悉哪些家乡的文化?今天我们一同来探讨"传统文化的继承"。	通过视频引入,激发学生学习兴趣。
探究活动一:追寻足迹	师:课前要求同学们搜集了成都地区的传统习俗、传统建筑、传统文艺和传统思想四个方面来了解它们的历史和发展现状。给同学们几分钟时间交流讨论,对收集的资料进行分类,然后分成四个小组来展示。	开展探究性学习,通过小组合作搜集成都本土文化的资料,加深对传统文化四个方面的理解,同时培养学生搜集信息、处理信息的能力。

续表

教学流程	师生活动	设计意图
探究活动二：评析诸葛亮身上的儒家思想学生讨论、教师总结	师：诸葛亮忠义思想的形成是以儒家思想为基础。"诸葛亮学有所成时没有北走曹操、南归孙权，而是辅佐了'名微众寡'的刘备，选择了兴复汉室的道路，说明了他是一个维护封建纲常、崇尚儒家忠义道德的正统思想家。他明法、正身、治军，以'鞠躬尽瘁，死而后已'的精神战斗到了生命的最后一刻。"儒家理论思想在诸葛亮身上得以彰显，他为人类的儒家伦理思想的传播做出了重要贡献。在今天儒家思想对我们依然有深远的影响，而且我们在运用这些思想的同时做到了与时俱进，这体现了传统文化的什么特征？生1：相对稳定性生2：鲜明民族性生3：传统文化不是一成不变的	学生讨论、教师总结方式，引导学生对传统文化的特点进行总结。
探究活动三：成都文化是不是我们的精神财富？	学生分成小组，自由辩论，请代表发言。师：在实际生活中，我们应该辩证地看待传统文化，分清楚传统文化中的精华和糟粕。那么，对待传统文化的正确态度应该是什么？学生讨论，教师归纳："对待传统文化的正确的态度是：取其精华，去其糟粕，批判继承，古为今用。"	通过辩论，促使思维碰撞，从而引导学生形成正确的观点，启发学生思维，让学生学会更全面、客观地看问题，学会发展的眼光看问题。培养分辨传统文化中精华与糟粕的能力。树立正确看待传统文化价值的态度，引导学生形成正确的文化继承观。
探究活动四：制作一期板报——"成都本土文化面面观"	学生自由组合成四个小组，分别搜集相关材料。师生共同评选出的优秀作品提交给学校，用作学校宣传成都本土文化的资料。（课堂小结）请学生上台板书这堂课的知识框架图，然后教师总结归纳，查漏补缺，强化学生的对这一框题知识的记忆。	小组合作，进行板报设计，培养学生问题解决能力和创造能力。

在中西方古代教育史上，探究性学习其实早已有迹可循，如孔子说："不曰，如之何，如之何者，吾未知之何也已矣。"理学学派的代表人物张载则指出"有可疑而不疑者，不曾学；学则须疑"，"于不疑处有疑，方是进矣"。在西方，苏格拉底通过讨论、提问、争辩等方式不断引导学生得出正确答案。除此之外，卢梭的发现教学、杜威的强调实验探索、问题设计的主动作业，都是探究性学习形成的历史足迹。地方文化极具生活气息，是历代生活在该地域的民众在日常生产劳动中产生的集体记忆。运用探究

性学习方式，将地方文化融入政治、历史学科，对突破传统的接受性学习有着重大意义，更具有推广的潜力。其主要表现在以下三个方面。

第一，教学方式转变。传统政治、历史学科的教学多以教科书为中心，教师"搂着"教材一味地教，对课程知识直接灌输，甚至为了考试，片面采取有利于记忆的方法，强化知识记忆，一定程度上导致学生对两门学科产生抵触情绪。采用探究性教学模式，教师在整个过程中主要发挥引导作用，是学生学习过程中的合作伙伴。教师在整个教学活动中的职责，不再只是传播知识本身，更重要的是教会学生求得知识的方法和途径。成都市某中学《传统文化的继承》探究性学习设计中（见表3-4），通过小组合作搜集成都本土文化的资料，加深对传统文化四个特性的理解，同时培养学生搜集信息、处理信息的能力。

第二，转变学习方式。探究性学习重视学生在学习过程中的体验和感悟。在传统的政治、历史教学中，知识多以定理、定论的形式呈现给学生。教师将前人总结好的成果，毫不吝啬地告知学生，学生如同机器一般一把一把地接过现有的果实，然而他们不清楚知识的来龙去脉，更不曾质疑和反思这样"权威"的结论。以历史学科为例，传统历史在讲述《伟大抗日战争》时，教师课上将知识传授给学生，并要求学生进行记忆。在这样的情况下，学生即便是知识过了耳，也很难体会当中的缘由，更不要说学生体会背后的以爱国主义为核心的伟大民族精神。以仪陇县某中学为例，在讲述这一课时，充分利用地方红色文化资源——朱德故里，引导学生进行自主探究，分工合作，搜集资料，并在课堂上进行分享。这种方式将教师和学生角色进行对调，教师不再是知识传授者，学生也不只是课堂的配角和观众。

第三，学习内容变革。地方文化是多元的，然而在有限的课时里海纳百川，是所有教师最心有余而力不足的事情。尤其是放眼历史的长河，古往今来，地方文化承载着辉煌灿烂的民族精神，汇聚着无数杰出人物的理想追求，洋溢着真实美好情感体验的优秀文化。这些优秀的地方文化重视人心、人性的修养，注重道德培养，具有极大的教育意义。探究性学习对学习空间和时间放宽了限制，从而使学生的学习变得更加自由和宽广。这和传统教学中固定化的教学方式是有所区别的。

2. 研学旅行

宜宾市某中学赵一曼纪念馆研学旅行

本次活动方案是学生在课堂中学习完《伟大抗日战争》一课后，参观抗日民族英雄赵一曼纪念馆学生以小组为单位，合作完成预先设计好的探究学习清单。清单上的内容有：

（1）分析赵一曼的家书；（2）选择展品并进行解读；（3）结合生活与学习，写封信给赵一曼同志。

具体活动方案：

（1）活动基本信息

主题：战斗在抗日前线。地点：赵一曼纪念馆。时间：12月6日。班级：高一XX班。教具：扩音器、信封。

（2）教学内容

参观赵一曼同志纪念馆。重点教学内容是介绍赵一曼的个人生平经历、走上革命道路的过程。

（3）活动安排

路线安排：宜宾市某中学—31路公交站—赵一曼纪念馆—原路返回。

组织方式：全体学生以6个人为一个学习小组。根据活动方案的路线组织实施，由旅行社负责车辆安排，并为所有参加活动人员购买门票和旅游意外伤害保险。

活动方式：全程以学习小组为单位进行考察和参观。

（4）教学过程

参观前，讲解纪念馆基本情况，分发学习单，激发学生探究兴趣，让学生在思想上做好合作探究的准备。

参观中，引导学生观察思考馆内陈列品，包括赵一曼生平史料、赵一曼走上革命道路过程史料、赵一曼写给儿子的家书，学生根据《赵一曼纪念馆探究学习清单》上面的问题有针对性地参观纪念馆，分小组合作完成学习任务。学生根据提炼出的信件主题，选择切合主题的展品进行拍照，描述并说明选择藏品的理由。这样能够使学生学会通过实物解读历史的技能并善于发现身边蕴含着历史信息的事物。参观后，学生结合课堂内外所学知识和社会生活，写封信给赵一曼同志。活动成果展示上，组织一次分享会，各小组互相交流彼此的学习单内容和给赵一曼同志的书信。

我国研学旅行最早可以追溯到古代春秋时期，但古代的"游学"并不能等同于我们现在的研学旅行。春秋战国时期，孔子带着弟子周游列国，打破贵族垄断教育的局面，四处游学，宣扬儒家思想文化。孔子的游学不仅使底层百姓受益，而且开创了新的教育局面。但孔子的游学和我们当今社会所提倡的研学旅行不一样，他更多地停留在"游""旅行"这一层面，并未做到"研"这一层面。当下的研学旅行是一种课外教育活动，目的是加深学生与自然和文化的亲近感，在与平常不同的生活中拓宽视野、丰富知识。研学旅行主要由学校根据本区域的特色以及学生年龄特点和各学科教学内容的需要，以此培养中小学生的自理能力、创新精神、实践能力。[①]运用研学旅行，将地方文化融入政治、历史学科，具有以下优势。

一是弥补课堂不足。研学旅行一定程度上解决了教材和学校教学的不足，向学生的日常生活和社会领域进一步延伸，扩大学生的视野，培养学生集体意识和人际交往能力，同时还能够丰富学校的教育活动。以宜宾市某中学赵一曼纪念馆研学旅行为例，该中学借助当地爱国主义教育基地、优秀传统文化教育资源，实现实践育人。该校学生对赵一曼纪念馆进行参观、访问、调查，在亲身实践中得到直观的感受，从而深化自身的思想认识，提高思想政治水平。此外，让学生参与到地方文化的宣传、整理、保护工作中去，见证地方文化发展的脉络，加深了对家乡的情感，在接受地方文化的熏陶的同时，提升自身的思想品德素质，还对地方文化的保护工作做出了贡献。此类种种，学生通过亲身感受与体验，心灵更容易受到触动，教育效果也能够得到提升。

二是实现文化育人。借助研学活动，将地方文化融入政治、历史学科，可以有效地在实践中提高学生的思想觉悟，使其树立正确的世界观、人生

---

① 杨艳利：《研学旅行：撬动素质教育的杠杆——访上海师范大学旅游学系主任朱立新教授》，《中国德育》2014 年第 17 期。

观、价值观，传承与弘扬中华优秀文化，更利于提高学生综合素质，将书本知识与社会生活深度融合，促进学生的全面成长。在宜宾市某中学赵一曼纪念馆研学旅行活动中，教师设计学习清单，寓教于乐，使其内容鲜活、形式新颖、吸引力强。实践活动结束后，及时组织学生以讨论或演讲等方式，巩固教育效果，避免使实践教学变成无效游玩，加深学生对中国革命历程的认识，深刻理解当前美好生活的来之不易，激发学生的爱国主义情怀，引导学生将自己的个人梦与实现中华民族伟大复兴的中国梦相结合。

当然，语文学科利用地方文化资源的方式和目的不局限于"丰富内容，增强地方文化的区域交流"，政史学科的着眼点也不完全在于"激活记忆，增强地方文化的情感认同"，本研究的介绍主要是以这两个突出的取向来解释目前的做法、经验和实践面貌。

| 第四章 |

地方文化资源转化为校本课程资源的实践考察

　　地方文化是地方民众在长期的生活和发展中享用的，凝聚本土社会力量的源泉，是历代民众世代智慧的结晶。地方文化有其鲜明的地域特色，是促进人类社会进步的重要力量，其产生的巨大精神力量，始终支撑着本土民众的生存、发展和进步，同时也是世界文化多样性的重要体现。然而文化多样性正如生物多样性一样珍贵，我们在失去多元化的文化之后，才会更加深刻地认识到某些文化对于人类未来的深远意义。联合国教科文组织在 2001 年第三十一届大会上，通过了一项《文化多样性宣言》，呼吁在世界范围内承认文化的特殊性、地方性和民族性；保护文化的生存权、选择权和自由权，从而促进文化多样性的发展。青少年是祖国的未来，民族的希望，重视加强青少年的地方文化教育功在当代，利在千秋。

　　现代科学技术加速发展的现实，对学校教学提出了更高的要求，许多国家都在开展课程实验，改革的浪潮方兴未艾。20 世纪西方课程实验与教育改革、课程改革节奏趋于同步，经历了三次实验浪潮。主张教育追求个性目标和感情目标，注重学习者对教育活动过程的内心体验，注重环境的熏陶、感染作用，强调历史文化构建，创建民族平等、相互尊重、相互信任的教育关系等。无论东方还是西方都普遍认为，教师应该是学生学习的促进者；从教学与研究的关系看，要求教师应该是教育教学的研究者；从教学与课程的关系看，要求教师应该是课程的建设者和开发者。但全方位地探索地方本土校本教材的开发研究并未付诸行动，有具体实施规划、内容并形成制度的并不多见。

第一节　地方文化资源转化为校本
课程资源的现实需要

"地方文化涉及语言、风俗、节庆、饮食等方方面面，内容丰富多样，可供学生探究、考察的领域有很多。"① 在不同的历史时期，我国地区文化得到了不同程度的共同创造、开发和发展，尤其是许多名胜古迹、神话、传说、村落的历史、故事、人物，有口头流传的，也有诉诸文字的。这些文化现象对于当地的学生而言从小耳濡目染，对他们的童年记忆或多或少产生影响。其中，浓厚的宗教色彩的理解和思维定式会对学生的发展产生一定的负面的、消极的作用。所以，对这些文化现象我们要用智慧的目光加以扬弃，用科学的观点重新审视和解释这些文化现象，以及正确解释和引导学生正确认识这些文化现象积极的、合理的一面，并从积极的文化现象中学习技能，为学生的生存和发展奠定坚实的基础。近年来，随着我国基础教育课程管理体制及开发模式的变革，校本课程受到了各地教育行政部门及学校的普遍关注。"校本"二字主要指学校作为主体对各种资源（包括地方文化）所做出的一种积极选择和开发。② 地方文化不仅是校本课程开发不可或缺的重要资源，而且是校本课程开发的重要意义和价值所在。可以说，校本课程作为保存地方文化的载体是传承地方文化的重要手段，也是活化地方文化的重要形式。无论是通过学校课程融入以促进学生发展及传承地方文化，还是利用地方文化促进学校课程有效实施，都将显示出地方文化与学校课程之间的密切的价值互动关系。③

一　校本课程是保存地方文化的重要手段

地方文化保存是经济社会可持续发展的需要。然而，我国地方文化保护工作起步较晚，又缺乏相关经验，现阶段的保存现状并不乐观，存在资金缺乏、外来文化冲击、保存教育形式落后等问题。校本课程是 20 世纪 70

---

① 李臣之、王虹、董志香：《地方文化的课程价值刍议》，《教育科学研究》2014 年第 9 期。
② 刘正伟、李品：《论基于地方文化的校本课程开发》，《教育发展研究》2006 年第 17 期。
③ 李臣之、王虹、董志香：《地方文化的课程价值刍议》，《教育科学研究》2014 年第 9 期。

年代兴起于西方的一次课程改革运动，它是在文化日益发展，尤其是多元文化被日益认同的背景下出现的；与传统意义上的课程一样，校本课程是文化的产物。通过校本课程在学校教育中开展地方文化传承，培养学生对乡土的认同感并具有在地的关怀，学习如何重新居住在自己的乡土，这种"文化自信"的养成，是影响地方文化保存最重要的因素。事实上，费孝通先生早就在其著作《乡土中国》中指出，中国社会是一个乡土社会，乡土性是中国社会的本质属性，乡土知识构成了乡土社会的文化网络，它规定着乡土社会的价值规范、伦理道德和行为规则。[1] 校本课程不仅是一种手段，更是一种扩散，它帮助某地方保存文化时，其影响不只为某特定区域、族群或者文化尽其功能，它所要表现的是一种影响力，是一种成本较低、成效较高的地方文化传承方式，也是教育发展的重要方向。

（一）校本课程是保存地方文化的载体

教育是文化的生命机制，正是在教育的作用下，文化才得以产生、保存和积淀；才得以弘扬、创造和发展。目前地方文化保存手段有编撰文献、媒体文化推广、文艺保护传承、学校保护传承等。其中，学校保护传承尤为重要，校本课程在学校课程中处于相对灵活的位置。如果说国家课程是再生产主流文化的工具，那么校本课程实质上就是再生产亚文化的工具。[2] 在充分利用地域文化视角下开发的校本课程，不仅可以弥补国家课程开发的不足，进一步丰富中小学校本课程的相关内容，还拓宽了一种新的文化保存方式。以广东省梅州市曾宪梓中学政治教研组开发的《客家文化》政治校本选修课程为例，在该校本选修课程的教学过程中，教师坚持以高中政治课为载体，对接当地客家文化，将底蕴深厚的客家文化通过校本选修课程传递给学生，帮助他们在体验客家文化的过程中，了解客家文化，传承优秀客家文化，切实发挥校本选修课程以文化育人的教育引领作用。[3]

---

[1]　费孝通：《乡土中国》，上海人民出版社 2006 年版，第 6 页。

[2]　刘世民、张永军：《亚文化：校本课程开发重要价值取向》，《中国教育学刊》2013 年第4 期。

[3]　林芳：《文化传承教育与校本课程开发——以〈客家文化〉校本选修课程为例》，《中学政治教学参考》2016 年第 19 期。

（二）校本课程育人实现本土文化传承

每个学生都植根于地方文化之中，丰富多彩的地方文化是学生需要研究和反思的对象。校本课程可以更加直接地融入地方文化教育中去，使学生更加直观地感受到地方文化所折射出的文化韵味与精神诉求，从而实现本土文化的保存与传承。例如学校在开发校本课程时，可以以弘扬爱国主义精神为核心开设"家国情怀教育"课程、"社会关爱教育"课程、"人格修养教育"课程等，通过富有育人价值的文化教育，完善青少年的道德品质，培育他们的理想人格。在新开设的校本课程基础上，还可以根据具体情况来优化已有的相关课程，重在使学生的参与度提高，真正体验地方文化中所蕴含的永恒的社会价值与道德价值。此外，校本课程本身就是提倡参与、合作、学习并行，在开发具有地方特色的校本课程过程中，同校教师之间可以就遇到的各项教育难题进行合作探讨，从而在教育资源共享的前提下丰富校本课程内容。所以，实施地方文化融入校本课程的开发工作，能够推动不同教师养成良好的团队协作能力和专业研究能力，更好地处理在教学过程中所遇到的问题，进而推动中小学课程教学质量进一步提升。

二 校本课程是活化地方文化的重要形式

学校教育由于其自身的诸多优势，非常适合开展各种形式的地方文化活动。因此，地区学校可以充分利用学校的空间、师资、设备等条件，以学校大型活动和常规活动为契机，开展地方文化活动，促进地方文化传承。在地方文化教育的课程设置方面，除开设国家统一的课程外，还可以尝试增设以地方文化为主题的校本课程，使学生能够接受系统的科学文化知识和本土文化知识，形成正确的人生观和价值观。此外，校本课程在活化地方文化方面具有独特优势，能够转变地方文化资源的保存与展示方式，为新的需求和利用提供可能性，推动地方文化资源的传承与活化。注重校本课程对地方文化的现代演绎，能为地方文化传承增加内容上的丰富性和形式上的独特性。再者，学校校本课程的开发亦离不开对地方文化的整合，地方文化深入到学校课堂教学的过程中，也能够很好地激发当地师生的民族情感，从而形成更加统一的信念来传承和保护这些优秀的地方文化。

（一）　活化是文化传承与发展的重要方式

活化有助于推动地方文化的整体保护和延续。在地方文化保护的诸多方式中，整体保护往往被视为最佳选择。整体保护与整体活化有密切的联系，保护是活化的前提，活化是保护的目的，且在一定程度上也对地方文化起着保护、延续的作用。以村落文化的保护和传承为例，在实践中，村落保护一度被简化为保护老街、老建筑等，村落被分离出来，用静态的方式保存。这种机械的方式忽略了文化保护的动态性和灵活性，使地方文化在保护过程中丧失了原本的功能。再者，不同地方的发展各成一派，缺少相互交流、借鉴和系统性的保护，割裂了村落文化与外界的交流，使其失去了外部支持。从历史发展的过程来看，任何村落都不是孤立的社会存在，它们通过婚姻缔结、人口迁移、货物交换、民间信仰，以及国家对村落的治理等，与村落以外的社会发生联系。① 传统村落文化与其他文化的关系对其自身的发展具有重要作用。因此，传统村落文化的保护和延续不能只关注村落文化自身，更不能封闭化、静态化、固态化，必须与当前文化发展趋势相吻合，要注重地方村落文化与其他区域的联系，共同形成完整的文化生态，使村落"活起来""用起来""动起来"，最终实现科学的保护。

新时代，活化是对文化保护、传承、创新提出的新要求。活化文化就是要秉承中国优秀地方文化的思想理念，学习和充分挖掘地方文化的现实意义，并加以改进和传承，使其在新时代重新焕发活力与光彩。活化的方式在实践应用中也发生着潜移默化的改变，具体表现为对地方文化内涵的复苏及延续、传统文化的营造方式以及对历史文化地段的精神气质形象内核的活化等。由于我国学校教育时空有限，要想使乡土知识影响和进入课程开发，就必须立足实际，因地制宜，见缝插针。② 以地方文化旅游业为例，促进地方文化旅游业持续健康发展的关键是保护好当地的独特地域文化资源，要尽可能地减少开发过程中的破坏、扭曲和损失。传统守旧的操作方法，已经无法适应当今文化旅游发展的新背景。在现今文化与旅游一体化的背景下，目标仅是保护地域文化、传承地域文化是远远不够的，还

---

① 刘朝晖：《村落社会研究与民族志方法》，《民族研究》2005 年第 3 期。
② 张力：《乡土知识进入校本课程的三点看法》，《中国教育学刊》2010 年第 1 期。

要为其注入创新的元素，使其具有适应时代发展的新生命力。因此，要认识到创新在保护和传承地域文化方面的重要意义，从活化视角对地域文化保护继承和创新发展。

活化文化不仅能丰富文化多样性，还能为当地文化注入新鲜血液。近年来，国家大力倡导弘扬中国传统文化，但是，传统文化传承和发展的状况并不乐观，出现了青少年曲解传统、理解过于表象、缺乏深入落实等问题。基于此，应注重传统文化内容的挖掘、理解与传承。通过活化这种新方式利用和保护当地文化，是对文化的最好延续与传承。比如，在城镇化加剧的现阶段，陷于生存困境的古村落文化既是一个地方性问题，也是一个民族性问题。以往针对中国传统村落的保护与利用忽略了村落作为生产生活空间所具有的整体性、系统性、综合性等特点。一些村落的保护和利用往往局限于某一方面、某一要素或某一产业，甚至简化为民居建筑和自然空间的修复，导致传统村落保护与发展的成效不明显。因此，有学者基于文化遗产活态传承理念提出了村落活化概念。村落活化是村落古迹、传统习俗被延续、再利用的过程，包括物质活化、精神活化、产业活化和机制活化等内容，是传统农耕生活方式与现代生活方式在自然状态下的有机融合。①

（二）校本课程活化地方文化的独特优势

学校是优秀地方文化教育的主阵地，通过与生活接轨、与活动挂钩，让学生对优秀的传统文化不陌生。校园空间是学校文化外显的载体，是校园文化活化的窗口。校本课程以置身校园的人为中心，以文化诱导为手段，从核心理念、价值观念、师生群体等维度活化校园空间，开展一场教育实践的探索。中小学通过物理空间、价值空间的改造，将办学文化融入学校发展的主线，师生的文化自觉可被激活，能够实现文化认同和学校发展之间的"强链接"。简言之，地方文化要真正"活化"，关键依赖于"课程活化"。"课程活化"就要让中国传统文化从泛黄的典籍文献中，深入学生的日常生活中，根植于每个人的观念中，影响学生的思想并规范其言行。因

---

① 王美、陈兴贵：《传统村落"整体活化"理路分析》，《云南民族大学学报》（哲学社会科学版）2020年第37期。

此，应大力提倡中小学校积极开发地方文化类校本课程，建设一批高质量的文化类精品课程，使优秀地方文化真正"进课堂""育人心"，而学校开发的校本课程在活化地方文化方面具有独特优势。

一方面，通过校本课程整合地方文化有助于打破传统地方文化的活化困境。例如，四川地方文化川剧在传统的传承方式中，师傅较为重视徒弟的形体动作、肢体展现以及模仿能力等静态方面的文化表现，使得川剧学习变成一种机械的、僵化的形体动作排练，毫无鲜活性和生动性可言。而学校开发的川剧形体课程强调学生对形体动作背后精神内核的了解和体悟，注重文化表现形式背后的活态的、动态的文化精髓和文化内核的传授，能够使学生对川剧等当地文化产生心灵和情感上的认同。又如，有学者全新开发的古村落文化校本课程兼备原生综合、实践探索、动态创新等基本特性，内容兼及特定古村落的历史文化、现实生活以及保护与发展问题，有助于学生领悟古村落的"深厚文化底蕴"。[1] 总之，校本课程在提高教师和学生主动参与意识的前提下，对地方文化价值资源进行深入挖掘整合，串联驱动多方主体，反馈修正活化成果，有利于促进地方文化发展，提高当地居民经济效益，活化地方文化底蕴，实现优秀地方文化可持续发展。

另一方面，当代中小学生对地方文化缺乏代入感和时代感，从而缺乏学习兴趣。杨贤江曾说："教育的发生就植根于当时当地的人民实际生活的需要。"[2] 因此，激发学生对优秀当地文化的兴趣，恰恰是中小学教育教学改革的迫切需要。不同学科门类的教师在积极开展校本课程文化研究的过程中，应发掘专业技能与地方优秀文化的契合点，在日常教学中激活中华民族优秀的地方文化，渗透当地文化因素内核，能让地方文化在教师课堂中、日常生活中充分"活化"，使每个学生都积极成为当地文化活动的参与者、亲历者和见证者，从而提升学生的人文素养与综合职业素质，助力学生未来职业发展。中华民族是一个多民族国家，对地方文化活化保存最直接的影响是强化民族精神的培养，加速各民族在形式上、心理上凝聚为中华民族这样一个国家民族或政治民族形式的进程。当然，在这个过程中还

---

① 张华龙：《古村落文化校本课程的性质及开发的类型与策略》，《教育科学研究》2013 年第 4 期。

② 《杨贤江教育文集》，教育科学出版社 1982 年版，第 413 页。

应关注各地区文化发展的差异性和个别性特征，避免地方文化教育"形式化""一刀切"。总之，校本课程因地制宜开发地方文化资源，并跟随时代的演变与需求，能使中国优秀传统文化跳出泛黄的"故纸堆"和尘封的记忆，在当今时代加以活化。

第二节　地方文化资源转化为校本课程资源的实践分析

文化的延续更重要的是通过其物质形态和精神元素渗透到个体的日常生活和言行举止中而实现的。[①] 通过对地区学校的探索，以及研究人员的实践调查，结合现有的地方文化与校本课程整合的案例，我们大概可以从地方文化之校本课程转化的目标、体系和评价三个方面进行实践分析。

一　扎根与超越：地方文化资源之校本课程转化的目标

案例 1　成都市 S 中学"成都文坛名人"校本课程目标

第一，语言积累与建构。包括整体把握"成都文坛名人"的生平经历、人物性格、政治主张、文学成就及历史影响；选取感兴趣的"成都文坛名人"，利用校内外多种资源搜集、分析相关资料，形成论文、专题报告、材料汇编等研究成果；研读文字资料，品读名人作品，通过广泛的语言实践活动，积累知识、积淀语感，掌握语言运用的规律和方法；回顾、反思、整合所学知识，能根据不同的语言情景，选择并采用适当的方法、策略去解决生活中存在的实际问题。

第二，思维发展与提升。学生能够独立搜集、整理和分析各项资料，逻辑清晰、态度鲜明地表明自己的立场和观点，并有理有据地对各位名人作出客观评价；能够运用形象思维，通过联想和想象，感受文学作品的艺术魅力，分析作品的艺术技巧、文学成就，并提出自己的感受和见解；通过自主、合作、探究的学习方式培养学生探究、合

---

① 龙耀宏主编《民族文化与文化软实力》，民族出版社 2011 年版，第 182 页。

作、沟通表达以及策划组织的能力。

第三，审美鉴赏与创造。通过阅读与品析，增强学生对文本的理解力和感知力；充分挖掘文本的语言美和形式美，使学生获得审美体验，并能用语言准确、生动、流畅地描绘自己的艺术感受；通过读书分享、小组讨论、成果展示等活动提高学生运用语言的能力。

第四，文化传承与理解。学生能够置身于特定的历史文化情景中，理解名人作品的深层意蕴和文化内涵；通过找寻名人生活轨迹，感受名人生命脉动，汲取名人精神养分，逐步提高学生人格修养和审美情趣，形成正确的世界观、人生观和价值观；透过文学作品和人物本身让学生感受成都地区悠久灿烂的文明史，增强对成都文化的理解和认同，培养热爱家乡、热爱祖国的思想情感，让学生自觉担负起弘扬本地文化的时代重任。

案例 2　泸州 L 中学"泸州古典诗"文学校本课程目标

（1）让学生了解泸州古代著名诗人及著名诗句，在学习"泸州古典诗"的过程中，更加全面地了解泸州本地的自然风景、民俗风情以及名人志士所抒发的爱国情怀和对故土的眷恋之情，形成正确的人生观、世界观和价值观。

（2）让学生在诵读和品味"泸州古典诗"的过程中学会欣赏古诗的美，能对古诗进行客观分析，并体会诗人的主观思想情感，感受诗中美好意境，积累审美经验，受到古典诗艺术的熏陶，净化心灵，并能从泸州古典诗中感受家乡的美好。

（3）在古典诗诵读和品味的过程中，提高认知能力，能逐步分辨古典诗的情感类型，体会诗人所要抒发的情感，通过品读古诗走进诗人的内心世界，达到身临其境的境界，体会诗人在创作诗歌时的心境，感知诗人的情感观和价值观。

（4）积累古典诗基础文学知识，掌握古典诗创作基本手法，了解押韵、平仄、对仗等基本手法，习得创作技巧。了解古典诗中蕴含的想象力和构思力，开拓思维，培养创新精神，学会在平时生活中尝试用诗歌形式表达内心情感。

（5）将喜爱、阅读、吟咏和积累古典诗逐渐培养成一种自觉的文化需求，凸显古典诗中的道德价值和文化价值，鼓励学生把阅读古典诗作为一种生活乐趣。

（6）树立正确的人生观，让学生以一种开放和包容的心态学习古典诗中的文化精髓，唤醒学生的赤子之心，培养学生热爱祖国和家乡的思想感情。在学习诗歌的过程中激励斗志，树立报效祖国的理想和目标。

（7）关心学校的古典诗教育，积极参加诗词综合实践活动，培养学生的文学情趣，促进学生学习习惯的养成。

（8）关注泸州地方古典诗文化的发展过程，引导学生积极主动地进行探究式学习，并通过对泸州地方古典诗文化学习，在有关诗歌的探讨中，丰富学生的想象力，唤起学生学习动力，增强学生多读、多问、多动手的实践意识，提高学生的道德修养和审美情趣。

案例 3　广元市 G 中学"剑门蜀道文化"校本课程目标

知识与技能方面：学生在学习过程中能深入了解剑门蜀道文化中优秀的文学知识、民俗文化、艺术文化以及精神文化等，提高信息的搜集能力、处理能力以及与他人协作能力。

过程与方法方面：学生通过实地考察活动搜集和整理有关当地民俗、传统文化、人力资源和自然风光的信息，辨别其中信息的有用性，进而增强自己识别信息的能力、团队意识、创新精神与实践能力。

情感态度与价值观方面：培养学生对家乡与本土文化的热爱之情，激发学生继承和弘扬地方文化的责任感与对家乡文化的认同感，成为家乡文化的传承者。

"基于地方文化的校本课程开发是传承和创新地方文化的内在要求。"[1]随着城镇化的不断发展，很多地方文化逐渐失去了自己赖以生存的舞台，开始走向没落。教育系统通过校本课程实施来培养学生，使得地方文化有了传承发展的新机遇。这种新机遇落实在实践中表现为依据地方文化进行课程开发，形成基于地方文化的校本课程内容，使校本课程成为地方文化

---

[1]　刘正伟、李品：《论基于地方文化的校本课程开发》，《教育发展研究》2006 年第 4 期。

精华的浓缩。在此情况下，地方文化才能借助校本课程开发继续传承。可以说，传承地方文化是校本课程开发的一个重要价值。[1] 如案例1中"成都文坛名人"校本课程目标设置就强调成都本土文化的传承，具有鲜明的地方特色和文化韵味。一方面，强调充分利用学校和地方的优势资源，形成资源合力，帮助学生拓宽文化视野，更好地理解和体悟课程中蕴含的当地人文精神和审美情趣。另一方面，作为本土文化课程，"成都文坛名人"语文校本课程目标不仅强调培养学生爱家、爱乡的自觉意识，还要让学生将成都名人精神内化于心、外化于行，在广大的实践天地中锻造必备品格。案例2中"泸州古典诗"文学校本课程亦将把握泸州古典诗中蕴含的诗词文化精髓，培养学生热爱家乡的思想感情，唤醒学生传播地方传统文化和诗词文化的责任意识作为该校本课程目标设置的主要着力点。剑门蜀道文化，是广元地区的本土地域文化，对当地学生的成长具有潜移默化的影响。因此，案例3中广元G中学的校本课程目标之一就是让学生对蜀道文化有更新、更深入的认识，在学习和思考的过程中增强对于蜀道文化的认同，赋予本土文化新的生命力。

　　校本课程开发的根本目的在于启迪学生智慧，在提升学生人文素养的基础上，帮助学生健全人格，发展个性。[2] 因此，在传承和认同地方文化的同时，还需要批判精神、学习精神和创新精神。也就是说，学习地方文化的目的，不是把地方文化原封不动地移植到现实生活中来，而是在学习中反思，在传承中创造，在创造中超越。地方文化通过校本课程在中小学生脑子里扎根，进行潜移默化的影响，这对学生成年以后在实际生活和工作中践行优秀地方文化，并在原有文化的基础上去突破与创新，有着极其重要的作用。如成都S中学的"成都文坛名人"校本课程目标既符合新课标的基本理念，也考虑了语文学科的性质和特点，使学生能够得到地方社会文化知识的启蒙，接受更为广泛的文化滋养。与此同时，该校本课程目标也提高了学生的语文核心素养；"泸州古典诗"文学校本课程的目标除了弘扬泸州地方传统诗词文化，加厚中华传统诗词底蕴，在唤醒学生传承传统文化的责任意识同时，还关注到学生文学素养和人文素养的培养；广元G

---

①　刘瑞瑜：《文化视野下的校本课程策划》，《中国成人教育》2017年第5期。
②　黄翠华：《校本课程开发中的历史深度与文化广度》，《教育理论与实践》2018年第35期。

中学的校本课程目标考虑到学生的学习现状、学习兴趣和发展需求，做到共性与个性兼顾，基础与发展并行，重在培养学生终身发展所需的关键能力和必备品格。

总之，地方文化校本课程开发和实施，不仅是为了地方文化的传承，更是为了激发学生的学习兴趣，使学生通过在教学中使用地方资源引发思考、引导深层学习，激发文化自觉的情怀。青少年是国家和民族的未来，文化是国家和民族的根，根深才能叶茂，青少年对地方文化的传承和超越，事关地方文脉传承和长远发展。

二 横向与纵深：地方文化资源之校本课程转化的体系

（一） 选择校本课程资源

校长往往是校本课程开发的主要推动者和引领者，在校本课程体系的规划和设计方面起着至关重要的作用。当被问及"如何选择校本课程资源"时，成都市 S 中学校长在接受访谈时说道：

> 我校"成都文坛名人"语文校本课程选的人物材料具有代表性，而且这些人物与成都有着很深的缘分，也能引起学生兴趣。例如，王勃虽然是有名的诗人，也来过成都，但是他在成都居住时写出的诗不多，影响力不大，我们就没有将他选入课本。我们在选择名人的作品时，会精心挑选那些描绘成都自然风光，展现成都人民生活场景，体现成都本土文化的作品或选段。此外，选定的作品还要能够提高学生的语文核心素养，对学生未来发展有用。在学生选课之前，我们会利用寒暑假时间对学生和家长做一个调查，尽量考虑学生和家长的意见，选择学生感兴趣的、与之学习水平相适应的人物作品，从而激发学生的学习意愿。当然，如果选定的某位名人作品不能高效、便捷地找出充足的文本资料、影音素材，就无法获取相对完整的信息，给教师的教学增加难度，进而加大我们学校教师的负担。所以，我们也会考虑教师的实际情况，和教师一起确定校本课程内容，选择适合用于教学的文坛名人。同时，在开发校本课程时还会考虑教学资源是否易得，是否足够等问题。概括来看，我们最终选择的最具代表性的几位人物

大概分为八个人物专题，包括司马相如、扬雄、薛涛、杜甫、陆游、杨升庵、巴金、李劼人等。

不可否认的是，校本课程资源选择不是由校长一个人完成的，是一个多主体共同作用的过程。正如负责"成都文坛名人"校本课程开发的老师在谈及"校本课程资源开发中应该由谁来选择课程内容"时说："我们校本课程里的这些资源是由教师、学生、校长、教导主任、年级组和教研组一起选择的，且这些个人或组织在文化选择的不同阶段、不同环节发挥着不同的作用。"

课程内容是人类智慧和经验的集中体现，它的选择与确定应该紧紧围绕课程目标，有助于学生的成长和发展。"成都文坛名人"校本课程内容在选择的过程中既结合学生的实际需要，也考虑到了教师的能力水平和地方文化资源，具体体现在以下几个方面。

第一，知识性。成都地方文化源远流长，可供选择的课程资源众多，有些资源并不具有代表性，所以，成都 S 中学选择了能全面提高学生语文素养的文坛名人来作为课程内容。虽然是选修课，但符合课程学习中最基本的"知识性"原则，其选定的课程内容代表人类文化的最高智慧，能够给学生提供对未来发展最有用的知识和技能。例如，介绍一位成都名人符合社会价值观的个性品质或奇闻故事，有利于培养学生创新意识、探索精神和审美情趣。

第二，地域性。地域性是校本课程的基本特性，指在一定地域范围内渗透到所有事物之中的一种社会的、人民的、传统的生活方式。"成都文坛名人"校本课程精心挑选的描绘成都山水风貌的作品和展现成都人民生活图景、世俗文化的选段，都体现了成都独具特色的地方魅力。比如李劼人专题中既有讲述清末茶铺环境和作用的课文《成都的特景——茶铺》（节选自《暴风骤雨》），也有关于成都现代茶馆文化的拓展内容。

第三，趣味性。校本课程的趣味性有助于提高学生的学习积极性，课程内容能够为学生轻松接受。"成都文坛名人"校本课程选入的文坛名流均是学生感兴趣的人物，且将图书馆、名人故居、历史遗址等社会资源涵盖其中，利用参观、调研等学生感兴趣的活动方式，让他们主动建构课程知识。

第四，可操作性。为实现"教有所依""学有所倚"，"成都文坛名人"校本课程选入的内容均是教师能够理解，能够寻找、掌控和操作的素材。

不同学校的校本课程开发有着不同的选择标准。经过调研分析发现，有的学校管理者在校本课程资源的文化选择中倾向由教师个人依据自己的爱好或能力来确定文化主题，比如，成都市 H 小学的校长就校本课程资源的文化选择这个问题谈道：

> 教师是校本课程开发的主要力量，校本课程内容的选择必须由教师依据自己的特长或者文化喜好来进行。现在学校的实际情况就是学校老师和学生面对的地方文化种类繁多、琐碎，但是我们的课时量是非常有限的，如果我们想要完全按照学生的意愿去选择开发什么文化内容的课程的话，学校真的没有足够时间和精力去保障完成。
>
> 学生在现阶段的兴趣爱好大都不稳定，今天喜欢这个，很有可能过两天又对其他东西产生兴趣了。而学校的课时是很有限的，老师的精力和能力也是有限的，因此，我们在确定或者说选择校本课程内容时，往往在很大程度上只能完全从教师特长或能力水平出发，来确定一个文化主题，围绕着这个主题再来开设校本课程，然后实践中尽可能地在一定程度上结合一下学生的具体情况。

成都市 H 小学的管理者意识到了教师在校本课程开发中的力量，但在一定程度上忽视了学生的主体性。学校管理者应该意识到教师和学生在校本课程资源文化选择中的角色和作用都是不同的，不能相互代替，每个主体都应发挥自己的优势参与到文化选择过程中去。

值得关注的是，在调研过程中接受访谈的学校管理者均肯定了校本课程选择地方文化资源的重要价值或意义。比如，在访谈中成都市 H 小学的教务主任说道：

> 学生生活的环境里文化各式各样，非常丰富，有很多和文化有关的事情或者现象都能给人留下很深刻的印象，这些东西对学生而言有

很好的陶冶作用。因此，我们课程的最终目标就是要让学生对当地文化有所了解、有所认识，往更远了说就是要发挥这些文化的功能，要让地方文化对学生今后的生活、工作有实际的作用。学校现在的语、数、外等主学科课程传授给学生更多的是学科知识，但是学生今后在实际生活中用得最多的应该还是和他们的生活密切相关的那些内容，比如说学生生活环境中的文化、生长的家乡文化等等。

成都市 H 小学的教务主任还说：

> 即便我们在学校给学生讲再多、再深的知识，倘若学生不将知识和实际生活联系起来，或者没有机会与实际生活联系，那么他们就不会懂得所学内容的真正内涵，他们也就无法内化、践行这些内容，所以说学校里或者课程里如果没有创造地方文化的氛围，那我们培养的学生也将会是没有文化底蕴的人。

上述学校的管理者普遍都能够自觉主动地意识到校本课程资源文化选择的重要价值或意义，并参与到文化选择过程中去。目前，很多学校也正是在校长独特的教育思想引领下，通过学校管理者团队的努力、全校师生的认同，使得学校具有了独特的教育哲学理念，比如，成都市 S 中学提出的"亲翰墨书香，孕科技羽翼"的学校建设理念，成都市 H 小学提出的"让每一个学生都成为最好的自己"校训，泸州市 A 小学提出的"弘扬以尊老孝亲为基础的中华传统美德"的校园文化，等等。很显然，这些学校的办学理念都是在达到国家对于学校培养目标基本要求的基础上，充分考虑自己学校所处地域独特的文化资源现状，结合学生的发展需要，从校长自身的教育哲学出发，结合学校所处地域的文化特征，协同教师和学生提出的具有本校文化特色的办学理念。这种理念的形成成为学校教育活动的指导思想，其中，校本课程开发与建设就成为这种理念得以体现的最好载体。

总之，并非所有地方文化都可以融入课程，也不是所有优秀文化都可以融入所有学段的所有课程。问题的关键在于，哪些文化可以恰当地融入与学生发展阶段特征相适应的课程。因此，地方文化融入校本课程的首要任务是梳理和辨识，需要多主体"从文化学、心理学、课程学、学习科学等角度审视地方文化对学生发展和活化教学过程的价值……选择适合学生发展核心素养养成教育要求的地方文化要素"。①

（二）编制校本课程内容

校本课程往往以教材为载体，通过校本教材所呈现的文化内容来实现学校的教育目标和办学特色。

案例 1　广元市 G 中学"剑门蜀道文化"校本课程内容

表 4 - 1　广元市 G 中学"剑门蜀道文化"校本教材目录

单元	课程内容
第一单元　栈道文化	第一节　艰险明月峡 第二节　剑门雄关 第三节　幽静翠云廊
第二单元　三国文化	第一节　昭化古城 第二节　三国故事 第三节　皇泽寺
第三单元　红色文化	第一节　红军渡 第二节　木门会议会址 第三节　红军文化园
第四单元　广元文学	第一节　剑门诗歌 第二节　蜀道游记
第五单元　民俗文化	第一节　川北薅草锣鼓与唢呐 第二节　麻柳刺绣与白花石刻 第三节　剑门豆腐与广元小吃

如表 4 - 1 所示，广元市 G 中学的"剑门蜀道文化"校本课程内容大致分为栈道文化、三国文化、红色文化、广元文学和民俗文化五个单元，每个单元又分为几个小节，具有明确的教材内容编排体系。区别于国家课程的教学设计，剑门蜀道文化校本课程内容具有实践性、活动性、互动性特点。每一节的课程内容主要由三个板块构成——知识角、活动区和实践场。

---

① 李臣之：《基于地方文化的课程调适与创生》，《全球教育展望》2016 年第 10 期。

知识角：这一板块主要提供必要的背景知识供学生了解，如第一单元第二节在知识角这一板块提供了剑门关的风貌、形成发展原因、从古至今名人与剑门关的故事以及李白的诗作《蜀道难》等相关资料，第五单元第一节的知识角主要介绍川北薅草锣鼓与唢呐的基础知识点。

活动区：主要包括课内和课外两大活动区，课内活动由游戏、演讲、表演、辩论等组成，尽可能形成多种活动，如与广元文学相关的知识竞赛，请唢呐传承人向同学们讲解唢呐的历史发展、特征，并表演唢呐民乐等。课外活动主要是在实践场完成。

实践场：这一部分课程内容主要指当地名胜古迹，如古栈道、三国古战场遗迹、皇泽寺、剑门关、古驿道、翠云廊、明月峡等。学生主要通过实地参观、考察、操作等方式领略当地文化内涵。

案例 2　重庆市 X 小学编写的"新孝道"系列校本课程

重庆市 X 小学在广泛征集有关专家、教师和学生的意见，在借鉴传统的孝道教育教材优势的基础上编写了"新孝道"系列校本教材，包括《新孝道崇孝慕贤》《新孝道感恩诚信》《新孝道勤奋勇敢》三本，分为低、中、高三个年龄段进行学习，一、二年级学习《新孝道崇孝慕贤》，三、四年级学习《新孝道感恩诚信》，五、六年级学习《新孝道勤奋勇敢》。作为一门校本课程，"新孝道"校本教材的内容主要来源于以下四个方面："家乡的孝子入教材""感人的孝俗入课堂""展示博大精深的孝文化""弘扬新时代的孝文化"。第一，"家乡的孝子入教材"主要是指发生在家乡的孝子故事，如古代的王祥、新时代的白沙埠"新七孝"、校园小孝星等，这些榜样就在孩子们的身边，是教育和激励学生的最好的榜样，能让学生更好地理解和品味孝文化的真意，成为"孝的孩子"。第二，"感人的孝俗入课堂"，主要从丰富课程内容的角度，把具有地方特色的孝道习俗或传统活动巧妙地运用到校本课程中，如重阳敬老习俗、孝河文化节、王祥祠凭吊、新时代孝子孝媳的表彰活动等都是很好的课程素材，能让学生们在习俗或活动中铭记孝文化和孝道传统。第三，"展示博大精深的孝文化"是指除了介绍家乡的孝文化以外还选编古代二十四孝故事、对联、古诗等进入教材，供学生选择性学习。第四，"弘扬新时代的孝文化"主要是指扩展孝文化的内涵。新时代的孝不仅指孝顺，也包含对家乡、对人民和对祖国的爱，所以在校本教材中还包含向学生介绍家乡古今杰出人物的感人事迹，如抗战英烈的故事、新时代民营企业家致富不忘乡亲的事迹等。

重庆市 X 小学编写的"新孝道"系列校本教材一经使用便在教师、学生和家长中产生了比较大的影响，也受到了各界的好评。这套校本教材的内容优势体现在以下几个方面。

第一，创新使用教材。重庆市 X 小学"新孝道"系列校本教材共三本，在六个年级中使用，两个年级合用一本，这对并不富裕的农村小学来说，起到了节约开支的重要作用。另外，由于每本教材的跨度为两个年级，所以相对于单个年级的教材而言，学习内容比较丰富，学生可以在实际的教材使用中根据需要和兴趣选择性学习，而且对上一年的学习内容可以随时翻看，温故知新。这可以强化学生良好的思想和品行。另外，"新孝道"系列校本教材专门开辟了活动广角的板块，这一板块围绕小学生日常行为规范进行，把孝道教育与小学生日常行为规范有机融合，使得学生的思想文化学习与活动实践有机统一，真正实现对学生"心"与"身"的培养。

第二，校本教材编写更加人性化。小学"新孝道"系列校本教材在编写之初就广泛征集各方的意见和建议，反思已有的传统孝道教育校本教材的不足。因此，重庆市 X 小学"新孝道"系列校本教材相较传统孝道教育校本教材更加人性化。从纵向上看，小学"新孝道"系列校本教材充分考虑到了不同年龄、不同年级学生的身心特点和差异，三本教材的编写由易到难，由简单到复杂，并且针对一、二年级识字不多的具体情况对低年级校本教材添加拼音。从横向上看，重庆市 X 小学"新孝道"系列校本教材针对有关故事或案例比较难理解等问题专门设置了温馨贴士栏目，这一栏目阐释了故事或人物的背景，对有关内容进行了分析和总结，为学生的理解和学习提供了便利。

第三，校本教材内容强调传统与现代的结合。重庆市 X 小学"新孝道"系列校本教材在经典驿站栏目多以有代表性的古文或古诗词为主，彰显了传统思想文化的魅力。而美文再现或故事在线系统多以当代故事和典型案例为主，拓展了传统思想文化的局限，实现了校本教材内容古与今、传统与现代的有机结合。这不仅弘扬了传统的思想文化，而且赞颂了当地的模范和典型人物，使得学生对所学内容更有亲切感、熟悉感，也更加现实和实际。

案例3 "泸州古典诗"文学校本读本选录

表4-2 "泸州古典诗"文学校本读本选录

单元	精读篇目	自读篇目
第一单元 名胜风光出诗海	1. 先汪《题安乐山》 2. 曾屿《游玉蟾山寺》 3. 卓秉恬《游龙马潭》 4. 李肇沅《蔺州春行》 5. 王士禛《抚琴台》	1. 阎苍舒《海观》 2. 刘光第《游方山题名庆云崖下览新旧云峰二寺》 3. 僧雪堂《滴乳岩》 4. 江国霖《游三官祠》 5. 傅治安《古蔺州即景》
第二单元 果香殊俗隐诗意	1. 郑谷《荔枝树》 2. 杨慎《竞渡曲》 3. 赵熙《除夕杂诗》 4. 吴国伦《奢香驿》 5. 任谦《谢李次九翁龙眼兼呈少迁舍人》	1. 陈五典《龙马潭祈雨口号》 2. 高楷《诗两首》 3. 黄炎培《〈泡糖〉三首》 4. 李超琼《橄榄》 5. 杜甫《解闷》
第三单元 忠臣义士抒豪情	1. 晁公武《南定楼》 2. 岑参《阻戎泸间强盗》 3. 文天祥《泸州大将》 4. 陆游《泸州乱》 5. 佘英《刑场口占》	1. 梁玠《筹边堂》 2. 储掌文《题陈公祠》 3. 汪元量《越州歌》 4. 林俊《北岩寺》 5. 虞集《谢书巢送宣和石砚》
第四单元 文士交往寄诗酒	1. 黄庭坚《戏答王献可居士赠文石》 2. 范成大《合江题谭德称扇留别》 3. 李白《叙旧赠江阳宰陆调》 4. 杜甫《泸州纪行》 5. 章士钊《答筱泉谢见赠旧窖名酒》	1. 杨慎《饮哑酒》 2. 李炳南《别王献唐辞国史馆撰修赴乐山》 3. 何景明《永宁舟中》 4. 陈金华《大街即事》 5. 何鲁《泸州绿酒》
第五单元 悠悠情意寓泸州	1. 张问陶《泸州》 2. 熊相《春行泸州》 3. 唐庚《题泸川县城楼壁》 4 陆游《南定楼遇急雨》 5. 刘望之《发成都》	1. 李攀龙《送永宁县许使君》 2. 林良铨《江楼晚眺》 3. 范成大《南定楼》 4. 吴芳佶《东大路》 5. 丁复《泸川》

由表4-2可知，"泸州古典诗"校本课程内容从泸州本土诗人创作的古典诗作品和他乡诗人题咏泸州的古典诗作品两条不同的途径分类进行搜集整理，包括古典诗精读篇目二十五首，自读篇目二十五首，其中包括四十首古代诗歌、十首近代诗歌。此外，选录范读古典诗作品若干。"泸州古典诗"校本课程设置了五个单元，每个单元包括泸州本土诗人创作的古典诗以及他乡诗人创作的有关泸州的古典诗。

"泸州古典诗"校本课程内容广泛，涉及泸州的历史变迁、风景名胜以及风土人情等，有的反映诗人在泸州的游历见闻，如对安乐山、南定楼、泸江亭、龙马潭等地的吟咏；有的描绘泸州山光水色、风景名胜，如对泸州"江阳八景"、方山、抚琴台、余甘渡、白塔等景色的描写，诗人驻足流连于这些景色的同时，也抒发着自身的情感；有的通过描写泸州的城市生活、节日氛围以及荔枝、美酒等特产来体现泸州这座城市的风土人情、地貌特产，突出泸州特有的历史文化气息和丰富的城市内涵；有的在叙写旧事与送友、抒发惜别之情；有的怀古伤今，抒发了诗人的爱国与思乡之情。这些诗人在诗歌中所表达的赞美、留恋、向往、感伤或是追忆等情感，与他们对泸州的真挚情感是分不开的。总之，把这些古典诗搜集、整理、筛选出来，开发成独具特色的"泸州古典诗"文学校本课程，让教师带领学生品味诗歌语言，体会诗人情感，不仅能提高学生的文学涵养，还能帮助学生了解家乡文化。

课程内容是课程编制的主体部分，亦是课程的灵魂。上述案例中的校本课程在开发时对课程内容进行了适当的选择，与多学科、多角度生活常识相整合，互补互联，以保证校本课程的内容符合学生的期待，促进学生学科核心素养的培养。如诗歌教学是语文教学中不可缺少的一部分，但仅限于国家课程中规定学习的古诗内容是不够全面的，而泸州L中学开发的"泸州古典诗"文学校本读本选录可看作学科拓展类校本课程。该校本课程以语文学科为基础，对学生进行拓展知识与能力培养，有利于学生语文核心素养的培育，且在一定程度上弥补了国家课程的不足。此外，广元G中学开发的"剑门蜀道文化"校本课程内容丰富，涉及文学、历史、音乐等多门学科内容，能充分发挥校本课程的育人作用，增强学生对家乡文化的认同感、归属感和自豪感。

（三）校本课程的科学实施

校本课程的实施途径有多种，更多是以主题活动的方式进行。"我们学校的校本课程实施以活动为主，开发的校本教材只是一个载体"，这是重庆市 X 小学的一位教师在接受访谈时所说的。从这句话中我们不难看出重庆市 X 小学的校本课程开发秉持新课程改革的理念和思路。

> 我们有上课的形式，必须有课时。我校根据市里的课程安排设置地方校本课程，按照标准每两周都有一课时。我们校本教材的使用方式或方法不同于语文、英语、数学等课程，主要是通过学生看教材让学生阅读这些内容，或者老师就是整体上讲授一下所要学习的课程内容，然后拓展学生的思路。校本教材的使用过程主要就是让学生去感受，感受这一课的思想主旨是什么，然后让学生自己去交流去探讨，在课堂上达成一些共识。不能像上语文课那样讲知识点，那是不对的。实际上让学生学习这些内容，无非是让学生大体上理解我们所设置的这一课的内容，然后学生结合自己的实际情况提出一些问题。最后就是践行，就是学生自己要怎么做。我们是要达到这种教育效果。

从学生主动参与校本课程实施的角度来看，重庆市 X 小学的校本课程实施途径主要分为两大类。一类是以校本教材为主进行的学习，这种学习有着固定的上课时间和地点，也有固定的任课教师，基本上是每两周进行一次。从上文中教师关于对校本教材使用情况的说明中可以看出，重庆市 X 小学在校本教材的使用方面强调学生自身的感知和理解，也就是说让学生从自身的视角出发去理解校本教材的内容，感受所学内容的思想主旨，同时注重学生之间的交流和探讨，让学生能在这种彼此的互动中形成共鸣，达成一些思想上的共识。另一类是以主题活动为主的交流学习，这一类校本课程实施没有固定的时间和地点，而是根据学生的需要和丰富学生学习生活的要求来进行。前一类校本课程的实施方式以班级授课为主，而后一类校本课程的实施方式要丰富一些。迄今为止，重庆市 X 小学进行了包括卧冰亭里听"孝"、孝友祠里感"孝"、孝道长廊读"孝"、孝河水边解"孝"、图说孝道画"孝"、自主活动践"孝"等在内的一系列主题活动，参与的人员不仅包括教师、学生，还包括专家、地方模范典型、民间人士等校外人员。每次进行这些主题活动都是对"新孝道"教育校本课程的再开发和不断完善。

此外，"泸州古典诗"文学校本课程的实施方法也值得借鉴。其一，诵读联想法。如在教学唐庚的《题泸川县城楼壁》时，通过让学生反复诵读诗句，体会泸川城内遍地酒楼、流霞映彩的景象，想象当时的泸川城江中游着的雪白的鲈鱼，想象自己手中拿着一杯醇厚的黄酒，在古余甘渡波心，驾着一叶扁舟，穿梭在沱江两岸的荔枝林中，偶见三五人家的袅袅炊烟的真实景象，有利于帮助学生体会诗中意境和诗人情感，提高学生的古典诗鉴赏能力和文学素养，并能提高学生想象力和创造力。其二，比较鉴赏法，例如在教学泸州古典诗中杜甫的《解闷》时，在解读作品意象"荔枝"的同时，教师既介绍了荔枝是泸州合江的特产，也将颇具有辨析意义的《过华清宫》中"一骑红尘妃子笑，无人知是荔枝来"中的荔枝来历进行探讨，将有关泸州的古典诗与其他的古典诗作品进行比较联系。其三，情景互动法。如在学习古典诗中表现中国传统节日端午节的古诗时，泸州位于长江和沱江交汇的特殊地理位置，致使端午佳节具有浓厚的划龙舟的节日气氛。因此，端午节前，泸州市 L 中学的教师根据学生生活实际情况，鼓励学生利用课余时间充分了解端午节在泸州发展的情况以及在现实生活中的节日盛况。其四，实践调查法。如在学习关于泸州酒的古典诗作品时，泸州市 L 中学的教师便组织学生去实地考察泸州老窖旧址，获得泸州老窖的相关历史知识，并让学生在浓郁的酒香之中，根据自己的观察和体验，创作与泸州酒窖或泸州酒有关的诗歌。

校本课程的实施方法是形式多样的，除了上述四种方法外，还可以采用专题讲座法、小组合作探究法等方式组织教学。"教学有法，但无定法"，教师只有在教学过程中根据实际的教学效果，不断调整和改善教学方法，注重学生在学习活动中真实的情感体验，才能实现教学目标和课程目标。

综上所述，地方文化校本课程的开发和利用已经形成了一定的校本课程体系。从纵向上来看，为了实现学校的内涵式发展，各地学校根据自身的办学传统将地方文化定位为建设特色学校的途径，成立课程领导小组、评估情境拟定发展目标、构建地方文化校本课程内容体系、制定地方文化校本课程教学计划、开展教师培训会推进地方文化进课堂、具体的课程实施、评价等一系列的地方文化课程开发过程。从横向上来看，各校通过开发地方文化校本教材，开设地方文化专题学科，将地方文化与学科课程整合，在学科课程中渗透地方文化；通过开展丰富多样的活动课程，搭建地方文化艺术平台，促进学生自身的体验感悟；通过打造地方文化校园环境，营造地方文化隐性课程的育人环境；通过显性课程与隐性课程相结合，构建了全方位的地方文化校本课程体系。

三 生成与多元：地方文化资源之校本课程转化的评价

案例1 成都市P中学的"彭镇老茶馆"校本课程评价

成都市P中学的"彭镇老茶馆"校本课程评价团队由学校领导、教研组长和教师代表共同组成，负责开展每学期对校本课程体系和授课老师的评价工作，并督导检查校本课程的授课老师对参与学生的评价情况。该校本课程的评价对象涉及学生、教师和校本课程体系本身。

其一，对参与学生的评价。对学生的评价重在促进学生的健康成长和个性发展，以成都市P中学为例，该校校本课程授课教师在对学生评价时主要采用以下三种方式。

日常性评价——观察记录。在校本课程实施过程中，授课老师有目的、有计划地观察学生在学习过程中表现出来的情感、态度、能力和行为，并记录下来作为对学生进行过程性评价的依据。

成长性评价——成长档案袋。主要是跟踪和记录学生的进步过程、努力程度及发展水平，在每学期期末将相关材料归到学生的成长档案袋，作为学生综合实践项成绩的重要依据。

展示性评价——活动汇报方式。通过舞台展演、书画展览等成果汇报的形式予以评价。比如，学校每年5月的"茶馆文化周"会集中展示老师和学生的才艺，发掘并培养一批新的文艺人才。

其二，对指导教师的评价。对教师的教学评价重在帮助教师改善教学活动，促进教师的专业发展，提高教育教学质量。该校在对教师教学评价时强调多元、开放的方式，例如：

教师本人每学期提交一次关于指导校本课程工作的总结和教学反思。

在家长会上，面向学生和家长发放问卷调查，及时搜集、整理来自学生和家长的意见，以期及时改进校本课程实施过程中的问题和不足。

校本课程评价小组对校本课程授课教师进行日常督导检查和期末综合评分，并将此作为教师绩效考核的一项重要依据。

其三，对校本课程体系的评价。对校本课程体系的评价重在促进校本课程不断完善和优化，促进新型课程体系的构建。该校对校本课程内容的评价重点突出以下几个方面：一是学生的参与度，二是指导教师的意愿，三是校本课程实施的成效。在此基础上，该校评价小组对校本课程自身做出综合性评估，最终决定该校本课程是停办，还是坚持，抑或做出调整。

案例 2 黄龙溪古镇 H 小学美术校本课程评价

黄龙溪古镇 H 小学的美术校本课程评价主要从教师和学生两方面着手。其中教师教学评价表主要包括教师自评、学生评价和同事评价三个方面（详见表 4-3），学生学习效果评价表包括学生自评、学生组评和教师评价三个方面（详见表 4-4）。每学期的校本课程结课后，教师就将学生学习效果评价表发给学生填写。该表依据不同的课程内容分为了四大领域：造型、表现，欣赏、评述，设计、应用，综合、实践。黄龙溪古镇 H 小学秉承"让每一朵花炫出自己的色彩"的办学理念，下一学年将依据学生学习效果评价表分板块开设校本课程，让学生选择自己擅长的领域继续学习。

表 4-3 教师教学评价表

评价标准	请在选择处画 ★		
	是	一般	否
是否对黄龙溪古镇文化产生兴趣			
是否对黄龙古镇文化有了进一步了解			
此次黄龙溪古镇校本课程开发是否有意义			
能否搞清楚黄龙溪古镇有哪几大类文化资源			
是否对此次课程内容满意			
是否对学生完成的作品满意			

续表

评价标准	请在选择处画★		
	是	一般	否
是否希望黄龙溪古镇校本课程继续			
教师自评			
同事评价			
学生评价			
建议或意见			

表4-4　学生学习效果评价表

	造型、表现	欣赏、评述	设计、应用	综合、实践
知识与技能 过程与方法 情感态度价值观	★构图好 ★创意好 ★造型美 ★色彩美 ★形式美 ★细节美 ★会评价 ★有进步	★会查找资料 ★会运用资料 ★会观察 ★会表达 ★多角度分析 ★参与讨论 ★会评价 ★有进步	★会查找资料 ★会提炼素材 ★构图好 ★造型美 ★颜色搭配好 ★形式美 ★会评价 ★有进步	★会查找资料 ★会提炼素材 ★能认识地图 ★计划完整 ★条理清晰 ★实践有序 ★会评价 ★有进步
教师评价				
学生组评				
学生自评				
建议				

案例3　"泸州古典诗"文学校本课程评价

泸州市L中学的"泸州古典诗"文学校本课程评价分为三个阶段：实施前的准备评价、校本读本编制过程评价和学生学习效果评价。实施前的准备评价主要以问题的形式调查地方教育部门、学校开发者和教师的准备情况；校本读本编制的过程评价主要从课程的目标、课程内容、读本编制、组织实施、师生配合等方面进行评价（见表4-5）；学生学习效果的评价主要针对学生学习评价、教师教学活动评价以及教学方法等的评价（见表 4-6 至表 4-9）。

表 4-5　"泸州古典诗"校本读本编制实施过程评价表

	评定等级			描述性评价
	优秀	良好	合格	
课程目标				
课程内容				
读本编制				
组织实施				
师生配合				

表 4-6　学生学习前准备评价表

评价项目	评价主体				综合评价
	学生自评	组内互评	教师评价	家长评价	
是否掌握学习目标					
是否安排学习计划					
是否具有学习兴趣					
是否具有学习毅力					

表 4-7　课堂中学生学习评价表

评价项目	评价主体				综合评价
	学生自评	组内互评	教师评价	家长评价	
参与课堂是否热情					
是否具备创新能力					
搜集整理信息能力					
提出问题能力					
合作研究能力					
解决问题能力					

表 4 - 8　学生学习完成效果评价表

评价项目	评价主体				综合评价
	学生自评	组内互评	教师评价	家长评价	
对古典诗的整体认知水平					
朗诵古典诗的能力					
鉴赏古典诗的能力					
创作古典诗的能力					
对家乡的情感					

表 4 - 9　教师工作评价表

评价主体	评价项目	描述性评价
学生评价	充分备课	
	教学充满热情、创设情境	
	调动学生兴趣、采用多元化的教学方式	
	对泸州古典诗有一定的研究	
	引领学生鉴赏并指导创作古典诗	
	课后都有所收获	
	认为教师需要改进的地方	
教师自评	教学目标是否明确	
	教学内容是否适合学生	
	重视学生自主、合作、探究的学习方式	
	课堂问题设计是否合理	
	关注学生诗词素养和泸州文化传承	
	注重学生差异性和个性发展	
	课后进行教学反思	
	是否达到课程预设目标	
同行评价	对泸州古典诗相关内容掌握程度	
	课堂氛围活跃程度	
	学生参与程度	
	教学方式灵活程度	
	问题设计有效程度	
	是否体现发展性评价理念	

评价主体	评价项目	描述性评价
领导评价	对校本课程理念的理解程度	
	合作开发校本课程的能力	
	组织实施校本课程的能力	
	虚心接受建议并改进	

地方文化资源之校本课程转化评价是一个价值判断的动态过程，也是校本课程开发过程中一个重要的环节，它可以检验校本课程的实施效果。因此，在地方文化资源转化为校本课程的过程中，制定可行的课程评价策略是十分必要的。上述校本课程根据新课程改革要求制定的评价体系具有鲜明特点，主要体现在评价主体、评价对象、评价方式和评价过程四个方面。

评价主体多元化。主体多元化评价原则要求在校本课程评价中，调动各方面的力量参与课程评价。在课程实施效果评价上，课程评价的主体不应该是单一的，要充分尊重学生的主体地位，扩大课程参与的评价主体。如黄龙溪 H 中学设计和印发的学生学习效果评价表（如表 4-4）是严格依据新课程改革的三维目标拟定的，把知识与技能、过程与方法、情感态度与价值观三个方面作为标准。评价主体采取赋星争旗的策略对学生个体进行评价，鼓励学习小组、教师和家长都参与到校本课程的评价中来，让学生在学生自评、组内互评、教师评价和家长评价的过程中逐渐养成习惯并重视地方文化校本课程。泸州市 L 中学的"泸州古典诗"文学校本课程在各阶段的学生自评、组内互评、教师评价、家长评价和领导评价也体现了主体多元化评价原则。

评价对象多元化。黄龙溪古镇 H 小学校本课程的评价对象不仅围绕学生，还发动学生、家长、教师和领导对教师进行多角度和多层面的评价，体现了评价对象多元化的原则。这不仅可以防止课程评价的片面化，还有助于校本课程实施朝着更好的方向发展。泸州市 L 中学的"泸州古典诗"文学校本课程评价也有着多元化的评价对象，一方面，该校对"泸州古典诗"文学校本课程各阶段的学生学习效果和教师教学效果进行评价。另一方面，该校还会通过定期召开教师研讨会、学生座谈会、家长开放日、校际交流会等形式，广泛听取来自教师、学生、家长和社会各界人士的意见，对校本课程的开发设计方案进行评价并及时修订。

评价方式形成性。根据评价目的的不同，评价方式可分为诊断性评价、形成性评价和终结性评价。根据新课改的要求，课程评价要由终结性评价向形成性评价发展。成都市 P 中学的"彭镇老茶馆"校本课程的评价方式倡导形成性评价和终结性评价相结合。在教学过活动中，重点采用形成性评价方式从正面引导，比如，采用成长记录袋方式跟踪能反映学生校本课程学习与发展的资料。此外，学生学习校本课程的效果还体现在学生的言谈举止当中，成都市 P 中学对这类学习效果主要采用质性评价方式。黄龙溪古镇 H 小学的教师用写评语的方式对学生进行评价，并通过档案袋评价的方式，将学生的相关作品收集起来，选出优秀的作品布置教学走廊的文化长廊，通过量化评价与质性评价相结合的方式，全面评价学生的学习效果。

评价过程动态发展。校本课程的开发过程是动态的、不断调整的过程，评价过程也应该是不断改进和发展的过程。以"泸州古典诗"文学校本课程评价为例，该校校本课程评价强调对校本课程发展全过程进行质量监控，旨在促进校本课程品质的提升。此外，上述案例中成都市 P 中学的"彭镇老茶馆"校本课程评价实际上也是一个不断调整和完善的过程。该学校的校本课程评价活动贯穿始终，可分为四个阶段：规划评价、设计评价、实施评价和成果评价，且每一阶段都会依据上一阶段的反馈信息进行追踪，进而完善该校本课程体系本身。此外，黄龙溪古镇 H 小学校本课程评价的过程也是动态的，突出了校本课程评价的激励性功能与发展性功能。

第五章

地方文化资源转化为学校文化资源的实践考察

马克思、恩格斯指出，"人创造环境，同样，环境也创造人"①；马克思还指出历史是人的"个体发展的历史"②。从这个角度来看，个体的发展是与环境双向互动的结果。作为人生发展的关键时期的学生时代和作为人生重要环境的学校，既是人们学会与环境互动的资源，又是必须认识的互动对象。从这个意义上看地方文化资源的教育转化，价值、意义就特别重大。

地方文化资源转化为教育资源除了可以转化为学科教学资源和校本课程资源之外，转化为学校文化资源也是一种重要的形式。地方文化资源转化为学科教学资源，可以直接服务于学生的知识与能力的增长；地方文化资源在校本课程中的再生主要服务于学校特色的育人目标的达成；地方文化资源转化为学校文化资源，主要服务于育人环境的营造。知识与能力的增长、特色育人目标的达成都需要在一定的环境中体现，所以，实现地方文化资源的学校文化资源转化是一项非常重要的工作。

第一节　地方文化资源转化为学校文化资源的现实需要

学校文化是学校全体成员共同创造和经营的文明、和谐、美好的生活方式，是学校核心价值观及其主导下的行为方式及物质形态的总和。③ 地方

---

① 《马克思恩格斯选集》第 1 卷，人民出版社 1995 年版，第 92 页。
② 《马克思恩格斯选集》第 4 卷，人民出版社 1995 年版，第 532 页。
③ 张东娇：《论学校文化的双重属性》，《中国教育学刊》2016 年第 2 期。

文化资源转化为学校文化资源的现实需要与学校文化的区域性和学校文化的缄默性息息相关。学校文化的区域性决定了需要区域特色的资源来彰显，学校文化的缄默性决定了需要显性直接的资源来传递意义。

一　学校文化的区域性需要地方文化的有效运用

（一）普适性基础上的地域性：学校文化的内在特性

学术界普遍认为，学校文化是由学校全体成员在学校长期的教育实践过程中积淀和创造出来，并为其成员所认同和遵循的价值观、精神、行为准则及其规章制度、行为方式、物质设施等的一种整合和结晶。学校文化的最高价值在于形成育人传统和提升育人效能。

学校文化是普适性和地域性的统一。就学校文化的普适性而言，主要表现为文化特性的普适性和教育取向的普适性。

文化特性的普适性主要表现在，学校文化也是一种文化现象，是客观对象的"人化"，是人对客观对象的意义赋予，它跟家庭文化、企业文化等文化类型一样，都是人们基于需要建设出来的。当然，这个建设的过程有自然而然，也有有意为之。自然而然的结果可能是内隐性的，虽未能被显性表达，但与人们的认识、生活和工作紧密联系。比如，很多时候"家风"往往就是自然而然形成的，是内隐的，是缄默性的。很多百年老校的学校文化往往是积淀下来的，或者至少有一个阶段是"积淀"而不是"打造"的。有意为之的文化往往是主体根据需要充分发挥主观能动性，根据文化建设的规律，形塑的核心理念、价值规范、行为准则等。学校文化的文化普适性还表现在结构上。任何群体的文化都由"核心理念－价值标准－行为－制度"四个层面组成，国家文化、民族文化、班级文化都包括这四个方面，只是每种文化四个层次的内容不同罢了。

教育取向的普适性主要是指学校文化作为一种亚文化，是教育文化的一部分，必须体现出对主流教育目标、教育价值的呼应，还必须体现出教育性。就教育目标而言，学校文化必须服务于学生德智体美劳全面发展，要服务于素质教育理念的贯彻与落实，要服务于全面发展的人的培养。因为，马克思主义关于人的全面发展学说是我国教育目的的理论依据，马克思主义关于人的全面发展的理想是"作为一个完整的人，占有自己的全面的本质"。① 就教育价值而言，学校文化建设必须服务于向上、向善、向好等人的发展目标，尤其是要体现学校教育的社会主义性质。"古今中外，每个国家都是按照自己的政治要求来培养人的……我国社会主义教育就是要培养社会主义建设者和接班人。"② 就教育性而言，学校文化体现在四个层次：核心理念回答的是"理想的教育是什么、理想的学校是什么"等问题；价值标准是在核心理念指导下对于"好老师的标准""好学生的标准""好课程的标准""好教学的标准""好教育研修的标准"等问题的回答；行为是办学主体在价值标准的引领下对办学行动与教育行动的具体展现，比如干部选拔与管理、教师的选用、学生的管理、课程建设、教学实施、教师培训等；制度是基于核心理念的指导，对于价值标准与行为的固化，比如教师考评制度、学生评优制度、教师研修与培训制度、学生日常管理制度、课程建设制度等。可见，这四个层次都是围绕直接和间接育人来展开的。

然而，我们在谈学校文化的时候，尤其是在谈学校文化建设的时候，往往指向某一类、某一些、某一个学校，也一定是某一地域的学校。地域不同，学校文化肯定会存在差异，这主要是由于学校所处的地域不同，教育追求、教育传统均有所不同。教育追求的不同主要是因为地域性的教育发展需要不同，比如农村学校的教育追求往往与"农村"这一地域特征有关，这些学校的追求要么体现为"离农"，要么体现为"向农""为农"。当然，在现实中"离农"的追求远远多于"向农"和"为农"。教育传统的地域性既表现在校内又表现在校外，就校内而言往往突出表现在学校领导风格上，在发展水平相对较低的地域，学校领导风格可能出现刚健坚韧和安于现状两极分化；校外的教育传统也有地域性，有研究表明，"由于历史形成的原因，发达地区往往具有比较有利的地理、自然环境，持有积极进取的文化传统与知识为本的教育价值取向；而不发达地区的地理、自然环境通常较为恶劣，其文化传统中更多地含有听天由命的成分，其教育价值取向常滞留于扫盲即可的层次"。③

---

① 《马克思恩格斯文集》第 1 卷，人民出版社 2009 年版，第 189 页。
② 习近平：《在北京大学师生座谈会上的讲话》（2018 年 5 月 2 日），人民出版社 2018 年版，第 6 页。
③ 吴康宁：《教育社会学》，人民教育出版社 1998 年版，第 115 页。

客观上讲，也确实存在"文化符应"的风险。[①]

地域性的教育追求和地域性的教育传统，要求学校教育理性处理适应与超越的关系。当地域性的教育追求与教育传统处于积极正向的时候，学校教育需要结合当下教育改革与发展的前沿追求把原有的积淀发扬光大；当教育追求与教育传统处于消极负向的时候，学校教育需要通过自我激励、自我改革来突破发展的困境找到新的出路。而这两个方面的特点，都需要建立学校文化来实现。对于前者，可以通过学校文化建设来归纳地域性的优秀传统和个性化的办学方略，把办学理念、办学精神固化下来，引领今后的办学行为和学校发展；对于后者，更需要建设学校文化来建设一种精神，通过精神反作用于办学行为，从而实现学校办学现状的突破。

从这个意义上讲，学校文化的特性是普适性基础上的地域性，抑或说，地域性更体现学校文化的特性，因为无论是作为文化属性的普适性还是教育属性的普适性，都是学校文化内在明证的身份标识。但学校文化的地域性则体现着学校文化的功能取向，学校文化通过地域性的教育表达服务于地域性的教育目标，最后成就地域性的教育贡献。

（二）具有教育性的地方文化：学校文化的必要资源

学校文化建设必须依托适切的文化资源。在现实生活中我们看到一些学校把国学经典纳入学校文化建设中，其实就是充分看到国学资源的文化建设价值；有的学校把主流意识形态的表述纳入学校文化建设中，也是看重这些资源的身份识别和价值引领功能；还有的学校把其他学校的文化资源借鉴到自己的学校文化建设中，其实也是一种文化资源的横向迁移。虽然，学校文化建设可以依托不同的资源，但是建成具有地域性特征的学校文化需要依托地域性的文化资源，因为地域性的文化资源容易契合当地的价值诉求，还能拉近文化与人群的心理距离，有利于发挥学校文化的育人功能。但是，地方文化资源的挖掘与选择，需要考虑多种因素，其中"教育性"是一个重要的因素。

地方文化的积极价值具有相对性。所谓地方文化，一般是指人们在地

---

① 朱新卓、张聪聪：《谁从脱离直接经验的"教育病"中受益——基于经验结构与学校文化符应的视角》，《华中师范大学学报》（人文社会科学版）2020年第4期。

方生存和生命实践过程中，与自然、社会互动的结果，从这个角度来讲，文化是没有高低贵贱之分的。然而，文化创设具有历时性，地方文化的积极价值应该是具体的、历史的。从这个意义上看，我们分析地方文化的积极价值肯定是以当下和未来作为取向的。所以，有的地方文化具有较为明显的积极的效用价值，有的可能只有存储价值。如果说，这一维度是时间维度，那就还有辨别地方文化积极价值的空间维度。古人云："一方水土养一方人，一方燕子衔一方泥。"那说明地方文化是多元的；在人员流动加速，社会变化加快的今天，地方文化之间的交流与碰撞是同时存在的，寻求文化价值的最大公约数是地方文化交流的重要基础。基于此，一些具有积极效用的地方文化，不一定是其他地方认同的，一个学校往往有来自多个地方的学生和教师，认可地方文化积极价值的相对性，有利于我们有意识地选择大家都认可的具有积极价值尤其是教育价值的地方文化资源作为学校文化建设资源。

地方文化的教育价值具有相对性。这种相对性表现为不是所有的地方文化都有教育价值，不是所有有教育价值的地方文化都适合所有的学校。地方文化的价值多种多样，作为传统文化的一种形态，地方文化可以培养民族情怀，养成民族性格；可以维护心理健康，塑造健全人格；可以增强审美能力，提升人文素养；可以提高道德修养，端正思想观念。[①] 很显然，教育价值不是地方文化的唯一价值，但对学校文化建设来讲，地方文化的教育价值更值得重视。换句话说，不具有明显教育价值的地方文化是不适宜作为学校文化建设的文化资源。地方文化教育价值的相对性还体现在因校而异，这是因为在建设学校文化的时候，学校有自身的文化价值诉求。因此，建设主体需要在丰富的具有教育价值的地方文化中选择适合学校办学目标、发展愿景的部分，将其加工为学校文化，或者将其整合到学校文化中。

二　学校文化的缄默性需要地方文化的鲜活表达

（一）学校文化缄默性特点及其局限

从萨特到梅洛－庞蒂的研究证明，视觉与听觉、看与听是人类感知世

---

① 卢德生：《传统文化育人的现实与超越》，中央文献出版社 2015 年版，第 26 页。

界最重要的方式。波兰尼把知识分为明述知识和默会知识，这对于获得学校文化全景观具有重要意义。虽然理想的学校文化既要有高度、厚度，又要能被看见、听见，但是缄默性往往是学校文化存在的主要特点。[①]　缄默性又称为默会性，即我们平常所说的"只可意会不可言传"。校园文化作为一种育人文化，区别于一般意义上的校园环境，校园文化可以通过校园环境来表达，校园环境是校园文化的重要载体，但校园文化在本质上不等于校园环境。校园文化的本质是文化，是一种集体意识。集体意识不论以什么方式展示出来，都是默会性的，它不是直白的说教，而是文化对心灵的唤醒，是一种提示，一种引导。这就意味着校园文化必然是缄默性的，或者主体上是缄默性的。

校园文化的缄默性在整体上体现为默会性，是一种隐性知识，同时在具体表现上还有个体性、非理性、情境性等特征，这些特征在文化建设和文化育人过程中又有其局限性。

校园文化的"个体性"及其局限。个体性是缄默性的重要表现。从宏观角度来看，校园文化的个体性是指校园文化往往与某一个学校匹配，体现该学校的育人价值和办学取向。正是在这个意义上，才有所谓"一校一品""学校特色""特色学校"之说法。但此处更多是指学校文化内部体验的个体性。作为一种缄默性知识，校园文化是办学者的文化，是文化创生者和文化展示者的文化。这种文化从产生之时起就传递着文化主体的精神观念、价值认同，文化展示者虽然可能是一群人，但校园文化建成之时起，它就独立发挥着文化辐射和文化引领的功能。而从文化受众的师生来讲，每个人因为自己的价值立场、认知基础、生活经历的差异，会对校园文化所传递的信息有个性化的理解和解读。从认识途径的角度来看，有的是将"自认为"的文化意义内化在自己的认识图景中，有的则通过领悟校园文化所传递的意义来发生知识增殖，产生认识论上的"顺应"行为。很显然，这种所谓个体性极有可能出现两种问题：第一，文化创生者所传递的文化并不是文化享受者所感悟到的文化；第二，文化享受者感悟到的文化存在差异性，因为"重新构建"的多元性导致文化生产的差异性。这两种问题

---

① 张东娇：《看见与听见：学校文化的意会与言传——兼论波兰尼的默会知识观及其启示》，《教育研究》2017 年第 9 期。

的出现都会影响校园文化建设和校园文化育人的实效性。

校园文化的"非理性"及其局限。非理性是隐性知识区别于显性知识的重要特征之一。① 作为一种缄默性知识，校园文化具有非理性的特点。我们知道，显性知识是通过人们的"逻辑推理"获得的，因此它能够理性地进行反思，而隐性知识是通过人们的身体感官或者直觉、领悟获得的，因此不是经过逻辑推理获得。由于隐性知识的非理性特征，所以人们不能对它进行理性批判。② 在校园文化中，这种非理性往往表现为呈现方式的非理性和内容结构的非理性，即在方式上囿于同时间展示文化的需要，因而不是按照"认知逻辑"的递进化形式来呈现的；在内容上限于同空间展示文化的特点，因而不是按照"知识逻辑"的结构化形式来呈现的。这就意味着当主体去获得校园文化所传递的意义的时候，没有办法按照理性的认知逻辑和知识逻辑去"解析"文化，而主要是通过感知和体悟去了解文化。这种感知和体悟固然存在直达灵魂的可能，但同时也存在感知表层化和体悟浅层化的特点。具体说来，不同主体的意义先念不同，对校园文化传递意义的重构就可能从角度和内容上产生差异；不同主体的意义结构不同，可能对校园文化传递的意义内容的触及广度而有所不同。诸如此类的不同，会产生校园文化建设者所期望的教育效果和文化效果与校园文化享受者的释然变化的落差，这种落差就是我们平常所说的校园文化建设中的"文化断裂"现象。

校园文化的"情境性"及其局限。雅斯贝尔斯说："教育是人的灵魂的教育，而非理智知识和认识的堆积。"③ 作为一种缄默性知识，校园文化具有情境性的特点，这里的情境性主要表现为它传递的信息总是与特定的情境紧密相连，它总是依托特定情境存在，是对特定的任务和情境的整体把握。④ 校园文化对文化价值和知识信息的传递，往往是通过特定的情境来实现的。以固化的物质文化为例，特定的校园雕塑传递的是特定的精神和信息，而这种传递发生在校园，但产生于过去、表达于现状、意指于未来，

---

① 石中英：《知识转型与教育改革》，教育科学出版社 2001 年版，第 225 页。
② 曹宝龙：《学习与迁移》，浙江大学出版社 2009 年版，第 214 页。
③ 〔德〕雅斯贝尔斯：《什么是教育》，邹进译，三联书店 1991 年版，第 4 页。
④ 曹宝龙：《学习与迁移》，浙江大学出版社 2009 年版，第 214 页。

这是雕塑情境所体现的全部意义；以日常生活中的行为文化为例，特定的装束要求，传递的是一种审美取向、行事规则、身份标识、价值认同、群体归属，这是装束情境所体现的全部意义。然后，当学生看到某一雕塑情境后，首先联想到的是过去发生的某一个情境，而不一定会廓清其全部意义，尤其是不一定能理解其中的教育隐喻。同样，就前述装束所体现的行为文化而言，学生在特定情境下捕捉的可能是部分内涵，而且，当学生的注意力离开装束的具体情境之后，那些价值内涵就可能被弱化或者异化，比如离开了校园环境，这种文化就不一定有行为约束力，换下装束，学生的行为可能也就缺少内在约束。可见，具有"情境性"特征的缄默性校园文化，会遭遇迁移难题，诸如，不利于校园文化领域之间的迁移，不利于从行为文化向价值文化迁移，不利于从他者文化向主体文化迁移，不利于从特定文化向日常文化迁移，不利于从校内文化向校外文化迁移。

（二）学校文化鲜活表达的现实需求

"隐性知识是高度个人化的知识，有其自身的特殊含义，因此很难规范化也不易传递给他人。"[1] 为破解此难题，我们认为，校园文化的个体性特征决定了校园文化需要多元化表达。这里的多元化表达是在同一文化价值取向的前提下进行的，即需要校园文化传递的育人价值和需要生产的文化意识都是一样的，在此基础上，从多主体的教育进行文化表达。具体来讲，包括从管理者的角度需要掌握的管理规则、管理原则和管理取向；从教育者的角度需要理解的学校办学方向、需要传递的育人价值、需要内化的育人规范，从学生的角度需要理解的发展目标、需要产生的文化共鸣、需要遵循的行为规范。当然，主体的多样和文化表达的多元不局限于这些方面，从不同地方角度划分出来的表达维度应该是多样的。但是，无论哪种划分，在表达方式上，地方文化是重要的文化资源，因为地方文化的主体性与学校文化的主体性存在内在一致性，地方文化从创生者来看是地方的先民所创，从再生产的角度来看，现有地方民众是其主体，即现有学生的家长，有时候教师也参与其生产。基于地方文化资源的校园文化多元化表达有利

---

[1]　I. Nonaka and H. Takeuchi, *The Knowledge Creating Company* (Oxford University Press, 1955), p. 148.

于在此过程中实现视域融合，即文化创生者和文化享受者的视域融合以及文化享受者之间的视域融合。

同时，如前所述，校园文化的非理性特征决定了个体在直面校园文化的时候可能很难获得系统化的深度的文化认知。很显然，我们不能试图去通过提升校园文化的知识性和逻辑性来提升系统化和深度，毕竟建设校园文化不是建设教科书。① 我们需要"穿越概念丛林"，我们"得种树也种草，一棵棵地、一片片地种，努力培育学校文化之树，成为教育理论丛林的一部分"。我们要在非理性的基础上增加校园文化这种缄默性知识的教育效能。具体说来，可以通过增强文化的生动性来提升"文化唤醒"和"文化共鸣"的效能。增加校园文化生动性的方式和手段多种多样，比如，让师生参与校园文化建设，实现共建共创共享，实现由"他们的文化"向"我们的文化"转换；还可以基于不同的学段特点进行文化内容和文化呈现形式的优化，比如在小学阶段注重文化的生活性和趣味性，在中学阶段突出文化的激励性和价值性。不过无论哪种形式的优化，都必须面对文化资源的选择问题，从地方文化中选择校园文化资源有利于拉近文化与生活的关系，有利于引起文化享受者的文化共鸣，有利于提升他们去体悟校园文化的兴趣，有利于实现文化资源的沉浸式表达，通过生活化的文化资源的选择、加工、呈现，增加文化享受者的文化认同，从而增加文化价值的传导和教育效果的优化。

最后，校园文化情境性具有意义生成的具象特点，但同时也面临不好迁移的挑战。这就需要我们提升校园文化情境化的水平。第一，要提升情境的生活性，让情境指向校园文化享受者的现实生活，抑或在文化资源所指代意义的过去、现在与未来之间加强联系，以物质文化建设为例，要让文化享受者不仅感受到"故事"，还感受到"现实"。第二，要提升情境的故事性，通过故事联系情感，在文化建设者和文化享受者之间产生纵向的情感联系，在文化享受者之间产生横向的情感联系。情感是生产隐性知识的前提和基地。没有丰富的情感，就没有人性的光辉，就没有生产知识的可能，就没有价值和意义世界。以带情感的故事传递促进灵魂的价值诉求，

---

① 张东娇：《学校文化建设："穿越概念丛林"之后我们去哪儿》，《清华大学教育研究》2021年第 2 期。

进而产生文化享受者的直接情绪经验或者生活经验。当然，无论提升情境的生活性还是提升情境的故事性都需要鲜活的文化资源，相对于从文献中析出的资源，地方文化资源因为其生活性更接近师生的认知经验；相对于其他地域的资源，当地地方文化资源更接近学校教育的场域。所以，加强地方文化资源的运用，有利于校园文化情境在微观文化领域之间迁移，有利于从行为文化向价值文化迁移，有利于从他者文化向主体文化迁移，有利于从特定文化向日常文化迁移，有利于从校内文化向校外文化迁移。

第二节　地方文化资源转化为学校文化 资源的实践分析

地方文化资源转化为学校文化资源包括若干层次。这些层次主要由学校文化的组成部分决定。当然，在学术界对于文化的组成部分的研究非常多，但从学校文化建设的实践来看，核心的组成部分是学校核心理念的生成、物化环境的建设和文化育人活动的开展。本书重点围绕这三个方面探讨地方文化资源的转化状况。

一　基于地方文化生成的核心理念

如前所述，在学校文化的四个层次中，核心理念是内核，决定着学校文化的价值标准层、行为层和制度层。核心理念是学校在长期办学实践活动中经过倡导和培植而逐步形成和确立的具有激励教职员工奋发向上和规范学校办学行为的群体意识。这种群体意识是学校全体管理者和教育者的教育信仰。

在学校文化建设的实践中，核心理念具有极其重要的价值。

第一，核心理念决定学校文化建设的高度。核心理念既然是办学主体对"办什么样的学校""如何办好这样的学校"所作出的价值判断与选择，那就意味着不同层面的理念会产生不同的价值标准和办学行为，也会产生不同质量的制度。

第二，核心理念决定学校文化建设的方向。核心理念是一所学校基于教育规律和自身办学实践所形成的关于学校建设与发展的理性认识和办学思想，是学校教育工作者对所在学校现实的反思及对未来发展的憧憬。这就意味着选择什么样的核心理念就会选择什么样的价值标准和行为，这直接决定了学校的办学方略和文化目标。

第三，核心理念决定学校文化建设的质量。科学、先进的核心理念，是学校教育工作者坚持从实际出发，促进学校科学发展，实现办学蓝图的科学认识和思想结晶。核心理念的清晰程度决定了文化建设工作思路的明晰程度，只有核心理念准确才会使"三风一训"科学，核心理念有深度，文化活动的设计和文化景观的打造才会更有育人价值。

核心理念如此重要，就更需要科学地生成。我们发现，基于地方文化生成核心理念有多种类型，其中基于地方历史文化资源生成核心理念是一种常见的做法。

历史文化资源是地方文化资源的重要组成部分，有历史遗迹类、古建筑类、古代陵墓类、宗教文化类等。历史文化资源是历史发展的产物，是地方历史发展中的族群记忆，部分记忆还与主流文化有千丝万缕的联系。基于地方历史文化资源生成学校核心理念的方式多种多样，黄龙溪学校的实践就体现了对历史文化资源的挖掘和使用。黄龙溪学校是一个九年一贯制学校，位于千年古镇黄龙溪。

> 黄龙溪镇历来是成都南面的军事重镇。传说蜀汉时，诸葛亮南征，曾派重兵把守此地。2100多年前，古蜀先民在此繁衍生息；汉代古墓群留下了前辈的足迹；蜀汉政权在此萌芽催生；诸葛亮南征在此屯兵牧马；唐宋时期此地日益繁荣，黄金水道成了南方丝绸之路的集散地；明清时代的木板民舍、青石小径流传着历史的故事……丰厚的历史文化为核心理念的挖掘提供了较好的依据。该校的学校精神"龙腾精神"就以地方历史文化为依据。
>
> 龙腾精神是学校的办学精神，其基本内涵有四个方面。第一，龙腾中的龙是中华民族的图腾，使用此元素与主流文化保持一致，也具有文化符号使用的正当性，师生和社会的接受度也很高。第二，该校是一个农村学校，父母对子女的发展有较高和较为淳朴的期待，不少父母期望子女在此学校打下可持续发展的坚实基础，为改变命运提供

潜力，"龙腾"契合了社会和家庭的期望。第三，学校靠自己的努力走出品质办学的特色，体现"传承古镇文化、融合现代教育理念"的文化主线，并响亮提出"乡村古镇旅游文化特色学校"的办学定位，在物质文化建设方面，确立了"1335"的文化格局，即以"一条星光大道"、"三大院落"、"三大乐园"和"五大主题花园"来分类彰显这一个主线的各个内涵分支，充分彰显"体验教育"理念，让学校环境充分再现了办学思想和"随风潜入夜，润物细无声"的育人功能，在农村学校都是很有建树和特色的。第四，"龙腾"寓意学校发展性的征程，宣誓学校在今后的发展中将蓄积能量、奋发有为，这样一来学校精神还具有发展的引领性和办学实践的激励性。

黄龙溪学校是为挖掘地方历史文化资源，凝练办学理念的代表。事实上，中国历史文化悠久，地方历史文化积淀丰富多元，可以借鉴的地方很多，这就决定了由此可提炼出的办学理念也是多元的。

名人文化也是历史文化的组成部分。眉山市东坡小学将名人文化融入学校办学精神，形成独特的学校办学理念。

眉山市东坡小学地处四川眉山市，该小学校名来源于苏东坡。眉山市有着悠久的历史、丰富的人文资源，仅在宋朝一代就先后涌现出八百多位进士，其中"三苏"父子是我国历史上举足轻重的文化巨人，因此眉山市被誉为"中国诗书城"。东坡小学认为：学校，是一个地区乃至一个国家的文化名牌。作为社会文明的载体，学校不仅传承文化，而且发展和创新文化；不仅以学校积淀的文化和精神熏陶、教育学生，而且影响社会，引领国家的文化发展。在推进文化大发展、大繁荣的今天，提升国家文化软实力，推进文化传承创新，应成为加强学校文化建设的着眼点与着力点。

学校品牌实质是文化品牌，显著特征是学校特色文化。建设特色学校，核心是建设学校特色文化。在学校资源中，地方特色文化资源是建设学校特色文化的重要资源，学校要充分开发和利用地方特色文化资源为学校的办学特色服务，形成自己的特色文化。

"东坡文化"是眉山市地方文化的核心，是眉山文化的一个代名词。东坡文化是中华民族优秀文化的一部分，是以苏东坡为代表的集苏洵、苏辙文化成就而形成的融哲学、历史学、文学、领导学、军事学、养身学、烹饪学等于一体的综合性文化现象。把"东坡文化"作为学校文化建设的重要资源，是眉山所在地学校得天独厚的优势。

校名以"东坡"冠名，这一冠名既赋予了学校沉甸甸的文化内涵，又赋予了学校传承、弘扬东坡文化的历史使命。"东坡小学"这一校名必然承载着苏东坡的政治理想、价值追求、人文情怀、精神气质、政治信仰，具有浓郁的传统文化气息。因此，学校的建设过程，教育、教学过程，就是梳理、提炼、传承和弘扬东坡文化、智慧和各种成果的过程，也是立足东坡文化所蕴含的教育情怀、人格追求，尊重教育规律和学生身心发展规律，与世界先进教育思想、教育方式方法接轨的过程。在学校文化中有机融入东坡文化，建设学校特色文化是"东坡小学"的必然选择。

学校的"东坡文化进校园"活动已经形成了"一体三线"的框架体系，"一体"是东坡文化为主体，"三线"是从"东坡品质""东坡形态""东坡作品"三条线去汲取东坡文化，融入学校的文化系统中，形成东坡文化特色。在两年多"东坡文化进校园"的实践中，学校有三点深刻的体会。一是克服形式主义，要走进东坡文化，认真研究东坡文化，同时要走出东坡文化，将东坡文化作现代教育意义的发掘，将其融入学校文化之中，而不能采取"拿来主义"或"点缀主义"。二是东坡为表，人文为本，在表现东坡内容的同时要传达丰富的人文精神，表达学校的教育追求。三是东坡文化是学校文化中的特色，而不是学校文化的全部。

基于上述理解，该校把东坡文化融入学校理念系统。

学校之魂，文以化之；学校之神，文以铸之。利用东坡文化资源，不单单是把东坡文化作为教育资源和活动资源，更是要发掘、爬梳东坡文化内蕴的现代教育意义，把东坡文化的精髓落实到学校管理行为、教师教学行为和学生学习行为之中，落实到学校的德育体系和教学体系之中，通过管理、教学、活动、文化熏陶等引导学生成长、成才和成人。这是东坡文化进校园的核心和灵魂。为此，从确立学校核心理念入手，让东坡文化走进学校，让东坡文化成为学校的血脉，成为师生的精神家园。立足东坡文化、紧扣现代教育发展脉搏，该校构建了一套既具有浓厚东坡文化特色，又符合现代教育规律的理念系统。

"学承东坡，道臻至善"是学校的核心理念。"学承"是指后学自己通过钻研著名学者的著作而对其学说有所继承、汲取和发展。"东坡"意指东坡精神，东坡精神包括东坡做人、做事和治学几个方面。"道"既指为师、为生、为人的准则，又指为教、为学、管理的方法规律。"臻"有达到的意思，还有"不断趋向、不断接近"的意思。"至善"是指最完善、最完美的理想境界。"道臻至善"传达的是：无论传授和创造知识，还是治学育人、成人成才，皆应达到至高境界，实现学校以人为本，全面、协调、可持续发展。"学承东坡"是手段，而"道臻至善"才是目的。"学承东坡"是为了人的精神更加自由，道德和人格的更加完善，对教育教学规律更深刻的体悟与把握，从而实现师生全面而自由的发展。

传统文化融入办学理念，还应该体现在学校精神的方方面面。东坡小学在此过程中做的探索是，将"学承东坡，道臻至善"这一核心理念从校训、校风、教风、学风、培养目标、办学特色、学校校歌、学校铃声等方面生发生长。

该校校训"像东坡一样"。"像东坡一样"就是像东坡一样做人、做事、做学问，展开来说可以是像东坡一样（志向远大、志趣高远、勤奋好学、全面发展、坚忍不拔、乐观旷达、仁厚待人、热爱生活……）。校训特色鲜明，通俗易懂，内涵丰富，既有个性，又朗朗上口，是"学承东坡"的理念的形象表达和具体展现。

该校校风"正心真学，循礼卓行"是东坡做人、治学的具体表达。

该校教风"以爱立方，以乐导学"贯彻了东坡的仁爱精神和好学乐学的学习方法。

该校学风"勤学、乐学、活学、博学"更是东坡治学的全面概括。

该校培养目标"行为良好、学业优良、身心健康、拥有特长"是苏东坡全面发展的写照，更是素质教育思想的具体要求。

该校办学特色"诗书教育"是基于对包括东坡文化在内的优秀的东坡文化的传承和教育改革的要求而提出的。东坡以诗书见长，苏东坡的诗词文赋书画是中华民族优秀文化的组成部分。以"诗书教育"为特色既能促进学生的发展，同时也能促进学校的发展，更为重要的是"诗书教育"体现了"东坡小学"的文化意蕴，与"东坡"校名相得益彰。"诗书教育"就是以中华传统的经典诗文和书法艺术以及东坡文化为主要内容，旨在用优秀的中华文化滋养学生心灵，发展学生人文素质，培养学生人文情怀的教育。通过"诗书教育"彰显学校浓厚的人文气息，促进语文学科建设，突出诗书文化的时代性，从而促进师生精神面貌的显著提高。

该校校歌《我爱苏东坡》，是歌颂苏东坡的，这与学校校名非常吻合，表达了全体东坡学子对苏东坡的热爱。校歌没有多数学校校歌存在的口号化的倾向，旋律优美，学生十分喜欢演唱。

作息铃声很有诗意，用的是唐诗或东坡诗词谱成的歌曲中的一段，每次铃声歌曲不雷同。铃声既美妙动听，又能激发学生去学习背诵诗词。

研究表明，当前中小学学校文化普遍存在"两张皮"现象："说和做"两张皮、"表和里"两张皮、"他和我"两张皮。[1] 这种现象的本质在于"融合"不良。无论是国家传统文化还是民族（民间）传统文化与学校精神的融合都有很强的现实意义，这是传统文化育人的重要途径。这样一来，学生对传统文化的认同与对学校文化的认同相整合，有利于培养学生的文化情怀。

不得不说，从文化传承的角度来看，学校的办学理念是学校校园文化建设的精神核心，体现着学校的文化素养，地方文化与学校文化融合的探索，从根本上讲，还是要建立在原有的地方文化与社会变迁的现代化融合的基础之上，同时融入"以生为本""以人为本"的思想，只有这些元素相互结合，不断配合，并以学校中的这些隐性文化的方式对身处学校的每一个人进行潜移默化的影响，才能够达到文化整合的最佳效果。

---

[1] 项红专：《学校文化"两张皮"现象及其破解对策》，《教育科学研究》2020 年第 10 期。

二 基于地方文化生成的物化景观

物化景观是学校文化的重要组成部分，理想的物化景观是学校核心理念的外在表现形式，传递着学校的精神追求，体现着学校的办学品位。将地方文化融入物化景观，其目的是发挥地方文化资源服务于物化景观的育人功能，建成有品质的潜在课程，让师生置身其中受其感染和熏陶，让外来参观者感受学校的品位和特色。

名人文化是地方文化的重要组成部分，四川省眉山市东坡小学抓住苏东坡这一文化资源，将其转化为系列化的物化景观。

该校在"诗书校园"文化主题的指导下，对学校环境建设进行了全面的规划。这个规划将东坡文化有机融入学校整体的环境之中，让校园环境既符合教育、符合小学的特点，又突出东坡文化元素，使学校的环境文化有神韵，有特色，有风采。环境成为东坡文化的一种载体，东坡文化则成为环境的灵魂。学校通过两个途径将东坡文化有形化：一是设计学校形象标识；二是以东坡文化为主要内容的景观建设。

学校的形象标识是学校理念的形象化，是学校文化特色的外化。该校的形象标识包括校标（校徽）、校旗、小东坡吉祥物、形象宣传语。

校标（校徽）是以书法的"東"衍化出的东坡形象，整个图案巧妙地将苏东坡形象融入其中，线条生动，富有张力，正好切合了学校的办学理念"学承东坡，道臻至善"。东坡形象的大气洒脱，形象地表现出东坡小学人积极进取、意气风发的精神面貌。标志字中有形，形中有意，动静结合，易懂易记。

校旗由"校徽、中英文校名（中文校名的标准字体是东坡墨迹的东坡小学四个字）以及学校的标准绿色（绿色）组成"，彰显东坡小学"学承东坡，道臻至善"的办学理念和文化理念，体现了东坡小学诗书教育的精神风貌。

吉祥物名为"小东坡"，其形象来自苏东坡，有多种神态的小东坡卡通形象，彰显苏东坡仁爱、勤奋、乐观、博学的精神品质，象征东坡小学学生和学校对教育理想的追求，这个理想就是"像东坡一样"，做个全面发展的人。

形象宣传语"最是橙黄橘绿时",来源于苏东坡《赠刘景文》一诗,其寓意是:东坡小学师生积极向上,活力无限;东坡小学学子全面发展,个性鲜明;东坡小学将不断创造丰硕的教育成果。

学校标准色为"东坡绿",这来源于苏东坡对竹的喜爱,竹是绿色的,所以把这个绿色称为"东坡绿"。这个标准色运用于校徽、校旗、校门立柱、墙裙瓷砖、横梁、洗手台、大厅、阶梯教室等,学校色彩简洁明快,清爽脱俗。

该校的形象标识具有鲜明的东坡文化元素,有着鲜明的个性特点。这些标识和色彩在学校校门、教学设备、宣传橱窗、各室的标识牌、教学用品、办公用品、校本教材、宣传册、校报校刊中广泛运用,让学校文化具有独特性。

与此同时,在景观建设中融入东坡文化。

在景观建设中呈现东坡文化的哪些内容,怎么呈现,学校经过了精心的考虑和认真的研究。主要通过"东坡那些事""东坡那些诗""东坡那些词""东坡那些成语""东坡那些书画""东坡那些足迹""东坡那些精神"几个系列将东坡文化有形化。

"东坡那些事"系列是在学校外围墙上雕刻东坡的智慧故事和勤政爱民的故事。故事采用漫画手法、现代儿童口吻,以儿童喜闻乐见的连环画的方式来呈现,让师生通过阅读这些故事,了解东坡,热爱东坡。

"东坡那些诗"系列,一是选择东坡的20首诗歌雕刻在大理石上,安装在校内的广场地面,形成一条"诗书大道",与"诗书校门"相得益彰。每首诗歌用一种字体来雕刻,在诗歌的旁边用小字介绍这种字体的特点,学生在阅读欣赏诗歌的同时,还可学到有关字体的知识。二是在校内的绿化带内放置雕刻东坡写植物的诗歌,突出绿化主题,如在绿化带的竹园内放置雕刻东坡写竹的诗篇。同时还将东坡的诗词的标题雕刻在石头上,随意放置在绿化带内,让师生看到这个标题就在头脑中背诵这首诗词。

"东坡那些词"系列,是利用学校楼道的墙面,粘贴东坡代表性的著名辞章。

"东坡那些书画"系列，是把学校美术教室外面的墙面设计成具有童趣的异形的展示橱窗，展示东坡的著名的书法作品和代表画作。

"东坡那些足迹"系列，通过楼梯平台的墙面来展示苏东坡的生命足迹。每个平台展示东坡所走过的一个地方，包括对这个地方的介绍，以及东坡在这个地方所创作的主要作品以及所做出的政绩，同时还有学生对东坡诗篇的想象画。

"东坡那些成语"系列，通过学校内围墙来展示，将有关东坡的著名的成语用冷轧板腐蚀的方式雕刻在内围墙上，每个成语注明读音、含义、出处等，让学生积累文学知识。冷轧板腐蚀古色古香，让学校文化更加厚重，校园的诗书味更浓。

"东坡那些精神"则通过四个楼层的消火栓呈现出来。每层楼的消火栓反映东坡的一种精神，既有反映东坡精神的典型故事，也有与这种精神相关的其他人物的故事，包括古代现代国内国外。四种精神展示的分布是：一层展示东坡的"仁爱精神"，主题是"像东坡一样做个仁爱的人"（同时与慈善文化相结合）；二层展示"乐观精神"，主题是"像东坡一样做个乐观的人"；三层展示"勤奋精神"，主题是"像东坡一样做个勤奋的人"；四层展示"治学精神"，主题是"像东坡一样做个博学的人"。

除此之外，学校还设计了与东坡文化相关的校园景观建设。一是"诗书校门"。校门宽49米，四根立柱设计为四本竖放的厚薄不一的书。其中三根立柱的一面，可以每年更换一个书名，如今年这"三本书"分别叫"词典""苏轼文集""十万个为什么"，明年又可以更换其他书名。二是"书海畅游"的假山雕塑。在校园"天心楼"和"致远楼"之间的空地上建设了一个水池和雕塑。雕塑为青石做成的书卷，放置在水池内。清澈的水从错乱码放的书卷中汩汩流出，象征书中有玉液琼浆，在书海中畅游，能获取丰富的精神营养。三是设置六个书屋，每个教室里设置了一个书柜，让校园内随处可见书，随时可看书，书香味浓厚。六个书屋中最大的是"东坡书屋"，面积360平方米，划分为"教师阅览区""学生阅览区""学生交流区""多媒体视听区"

"影视区"。阅览室内有形状各异的书架，营造了童趣味足、温馨闲适的阅读空间。其余几个是利用底楼楼梯间装饰成的休闲型的小书屋，分别命名为"老泉书屋""子由书屋""伯达书屋""仲豫书屋""斜川书屋""晴川书屋"。这几个书屋点缀在校园底楼的东西南北，学生休息时可在这里坐一坐，翻翻书。每个教室讲台旁的一个角落，都装修了一个书柜，可存放 200 多册图书，教室既是教学的场所，也是学生阅读课外书的场所，同时还解决了学校藏书室面积不足的问题。四是建设东坡形象墙。在学校建筑的正对校门的连廊上，建设一个 180 平方米左右的形象墙。墙面上嵌刻东坡形象，四周环绕学生笑脸。

上述案例中的做法很好地体现了学校文化建设的系统性和完整性，有利于实现物化景观的整体育人。当然，大部分学校是根据办学需要，把地方文化融入部分物化景观中，以此来发挥物化景观的特定的育人价值。

马尔康市第二中学就将地方文化资源作为德育景观。学校选择具有长幼之序、和谐理念和团结意识的"和睦四瑞"图、代表祝福和祥和的"吉祥八宝"图作为构建和谐校园的宣传画，期望通过其故事性和哲理性对学生起到启迪作用。

红原县邛溪小学在每一幢楼的命名上狠下功夫，让它们会"说话"，富有启示性和教育性。把男生宿舍命名为"格萨尔园"，目的就是鼓励学生感知英雄豪气和丰功伟绩，激励男生向先贤学习，希望他们在学习和生活中能克服困难，勇于奋斗，勤恳探索，成就自己的学业；把女生宿舍命名为"珠姆园"，其目的就是教育女生像圣女珠姆一样圣洁、一样贤淑、一样聪慧、一样美丽。

有的学校则重点把地方文化融入建筑中，发挥地方文化的审美功能。丹巴县杨柳坪学校在学校建筑外观上采用了当地最具有嘉绒民族特色的外形美观、风格统一的藏房。这些以前被称为碉楼寨房的藏房，原本是两类不同风格的建筑，如今在时光的流逝、社会的发展中，碉和寨有机地融合在一起。外形上，既有碉的形态，又有寨的特征。为了将民族文化有效地在学校这一育人环境中传承下去，这所学校所有建筑设施的外观都有藏房的特征，其色彩浓烈绚丽、鲜明清新，极具视觉冲击力和艺术感染力。

如果说上述案例更多是在学校的宏观层面进行实践，那么班级微观层面的实践也是地方文化与物化景观结合的重要领域。丹巴县藏文中学努力做到"让教室每面墙壁说话"，学校采取行政领导包班制度，每位行政领导承包两到三个班级，积极协助班主任搞好班级文化建设，和学生们一起对教室进行布置。在布置的过程中，尽量选用与藏族相关的一些元素，让学生在细节的设计上感受民族文化的魅力。学习园地的设计，尽量采用能反映藏族特色的民族风情和人文奇观。黑板报（包括内容、主题、版面设计、色彩搭配等）都是以藏族人民喜闻乐见的形式展现出来，激发学生对本民族的热爱。此外，藏文中学还一直坚持以民族文化为载体建设班级文化，充分挖掘地方民族教育资源，提高对本民族的认识，传承和发扬本民族的民族精神，尊重师生个性的和谐发展，增强学生对本民族的认同感。"因地制宜，因人而异"是藏文中学班级文化建设的重要要求。他们精心打造班级文化，"让教室每面墙壁说话"。

同时，学校从藏族的起源到民族文化，从民族民间故事到民间歌舞，从民族服饰到民族文艺等，丰富多彩，贴近学生生活，激发了学生的兴趣爱好，学生时时处于民族文化的熏陶之中。在每星期的周会课上，有的教师会组织学生开展"说说我的家乡好"主题班会，了解家乡的风土人情；有的开展征集"藏族老照片""藏族新生活"等活动，在班里举行图片展，了解藏族的历史和今天，感受涉藏州县建设的变化和成就。

从上述实践可以看出，学校围绕地方文化与校园文化的融合进行了大量尝试，在此过程中学生不仅能够在生活中受到地方文化的感染，也能够在学校构建的文化氛围中感受这些文化符号所承载的深刻含义，从而让地方文化经过精心打造的校园文化，在主流文化中以个性化、特色化的形态继续传承下去。

三 基于地方文化生成的育人活动

育人活动是学校的核心活动，只有与育人活动相整合，学校文化建设才有生命力，才能将学校文化建设与各相关主体的教育需求相结合，才能达到可持续发展。每个学校可以根据自己的情况选择核心理念与育人活动整合的方式。最常见的方式主要有以下两种：一是通过对文化资源的梳理、选择、整合、编排而形成的校本课程，二是基于核心理念形成的系列化的师生活动。体现文化特色的校本课程既可以独立使用，也可以作为学科教学资源。系列化的师生活动可以是特色体育课程、特色文娱活动、特色节日活动等形式。通过这些活动既能让师生增长才能、愉悦身心、内化价值，也可以构建学校文化建设的生命力。

东坡小学则通过开设东坡文化特色课程、开展以弘扬东坡文化为主题的校本特色活动、"小东坡"志愿者活动来实现地方文化与育人活动的整合。

1. 开设东坡文化特色课程

学校利用校本课程的时间开设了东坡文化教育课程，列入学校的课程计划，每周开设两节课，对学生进行东坡文化的专题教育。为此，学校专门编写了校本教材《我爱苏东坡》。教材以东坡精神主题为单元，以东坡的生命轨迹为主线，以讲故事为编排方法，向学生介绍东坡精神，每个单元还安排了综合实践活动。

2. 开展以弘扬东坡文化为主题的校本特色活动

学校的校本活动丰富多彩，其中东坡文化的传播和传承活动是重要内容之一。建校以来，该校就将下列活动作为学校固定的校本活动，年年开展，形成特色。

一是"祭拜三苏"仪式。在每年的清明节前，组织全校师生到三苏祠或在校内举行"祭拜三苏"仪式。全体师生向三苏塑像（或画像）上香、献花、行鞠躬礼、齐诵《祭三苏文》、唱校歌《我爱苏东坡》。

二是举行"苏轼诞辰日"纪念活动。在每年的农历腊月十九日，全校师生集会举行纪念苏东坡诞辰活动。程序主要有：校长的纪念讲话、东坡诗词背诵比拼、歌舞表演等。

三是开展东坡诗词的诵读活动。每周诵读一首东坡诗词，由大队部辅导员或少先队干部引导朗读。每年的4月开展一次东坡诗词诵读比赛，以班级为单位参加。假期开展东坡诗词背诵活动。东坡小学参加省文明办和眉山市文明委联合举办的东坡诗词诵读比赛，获得小学组第二名。学生表演以东坡诗词为意境的节目，先后在东坡区中秋晚会、眉山市"诗魂音乐会"、成都杜甫草堂"诗圣文化节"上表演。

四是开展书东坡诗词，画东坡诗意，讲东坡故事，唱东坡歌曲活动。每年 4 月开展一次东坡故事演讲活动。在 5 月的艺术节期间，举行东坡诗词的书写比赛、东坡诗意绘画比赛。音乐课除完成教学任务外，每期还要教唱 2—3 首东坡诗词谱写的歌曲。

五是开展"东坡魂"教职工诗会。每年举办一次教职工诗歌朗诵会。以年级组为单位，全体参与，在朗诵的诗歌中必须有一首是东坡诗词。

3. "小东坡"志愿者活动

学校组建了"小东坡"志愿者队伍，利用节假日到三苏祠当小导游，向游客介绍三苏文化；到诗书城公园向休闲的群众介绍诗书城有关三苏文化景点的含义。

从上述案例可见，该校在实现地方文化的育人转化过程中探索出一套比较系统的方法。但是，不是每个学校都有条件这样做的，所以在不能追求系统的时候，也有学校在追求特色。

我们在四川省红原县的调查中发现，该县不同的学校做过一些不同的尝试。

该县藏文中学的藏族教师在教学过程中，结合学科特点和教学实际，把民族文化内容有机地融入教案中，并将其贯穿于课堂教学中去。比如，藏语文教师在讲授《文成公主》这篇课文时，会把历史记载、民间传说、当时的汉藏风俗以及民族文化大融合背景等有机地融入教学中去。又如，学校美术教师在教授唐卡绘画时，首先会向学生全面介绍唐卡绘画的历史、内容、题材、分类等方面的内容，这些都有助于学生了解藏族的历史和文化，最后才教授绘制方法和技巧。通过找山歌，编歌词，唱"敬酒歌""夸藏乡"等具有民族风情的歌曲，跳藏族舞蹈，实现了与音乐学科结合；通过引入"藏式摔跤"、拔河等项目与体育学科的结合；通过撰写"藏文化"诗歌、作文等与语文学科结合；通过开展以"藏族特色"的手工制作与劳动技术学科结合。

该县邛溪小学挖掘学科内可渗透的民族传统文化元素。

一是在音乐学科教学中要求学生不仅要学习课本知识和乐理，还要求学生了解民族音乐的特点，注入民歌的介绍和地方音乐的知识，加入藏族传唱歌曲的知识点，进而学生在学习歌曲的同时，除了会唱歌曲，还了解当地的地方音乐文化，丰富学生的知识，寓民乐教育于各种教学手段之中，并贯穿教学的全过程。

二是在语文学科教学中，教师指导学生结合课本中的相关课文内容学习藏族的民族风俗习惯，结合本地民族习惯交流不同地方的民俗民情，不仅丰富课本知识，拓展教学内容，还拓宽学生的视野，同时让学生诵读最优秀的作品，在诵读、感悟、赏析中进一步体会中华民族的传统文化。举办藏族诗词朗诵会，帮助学生的学习内容向纵深拓展，培养学生多方面的能力和良好的素质。

三是在体育学科教学中，在学校原有活动累积的经验基础上，教师从学生感兴趣的民族传统体育项目入手，搜集整理各项目的动作要领和知识点，不断丰富体育课堂，达到认知、熟识、认同和锻炼的目的。

四是在美术学科中，从渗透唐卡、壁画和宗教祭祀器皿等手工制作入手，通过教师的介绍，让学生了解了藏族的悠久历史和成就，知道藏族文化是中华民族文化的一部分，然后让学生在课堂上实际操作中获得乐趣，掌握一般制作方法和工序，老师通过美术课上的不留痕迹的渗透，让学生对民族文化有了更多更深刻的体会。

五是重新整合、架构部分学科的教学内容。邛溪小学在充分了解民族传统体育项目及其涵盖的文化意义基础上，制定了课堂教学选择传统体育项目的几条原则：符合小学生生理、心理生长发育的需求；具备增强体质，提高素质的运动特点；符合学校教学条件，适应课堂教学要求；项目不具有危险性。给学生以熟悉和感兴趣的内容，使学生的参与意识得到加强，学生就有可能更好掌握锻炼方法，其锻炼的价值就可以得到更好的体现。例如在美术学科，经整合后可在课堂渗透的民族传统文化资源有：藏戏脸谱制作、唐卡、壁画、饰品手工制作等传统民间艺术。

事实上，要实现地方文化与育人活动的整合，不仅要发挥学校规划的作用，也要以深入贯彻"学生为本"的思想，充分调动学生的积极性；不仅要以有效的规章制度做支撑，也要开展各种丰富多彩的课外活动来融合特色民族文化和主流教育文化，从而真正实现情感上和心理上的融合。例如，邛溪小学艺体综合组组织开展民族传统文化体育比赛；汉语组，藏语组组织优秀诗歌诗词名篇朗诵会等活动。通过活动，巩固学生所学的知识，扩大学生的知识面，同时激发和培养学生人文素养，创设浓郁的校园特色文化。

　　在这样的过程中，地方文化中的艺术、风俗成为学校引入的重点内容，除了书画、文学之外，一些地方的歌舞也是最能够点燃学生文化情感的文化表现形式。比如，藏族歌曲具有悠扬婉转，雄浑高亢的鲜明特点，而藏族锅庄雄健豪迈，极富魅力。尤其是被称为嘉绒锅庄故乡的马尔康市，其万人锅庄曾创下上海吉尼斯纪录，同时也被国家列入非物质文化遗产名录。在藏族聚居区学校校园文化建设中，假如没有藏歌和锅庄的存在，那么地方特色将大打折扣。比如，学校可以举办校园藏歌会，组织锅庄表演赛，课间操每周一、三、五做广播体操；二、四、六（涉藏州县寄宿制学校有很多学生周末不回家）跳锅庄舞等。为了让学生们学到正宗的嘉绒锅庄，当地学校每期都要请马尔康锅庄协会的老艺人或县文化馆的老师到校亲自指导，力求传承最原始、最地道的嘉绒锅庄。学校也充分利用好学生们课间活动的时间，在这段时间里安排师生跳锅庄不仅起到活动筋骨、强身健体的作用，还可以娱乐师生，彰显民族特色。每到重大的节庆日，学校师生身着嘉绒藏族传统服装和服饰，其中女生的百褶裙、银腰带、珊瑚项链、彩织腰带、绣花头帕等特色服饰最引人注目。

　　　甘孜城关第二完全小学从20世纪80年代开始就编排了学校的校舞，校舞融合了弦子、锅庄、踢踏等舞蹈元素，其中踢踏舞是主要元素。师生在每周一、三、五课间操时一起载歌载舞。2009年，学校又编排了新的踢踏舞，并把踢踏舞引入大课间活动，每周星期二、四、六课间操时间全校师生一起跳踢踏舞（由于甘孜的冬天比较长，为了保证学生上课的时间，在甘孜县星期六要上半天课）。

另外，学校在 2009 年设计学生校服时，在校服上印上"甘孜踢踏舞的摇篮"的标记，让该校的学生以会跳踢踏舞为荣。在普及的基础上才有提高，是一条基本规律。该校不仅在普及踢踏舞方面卓有成效，还在提高踢踏舞水平方面有很多值得称道的做法，例如组建雪莲花艺术团，开展日常训练，使提升踢踏舞水平成为可能；经常性的演出和比赛，使学校面临不断超越自我的外部压力，为提升踢踏舞水平创造了外部条件；每学期举办以"雪莲杯"冠名的校内文艺竞赛活动，一定程度上提升了踢踏舞水平；更为关键的是，多吉尼麦、白呷等民间踢踏传人的介入，成为提升踢踏舞水平的根本保证。

而邛溪小学则从 2011 年开始，就把每年 6 月设为"民族文化教育月"，在本月的活动中，以教研组为单位，开展了每位本民族教师出"一节民族特色课"的活动，要求结合各自学科的教学特点，进行主讲或渗透教育，力求体现藏族特点、民族风情、民俗习惯，还可以通过藏族历史文化教育，进行爱国主义和民族意识教育，从而使学生进一步了解民族文化、民族历史、民族礼仪、民族风俗等，努力培养学生的民族意识和民族自豪感。同时要求在六周的活动庆典中设置充分体现民族特色的节目。要求学生排练的舞蹈、歌曲、小品、弹唱等节目都贴近民族生活和体现民族特色。要求各学科选拔推荐教师进行全校性出课，学校领导和全校教师则参与听课和评课活动。老师们利用媒体搜集展示藏族的民族风情、民族食品、民族习俗和红原的景物，同时学校号召本民族教师积极到民间艺人中去搜集一些口头传唱的，具有独特魅力的藏族民谣和锅庄并教学生传唱和舞蹈，学生们在载歌载舞中深为自己的民族而自豪。

下　篇

地方文化资源教育转化的检视与超越

　　下篇为本书的问题分析和对策讨论部分，主要探讨了地方文化资源教育转化的境域阻隔、主体缺位和实践偏差三方面的现实困囿，继而分析了地方文化资源教育转化的三方面定位，即生成文化记忆、增进文化自信和培育文化品格。最后，提出地方文化资源教育转化文化视野厘定、主体意识重塑和协同平台搭建的三方面策略。

第六章

地方文化资源教育转化的现实困囿

地方文化资源蕴含着丰富的内涵，是时间累积的过程，是无数代人共同生活和生产的成果，见证了当地的变迁和演变，凝聚了当地广大劳动人民的智慧。地方文化资源往往具有当地独一无二的特色，能够经过一代代的积淀传承至今的地方文化资源必然有其可取之处。一种文化就是一种智慧类型，每一种文化都能为人类的进步和发展提供智慧源泉。尽管地方文化对于人、社会和国家的意义都很明显，近年来我国也开始重视地方文化资源进校园、进课堂，但在很多学校，地方文化资源教育转化的效果并不好。学校教育与地方文化融合的效果不佳，意味着学校的地方文化教育不够稳固、不够扎实，不能与社区和家庭形成合力，不能促使学生形成对地方文化的情感、态度与价值观。从调查研究来看，地方文化资源教育转化的现实困囿主要集中在三个方面，一是境域阻隔，二是主体缺位，三是实践偏差。

第一节　境域阻隔：普遍境域与特殊境域的矛盾

地方文化是社会成员在历史发展进程中积淀的所有物质文明和精神文明成果，是社会发展历程中时间与空间符号化和制度化的产物。

文化传承是地方文化教育资源化的重要手段，也是让社会成员享受其文明成果的重要渠道；学校承担起传承地方文化的责任是丰富地方文化内容、创新地方文化形式的必由之路，也是地方文化彰显时代价值的重要途径。从这个意义来讲，研究地方文化资源教育转化就必须研究地方文化传承，分析地方文化教育资源转化的现实困囿，就必须分析地方文化之学校教育传承的现实挑战，这是一个问题的两个方面。

学界有关地方文化传承的研究有从基础教育与大学教育、普通教育与职业教育等基于教育阶段和类型方面的分析，也有从课程改革和教学科目视角的讨论，还有人从参与者的角度分析学生、教师与地方文化传承之间的关系。① 近年来，不少研究者提倡从多个维度关注地方文化的存在的多个空间，以避免从单一视角分析学校对地方文化传承的作用。他们主张分析地方文化传承空间或者场域的消解与建构②、疏离到融合③、变迁与重构④等问题。

然而，从参与者的视角来看，学校地方文化传承过程涉及教师、学生、校外地方文化传承人；从内容的视角来看，这一过程又牵涉社会成员过去经历的文化体验和现在享受的文化成果。所以，地方文化传承过程，是多个生活世界的主体之间内容互动的过程。基于此，本节尝试借鉴胡塞尔（E. Edmund Husserl）的生活世界现象学的观点来思考学校地方文化传承的路径，进而洞悉地方文化资源教育转化的现实困囿。

胡塞尔的生活世界现象学认为，人生活在特殊境域和普遍境域中。⑤ 特殊境域是人们基于特定身份而拥有的生活境域，如教师的生活境域、学生的生活境域、军人的生活境域。地方文化作为所在区域学生与其他社会成员共同拥有的生活背景，发挥着普遍境域的作用。学校教育要想实现地方文化的有效传承，需要把地方文化资源转化为教育资源，让其成为民族地区学生的特殊境域，才能让地方文化有效地进入学生的意识世界，进而发挥教育功能。当前很多关于地方文化资源教育转化效果不佳，原因之一就

---

① 尹杰：《近十年民族文化教育与传承研究综述》，《民族论坛》2013 年第 4 期
② 倪梦：《少数民族文化传承场域的消解与建构——基于民族学校教育的思考》，《湖北民族学院学报》（哲学社会科学版）2013 年第 3 期。
③ 卢德生、姜照雯：《从疏离到融合：藏区校内外民族文化传承场域重构》，《贵州民族研究》2013 年第 3 期。
④ 孙亚娟：《少数民族文化传承场域的变迁与重构——基于学校教育的思考》，《教育文化论坛》2012 年第 2 期。
⑤ 在现象学及其相关研究中对于这一名词有诸如"境域""领域""世界""地平线"等多种表述。朱晓宏教授在《重新理解教师的境域与习惯——基于生活世界现象学的理论视域》（载《教育研究》2014 年第 5 期）一文中将其表述为"境域"，此处借用朱晓宏教授的表述。

是仅仅把地方文化从校外移到校内，只是换了地方文化存在的空间，未使其进入学生的特殊境域中。

一　作为境域的地方文化和作为教育资源的地方文化

（一）作为学生普遍境域构成部分的地方文化

基于生活世界现象学的观点，世界被理解为普遍境域，即普全的指引联系，所有意义指引的个别联系都共同归属于其中，而人的行为就是由这种意义指引来引导的。指引联系的这种不可锁闭性乃是一种潜在的无限性，它也是作为普遍境域的世界的主要特征。[①] 据此可见，普遍境域是由很多特殊境域构成的，但特殊境域的主体归属各有不同；特殊境域能互相指引，致使普遍境域具有高度的开放性。对于学生来讲，他们的普遍境域包罗万象。就空间之维而言，可包括家庭、社区、学校和其他开放空间；就社会关系之维而言，可包括亲子关系、师生关系、同辈群体等；就时间之维而言，可包括当下产生的各类信息和产生于过去并延续到现在的传统。

学生浸润其中的地方文化是社会成员在历史中与自然、社会、他人互动过程中形成的，它产生于过去并延续到现在、影响到未来。地方文化必然是学生生存的环境，它对学生的思维方式、社会关系以及时空坐标会产生极大的影响。地方文化是学生的普遍境域而非特殊境域，因为学校作为一种专业机构，长期承担着为学生传递知识、提升能力、促进其社会化的使命，学校在国家体制中代表的是国家文化和普遍文化；对于学生来讲，他们的特殊境域主要表现为基于学生身份而拥有的社会关系。学生在学校学习生活过程中，处于一种被规整化的氛围中，对其发挥最直接影响的是学校教育的种种符号，包括教师的教学、课程展示的内容与符号、学校管理制度等，这些均与地方文化没有必然的直接联系。但客观上讲，这也是一种教育，"这种自然的、非制度化的学习方式在世界广大地区内一直流行到今天；这种学习方式至今仍是千百万人提供教育的形式"。[②]

[①]　朱晓宏：《重新理解教师的境域与习惯——基于生活世界现象学的理论视域》，《教育研究》2014 年第 5 期。

[②]　联合国教科文组织国际教育发展委员会编著《学会生存——教育世界的今天和明天》，华东师范大学比较教育研究所译，教育科学出版社 1996 年版，第 27 页。

所以，地方文化对于学生的生存意义往往是自在的，不一定能被学生直接和现实地感知，但有时候能作为学生"课题"事物的背景出现。这就决定了地方文化作为学生的普遍境域的自在性、模糊性和不确定性。但地方文化不论以哪种形式存在，它对于学生的生存与发展所负载的功能都是确定的。

（二）作为文化创造者与使用者特殊境域的地方文化

根据生活世界现象学的观点，作为普遍境域的生活世界总是预先给定的世界，同时，每一种由人类（个别地或共同地）形成着的东西和已经形成的东西（特殊境域），本身都是普遍境域的一部分。① 从时间的维度上看，人们总是在当下的普遍境域背景下以特殊境域中的社会角色进行实践活动，并有可能为后人创造着属于他们的普遍境域。地方文化的创生活动即这样的实践。

社会成员在特殊的时期、特殊的自然人文社会环境下，基于生存与发展之需，创造出了地方文化。因为客观环境等诸多因素不同，所创造的文化也具有多样性，文化价值也具有相对性。地方文化自创生之日起，就记录了社会成员在过去的某一个时间段处理与自然、社会、他人互动过程中的各种矛盾而形成的智慧结晶，也就成为创造者与自然、社会、他人互动的工具，成为创造者生命中的一部分，也就成为其特殊境域。

地方文化的创生者固然是文化的享受者，但是享受者不一定是文化的创生者。在相同或相近的自然人文社会环境下，过去创造的地方文化依然具有生命力。所以地方文化不仅具有历时性还具有共时性。因此，地方文化需要传承。地方文化在传承的同时也会发生变迁，变迁其实也是新的创生，或者说是社会成员的跨时空创生。故此，不论是否参与到文化的创生，只要实实在在享受到了文化成果，文化也就成为社会成员当下的特殊境域。

随着时间的推移，社会成员生活条件的变化，一些地方文化发挥其功能的舞台和条件不具备了，一些由现实活跃形态的地方文化变成储存形态的文化。民族地区的学生之所以要传承地方文化，主要原因不在于地方文

---

① 〔德〕胡塞尔：《欧洲科学的危机与超越论的现象学》，王炳文译，商务印书馆 2001 年版，第 556～558 页。

化的生产和生活功能，而在于地方文化具有的精神感召、精神凝聚、族群记忆功能，这些功能是成就民族性格的重要支撑。

（三）学校传承地方文化的实质：时空延展与意义再生

基于前文谈到的状况，学校传承地方文化需要完成两项任务，即实现地方文化的时空延展和地方文化的意义再生。

地方文化的时空延展，首先表现为地方文化在形式上由文化创生者和使用者的特殊境域延续到学生当下的生活世界，成为学生当下的特殊境域；与此同时，还表现为将地方文化教育资源化。地方文化教育资源化从形式上看是地方文化由分散的、游离的状态根据课程理论和课程实践的规律得以规整化和程序化，其实质是将其以符合学生认知特点的知识呈现方式展示在当下时空。

所谓地方文化的意义再生，是指让地方文化的内涵得以重新展示。不可否认的是，由于地方文化逐渐远离学生的生活世界，或者说是地方文化的形式和功能被其他文化形式所取代，其意义也被忽略、被湮没。地方文化传承，不仅仅是形式上让其从过去搬到现在，从校外到校内，还包括对其功能性意义和价值性意义进行解读，让其意义延续到现在。意义再生才是地方文化延续的根本所在。

有学者认为教育现象学实质是人生教育学，学校通过实现地方文化的时空延展和意义再生来传承地方文化，实现以学生为载体的地方文化生命力的延续，让学生习得地方文化，延续文化基因，记录民族智慧，发扬文化精神。这种地方文化的传承实质上也是人生教育，让地方文化进入并影响学生的生活世界。[①]

二 地方文化呈现方式缺乏与学生特殊境域的有机联系

既然地方文化主要以自在状态呈现于学生的普遍境域中，而学生却主要生活在基于社会身份和生活实践确定的特殊境域中，那么地方文化与学生生活之间存在明显的境域阻隔。胡塞尔的生活世界理论也认为，处于特

---

① 周勇：《文学、电影与人生教育学——论教育学的现象学转向及其优化路径》，《全球教育展望》2013 年第 8 期。

殊境域中的认识对象和实践对象是孤立存在，但又彼此联系的。①由此可见，学生生活世界的普遍境域是由若干单主体的特殊境域构成，两个单主体之间的特殊境域天然阻隔，信息由普通境域到特殊境域需要一个转换机制，如果转换机制不畅通，阻隔就会强化。

如前所述，地方文化在历史上是存在于文化创生者和使用者的特殊境域之中，当前弥漫于学生的普遍境域中，缺乏结构性，很难被学生系统习得。若要让学生有效习得地方文化，并让地方文化得以有效传承，需要让地方文化经由一个中间通道从普遍境域复制到学生的特殊境域中。

然而，在现实中，学校地方文化传承工作存在诸多不足之处，在内容编排上的主要问题有：一是以成人的视角选择、编排地方文化，学生视角的缺席，让地方文化只是成人的文化而非学生的文化；二是仅仅把生活世界的文化换到学校空间中去，并未以有意义的形式进入学生的认知。这样一来，学生即便是习得地方文化的形式与内容，也很难习得地方文化的意义。

可见，地方文化长期作为学生普遍境域的组成部分，是模糊的存在，尚未与特殊境域形成联系。地方文化仅仅是作为符号化的存在，不能与学生的人生价值发生必然联系，疏离于学生的价值空间。

凡是能被学生习得、掌握并运用的知识和能力均因其具有现实的价值，所以如何在地方文化与学生现实生活中建立起价值联系，就成为地方文化传承的重要支撑。然而，学生的特殊境域中的诸多要素均与学习有联系，而地方文化在学校教育中一直作为一种氛围和参与性因素存在，不是学生学习的重要因素，这就决定了地方文化在学生心中的价值分量有限。故此，在学生心中建立地方文化的现代价值需要找到合适的方法。地方文化的现代价值是一个建构的过程，不是自然而然的过程，是价值解读和价值重塑的过程。

从这个意义上说，地方文化呈现方式缺乏与学生特殊境域有机联系的困囿的突破，需要地方文化在实践中实现"意义再造"，即引导学生认识地方文化的现代价值。进一步来讲，地方文化现代价值的生成可以通过实现地方文

---

① 倪梦：《少数民族文化传承场域的消解与建构——基于民族学校教育的思考》，《湖北民族学院学报》（哲学社会科学版）2013 年第 3 期。

化隐性价值的显性化、相对价值的发掘、"功利价值"的阐释等途径来实现。

　　地方文化是因为需要而产生，其价值存在是确信无疑的，但是随着时代更迭和社会变迁，对地方文化的习以为常致使地方文化的价值逐渐不被人察觉，地方文化的价值由显性状态成为隐性状态。这种价值一旦不被人识别，就容易让人忽略。学校教育具有文化解读和文化考古的功能，能通过教育和社会实践活动让学生明白地方文化的价值存在，比如让学生明白习俗在形成社会凝聚力中的作用、节日所包含的独特的天人系统、建筑和服饰对于社会成员生存所发挥的特殊功能等等。让学生在现实中发现地方文化的真实存在，即隐性价值的显性化。

　　文化的独特性是基于其环境的独特性而言的，独特的文化隐含着独特的功能，独特的功能体现着独特的价值。在多元文化时代，不同的文化之间的价值是互补的，社会要和谐发展就需要不同文化群体彼此借鉴和吸收。学校教育应该让学生认识到自己地方文化的相对优势和在当下社会问题解决方面所具有的独特价值。比如，一些民族崇尚与自然和谐相处，对于当前社会绿色发展具有很强的启示作用；一些地方的文化提倡兼容并包，这为解决当前社会文化冲突提供了参考和范本；一些地方的文化特别尊重女性，可为当前维护两性平等提供参照……学生理解地方文化的独特价值和相对优势会增强他们的文化自信心，提升他们自觉传承地方文化的兴趣和信心。

　　地方文化在社会发展中除了具备人文价值之外还有一些实实在在的"功利价值"，尤其表现在促进当地社会经济发展方面的实用价值。近年来不少地区都在打造地方文化品牌，将地方文化作为社会经济发展要素整合到当地的社会经济发展规划中。学校可以为学生展示地方文化在社会发展中已经具有的和可能具有的价值，让学生明白传承至今的地方文化不仅属于过去而且属于现在和将来。

　　理想的教育可以通过这样的途径，让弥散在普遍境域中的地方文化转移到特殊境域中来，让弥散存在的地方文化结构化，从而让地方文化从学生的普遍境域过渡到学生的特殊境域，提升地方文化在学生心中的价值层次，让文化传承从外到内，从被动到主动，从可能到现实！然而，在现实中，正是未能达到这一要求，导致地方文化传承困囿和地方文化资源教育转化的困境难以突破。

三 学生特殊境域的问题兴趣束缚其地方文化关注

正是因为我们的主要生活境域为特殊境域，所以特殊境域成为我们关注更大世界的基础，我们对特殊境域的意向兴趣会影响我们对其他境域的关注，从这个意义上说，境域之间的彼此指引基于每个人的当下意向兴趣而生。正是从这个意义上讲，胡塞尔认为，自然态度的兴趣是与其意向状态联系在一起的，一个人的基本兴趣主宰其意向意识，而意向意识则构成特殊世界，亦即构成局部的对象境域。① 如果学生对地方文化缺少兴趣，他们的兴趣何在？基于兴趣的意向状态指向何方？为此，我们必须把分析的视野回归到学生的学习生活中。

学生生活世界的中心是学习活动，当然，最初不一定如此。入学初期，他们从作为家庭成员的儿女这一单一身份慢慢向学校学生和家庭儿女双重身份转化，最终转化为以学校学生身份为主。这种转化的过程也就是一个改变特殊境域的过程，特殊境域从家庭生活境域转变为学校生活境域，而学校中的学习生活又成为这种境域的重要内容。如上所述，自然态度的兴趣与其意向状态会主宰学生的意向意识。学生在学校生活中对学习的兴趣不论表示出真诚还是伪装，都会削弱他们对校外生活的兴趣。

在学校里面的活动主要是学习活动，包括课前预习、课堂听课、与老师互动、与同学讨论交流、课后作业和复习等，这些均是以学习为中心的活动；在校外的活动也与学习活动有关联，比如课后家庭作业、社区调查、兴趣班或者补习班，都是学校学习生活的延续。当然，学生们在此过程中的表现不尽相同，有的学生对学习活动投入的程度高一些，有的则不尽然。但都不影响学习活动是学生特殊境域的中心这一事实。

当前，学校教育的相对独立性和封闭性决定了他们可以或者不愿意关注校外的地方文化的存在，或者说即便是不关注也不影响学校教学活动的正常开展。这就更加固化了他们当下的认知状态和对地方文化的看法。

由此可见，由于学生的特殊境域是指学校以及与学习有关的其他生活，

---

① 〔德〕胡塞尔：《纯粹现象学通论》，李幼蒸译，商务印书馆1996年版，第92页。

所以学生的意向兴趣很难超越与学习有关的事物，即便是短暂超越也是个体性的，不容易得到认可。所以，在现实中常见到学生兴趣爱好狭窄的现象，这其实就是因为特殊境域的单一性阻碍了学生对更广阔世界的好奇。要突破学校地方文化传承的困囿，必须让学生对地方文化有真实的兴趣，否则很难实现文化的传承。

简单地谈提升学生对地方文化的兴趣是无效的，因为地方文化的习得看起来是学生的事情，实际上需要教师和学校共同完成。学生的特殊境域的转换是学生从家庭到学校社会位移的必然结果，但更是学校以学业为主的教学格局决定的。而且，即便是一些教师尝试去进行一些实践，但是往往失于僵硬。或许，我们可以从杜威对能为学生"留下终身智力影响"的优秀教师的描述中进行一些反思：

> 如果一个人回忆起同那些曾经为自己留下终身智力影响的教师的接触，那么这个人就一定会发现，虽然那些教师在教学中违反过许多教育学上的固定的规则，甚至会在教学中扯得甚远，离开本题，好像是在聊天取乐，但他们还能保持着思想的连续性，并能有所成就；他们能够运用新奇性和多变性使学生保持机敏的、严格的注意力。同时，他们也利用这些因素，为确定主要的问题和丰富主要的论点而作出贡献。①

所以拓展学生对地方文化的兴趣，需要润物细无声，需要学校"唤醒"学生的地方文化自觉，并将地方文化迁移到学校教育中，即在特殊境域中嫁接地方文化，理想的做法有环境营造、学科整合和校本课程开发。

就环境营造而言，学校可以将地方文化与学校文化建设整合起来，将地方文化与精神层面的制度文化结合，从地方文化中提炼学校的团队精神、管理规则；还可将地方文化符号移植到学校中，将地方文化符号与校园文化、班级文化建设结合起来，让学生在学校里面感受地方文化与学校生活的高度互嵌。

---

① 〔美〕杜威：《我们怎样思维·经验与教育》，姜文闵译，人民教育出版社 2005 年版，第 53 页。

就学科整合而言，学校应该加强对地方文化课程资源的开发利用，让学生感觉到地方文化与学习生活的高度关联。可以在语文课中融入民族文学资源，在社会课中融入民族历史和习俗资源，在体育课中融入民族体育资源，在艺术类课程中融入民族美术、音乐、建筑等方面的资源。

此外，还应该进行与地方文化有关的校本课程开发，让地方文化成为创建特色学校的资源。结合地方文化开发校本课程，相对于地方文化与学科课程整合而言具有独特的优势，比如，可以保持文化的原生态特点，并让文化以鲜活的形式立体呈现，同时尽可能呈现地方文化的原貌，让学生有可能完整地理解地方文化。

然而，在现实实践中，学校在培养与激发学生对地方文化的兴趣方面做得还很不够。学生由文化传承的被动承受者成为主动参与者，学生在环境营造、学科整合和校本课程开发过程中没有充分主体性和发言权，所以在具体的实践活动中也未形成对地方文化的丰富感知和浓厚的兴趣。

第二节　主体缺位：教育主体与地方文化的疏离

把地方文化资源引入学校教育中有许多益处，其在实现地方文化的保护与传承的同时，又可以促进学校教育教学的生活化，提高感染力和吸引力。"国将兴，必贵师而重傅，贵师而重傅，则法度存。"（《荀子·大略》）对于文化传承和文化转化依然如此，必须高度重视教师的主体地位。我们知道，教师既是学校教育教学的主体，也是地方文化传承和保护的中坚力量，因此，本节所指的教育主体是教师。教育主体在地方文化资源教育转化的过程中起着十分重要的作用，没有教育主体的参与，地方文化资源就无法实现教育资源转化。但现实表明，地方文化资源走进课堂、走进学校是很难落实的。就目前而言，地方文化资源教育转化的过程中，教育主体有参与，但参与的程度远远不够，大多只是一种表面的、浅层次的参与，实际上存在主体缺位的问题，即教育主体与地方文化之间的关系是疏离的。这种缺位在很大程度上与教师的地方文化素养的缺失有关，教师必需的地方文化素养主要包括三个方面：一是认知与观念层面的对地方文化的了解与掌握，由此而形成的地方文化知识；二是态度与情感层面的对地方文化的认同与接纳，由此形成的地方文化意识和文化自觉；三是文化实践层面的对地方文化的创新与应用，由此形成的地方文化实践能力。[①] 具体而言，教育主体的缺位表现在意识缺位、能力缺位和培养缺位三个方面。

一　意识缺位：教育主体尚未形成文化自觉

教师的地方文化意识和文化自觉是推动他们不断学习、传承、创新和运用地方文化的精神动力。尽管在新课改背景下，地方文化越来越受到重视，地方文化资源的开发和利用也被越来越多的教师所认识，但对他们来说，应试思想仍长期占据主导地位，文化自觉尚未形成。"文化自觉是一个艰巨的过程，首先要认识自己的文化，了解所接触到的各种文化，才有条件在这个正在形成中的多元文化的世界里确定自己的位置，经过自己的适应，和其他文化一起取长补短，共同建立一个有共同认可的基本秩序和一套能与各种文化和平共处、各抒所长、联手发展的共同守则。"[②] 而文化自觉也是自我完成的组成部分，"人必须独自地完善他自己，必须确定自己是否置身于某些特殊的事情中，必须试图依靠自己的努力解决他那专属于他自己的问题"。[③] 但是，文化自觉这一"自我完成"过程在现实中比生物学意义上的自我完成更难。

在调查研究中，发现教育主体的意识缺位主要有两种表现，一种是否认地方文化的教育价值，认为地方文化对于学生来说是无意义的；另一种是承认地方文化的教育价值，但缺乏传承和开发利用地方文化的意识。

教育主体意识缺位的第一种表现，具体而言，在于有的教师对于地方文化的认同感不强，他们认为地方文化对于学生来说是无意义的，学生不应该将时间浪费在无益于学习成绩的地方文化上。在关于"教师有必要引进本土特色文化进课堂"的调查中，受访教师中有 48.5% 的教师认为"一般不符，超出大纲要求范围"，14% 的教师认为"非常不符，无益升学就业纯属无用功"。在关于"我愿意充分利用乡村独特的教育资源和优势，建设

[①] 李志英：《幼儿园教师地方文化素养的内涵、价值与培养》，《学前教育研究》2021 年第 1 期。

[②] 《费孝通文集》第 14 卷，群言出版社 1999 年版，第 196 页。

[③] 〔德〕米切尔·兰德曼：《哲学人类学》，张乐天译，上海译文出版社 1988 年版，第 202 页。

乡村学校文化"的调查问卷中，有 39.5% 的教师选择"一般不符"，10% 的教师选择"非常不符"。[①] 从调查数据中可以看出，教师从根本意识上就否认了地方文化的教育价值，忽视了地方文化的存在，所以也就无法实现文化自觉，无法将地方文化与学校教育相融合。

另一种意识缺位表现在，教师承认地方文化资源具有重要的教育价值，对学校开展地方文化教育也表示赞同，但由于地方文化传承、开发利用意识的缺位，他们在地方文化资源教育转化过程中缺乏主动性，处于被动状态。例如，在一项关于"教师对信阳地方优秀传统文化的利用情况"的调查中，几乎所有教师都肯定了信阳地方优秀传统文化的教学价值，他们认为信阳地方文化贴近于学生日常的生活，学生更容易接受和理解，能够提高学生对本地区的文化的认知程度，增强对地方文化的自豪感，在课堂教学中融入地方文化有助于文化传承，并且能够丰富课堂，还能让学生更真切地感受到中华民族传统文化的温度。然而在实际的教育教学中，教师对信阳优秀传统地方文化的开发意识十分薄弱，将地方文化传承工作当作一项可有可无的任务来看待，没有从文化保护的角度对地方文化的前途命运进行认真思考。

教师的思想意识在一定程度上是教育的一部分的体现，教师对地方文化传承和开发利用的认识不清、意识不强是地方文化资源教育转化工作无法深入的主观因素。教师意识观念淡薄，长期忽视地方文化资源的开发和利用，会导致这样的后果：当教师讲到某些内容，想要将一些地方文化资源融入课堂时，往往会显得有些吃力，显得心有余而力不足。教育主体的意识缺位，究其根本原因，在于教育主体未能形成文化自觉，具体可以从三个方面来进行分析：第一，教育主体未能充分认识和了解学校所在地的地方文化；第二，教育主体未能意识到学校在文化传承和再生产中的作用，未能认识到自身的文化引领作用和责任担当；第三，未能立足学校现实情况，积极寻找地方文化资源与学校教育的结合点。

在学校教育中，教师是开发校本课程的主体，是实现学校教育与地方传统文化融合的中介。"在师生交往中，教师的行为方式会直接影响着师生

---

① 纪德奎、赵晓丹：《文化认同视域下乡土文化教育的失落与重建》，《教育发展研究》2018年第 2 期。

之间的沟通与交流，尤其在作为教师个体与学生群体之间的交往活动中，教师的行为方式本身就是一种信息源，为学生提供了一种文化的基本参考体系。"① 同样，在学生与教师的交往中，教师的文化价值观念和行为会印刻在学生的心灵深处，形成一种文化底色影响着个体未来文化观念的建构。因此，要实现地方文化的可持续传承，以及促进青年一代实现文化认同、树立文化自信，教师的文化观念意识十分重要，且必须形成文化自觉。只有这样，教师才能意识到地方文化的价值所在，能够真正地热爱它，并自觉传承它，也才能推进学校教育与地方文化的融合，实现地方文化资源的教育转化。

二　能力缺位：教育主体文化转化经验不足

地方文化是与特定区域相联系的文化形态，往往具有当地独一无二的特色，它通常包括地方语言、饮食、服饰、民间信仰、建筑、歌舞、戏剧、风景名胜等诸多表现形态，是一定地域范围内人们在长期生产与生活过程中经过不断的实践和凝练而形成的。② 因此，要将生活场域中的地方文化资源转入学校场域是有一定难度的，"民俗由社会场域进入学校场域进行学校教育传承，必然会面临着学校场域一系列的'进入壁垒'，需要进行学校场域重塑的过程，才能借助学校场域的优势，实现民俗的高效传承"。③ 教育主体作为地方文化资源教育转化的主要参与者，必须具备相应的转化素养和能力。但从现状来看，教育主体文化转化经验不足，即教育主体能力缺位，这也是导致地方文化资源教育转化工作不容乐观的原因之一。具体而言，教育主体的能力缺乏主要表现在教育主体对地方文化的了解不足、教育主体对地方文化的现代阐释能力不足和教育主体的文化生产能力不足。

早有学者呼吁"不再把教师视为已经定型了的东西的传声筒、既定思想与既定材料的供应商、照章行事而毫无创见的盲从者，而应把教师视为先知、导师、课程创造者、学科设计者和文化诠释者"。④ 调查发现，很多

① 刁培萼：《教育文化学》，江苏教育出版社 2000 年版，第 411 页。
② 朱伟、陈建峰：《主体文化与地方文化关系的历史辨识》，《社会科学研究》1992 年第 2 期。
③ 郭方涛、孙宽宁：《从生活场域到教育场：民俗的学校教育传承》，《当代教育科学》2018 年第 2 期。
④ 〔加〕N. 戈培尔等：《教师的角色转换》，万喜生译，湖南教育出版社 1991 年版，第 1 页。

教师习惯于传递书本知识，对于自己所在地区的地方文化了解甚浅，这其中年轻教师和外地教师对地方文化更是知之甚少。即使是一些对当地文化有所了解的教师，也只是对在日常生活中接触到的地方文化有初步的认知，缺乏对当地文化的全面了解，更缺乏对地方文化的深层内涵、深远意义的了解。教师的地方文化素养发端于他们对地方文化的了解和认同，这一素养是教师综合文化素养的重要体现，也决定着教师在了解的基础上对地方文化的开发和利用。教师自身对地方文化的认识和了解不足，也就决定了他们很难从教育的角度来看待地方文化资源，自然也就缺乏将地方文化资源转化为教育资源的能力。

很多教师对地方文化存在这样一种认识偏差：地方文化是当地人们过去生活的历史积淀，无益于或是少益于身处现代生活中的学生的学习。地方文化是一个开放的存在，它并不仅仅是对过去的阐释，还是一个联系着过去、现状和未来的连续体。地方文化并不是无益于或少益于学校教育，而是教师对地方文化的现代阐释能力不足。所以地方文化的现代阐释能力，是指教育主体并不是简单地以固定的形式传递僵化的体现地方文化的遗留物，而是将地方文化作为活生生的材料对其进行现代阐释。① 地方文化想要得到有效的传承，必须积极走向现实生活中寻找新的载体；学校教育想要利用地方文化资源，必须将地方文化与时代特征相融合。因此，教育主体具备一定的地方文化现代阐释能力十分重要，这也是弥补教育主体在地方文化资源教育转化过程中能力缺位的关键。

挖掘地方文化资源并将其整理、阐释和转化为学校教育资源，即地方文化的再生产，是实现地方文化和学校教育融合必须解决的问题。要解决这一问题，必须依靠教育主体的文化生产能力。通过调研发现，很多地方学校存在这样的问题：对地方文化的挖掘深度仍不够，对地域文化丰富的内涵和价值研究还不够透彻；文化研究和文化教育不能有效衔接，对于包括地域文化研究在内的文化研究更多处于学理探究和经验分析层面，不能进入教育层面。② 将地方文化资源转化为教育资源本身就面临着诸多困难。

---

① 杜芳芳：《学校教育视野下的民俗文化传承研究：以苏南地区为例》，中国社会科学出版社2020年版，第185页。

② 方晓珍：《地方院校服务社会发展的文化选择》，《中国高等教育》2012年第Z2期。

首先，地方文化资源的筛选涉及厘清地方文化的性质、作用和功能以及如何进行现代阐释和适度开发；其次，地方文化资源的创造性转化涉及转化逻辑和转化方式的厘定。这些困难的解决需要依靠教师的文化生产能力，当教师具备这种能力时，他们就能成为地方文化课程的研究者和创生者，地方文化资源教育转化的困境自然就能顺利打破。

教师是地方文化资源转化为学校教育资源过程中最有"资格"和最有条件的中坚力量。"师者，人之模范。"教师具有很好的示范引领性，决定着教育质量和效果。同时，教师接受过相对好的教育，懂得教育知识和教育方法，对地方文化知识的接受能力和学习能力也较高。能力的提升不是短时间内就能实现的，需要教师在不断的实践中积累经验，以此来加强自我对地方文化的认识和了解，提高自我的地方文化现代阐释能力和文化生产能力。教师能力的提高，不仅有利于地方文化的有效传播，而且有利于其对先进教学方法和教学理念的学习，从而更好地从事教学工作。

三　培养缺位：教育主体文化成长机制不全

教育主体在地方文化资源教育转化过程中意识和能力的培养与发展既需要自身的重视，也需要外部力量的推动。地方文化作为重要的教学资源，需要有专门的教育工作者加以整合，并通过有效的教学方式对学生加以文化的输送。所以为了更好地将地方文化与学校教育融合，需要加强对师资力量的投入和引进。从教师的专业成长机制来看，需要从职前培养和职后培训两个方面予以保障。要想地方文化资源向教育资源转化的工作顺利开展，也应该从职前和职后两个方面加强对教育主体地方文化基础知识和地方文化素养的培养。但就现状来看，无论是在职前还是职后，教育主体在这方面的成长机制尚未健全，存在严重的培养缺位问题。

在我国教师的职前培养中，普遍存在重视各科教学而忽视地方文化传承教育的倾向，加之师范生本身就来自地方文化各异的不同地方而导致地方文化教育培养难度较大。所以无论是综合大学还是师范大学，都尚未将地方文化教育列入培养方案，更没有将其列为一门专门的学科，师范生很难接触到有关地方文化的知识。在有些颇具地方特色的高校，地方文化教育也大多以学科渗透或专题讲座的形式来进行，师范生只能接触到地方文化的浅层知识。因此，地方文化教育的职前培养无法得到时间上和质量上的保证。

相较于职前培养，职后培训是进行地方文化教育的良好时机和平台。师范生在毕业后大都会去到某一个地方工作并长期固定地待下去，如果相关部门给予他们地方文化教育的相关培训，是有利于教师在这方面的快速成长的。然而，调查研究发现，教师的地方文化教育职后培训并未得到充分开展。我国中小学教师接受地方文化教育职后培训的机会比接受各科教学职后培训的机会少。地方学校中很少有精通地方文化的教师，且教师培训激励机制不够健全，教育部门鼓励并资助精通地方文化的教师的力度不够，教师缺乏学习和交流的机会。由此，造成了地方文化资源教育转化过程中的师资问题，学校难以强化地方文化的师资队伍建设，无法调动老师学习地方文化教学的积极性。

一般来说，地方文化教育课程的教学主要是由担任各科教学的教师兼顾。虽然这些教师受过学科教育，但不等于他们就掌握了地方文化课程的有关知识和教学方法，就能做好课堂教学。此外，组织学生开展地方文化相关的校内外活动也需要教师了解和掌握有关地方文化教育的知识和教学法。有教师在访问中谈道"许多外地户籍的教师对本地文化知之甚少，本地教师由于各种原因也很难投入到地方文化教学工作中"。师资队伍的强弱直接关系到地方文化资源教育转化的效果，精通地方文化的教师在数量上奇缺，学校的地方文化教育也不能仅仅依靠外聘的民间地方文化传承人。要想将地方文化资源转化为教育资源的工作落到实处，必须建立健全教育主体成长机制，从职前培养和职后培训两方面为教师的成长保驾护航。

地方文化资源教育转化过程中教育主体的培养缺位，高校、地方教育部门和教育主体自身都责无旁贷。究其根本原因，在于还未对地方文化教育引起足够的重视。高校和地方教育部门没有对地方文化教育教师队伍的培养、建设等方面予以重视，没有按照本地的特点制定针对性的方针和政策，积极开展不同的学习培训，教育主体也就不能通过学习培训来构建和更新自己的知识体系。与此同时，教育主体自身也缺乏主动学习的意识，除了依靠学习培训来自我成长外，教育主体自身也应该具有多和有经验的人进行互动沟通、交流经验的意识，在积累应有经验的同时促进自身专业能力、专业素养的提升，为地方文化资源转化为教育资源提供坚实保障。

　　总之，地方文化资源教育转化需要教育主体和地方文化之间实现有效连接。如何实现有效连接？则需要弥补现状中教育主体的意识缺位、能力缺位和培养缺位，使教育主体不断丰富自我的地方文化基础知识和提升自我的地方文化素养，在地方文化资源向教育资源转化过程中予以专业性、可持续性的保障，以此来应对新时代对地方文化教育提出的新要求和新任务。

第三节　实践偏差：教育实践与文化资源转化错位

　　西方文化的不断冲击，给我国传统文化的传承带来了巨大的挑战。在这样的大背景下，地方文化的现状也不容乐观。尤其对于青年一代来说，他们的身心特点决定了他们更易于接受外来的新潮的东西，地方传统文化则很容易被忽视。地方历史文化资源反映一个地区的时代风貌和地域特点，地方的历史、故事、人物、风俗、社会活动与学生的生活和思想息息相关，构成了学生学习与生活的主要文化场域。应充分利用此文化场域，从学生的现实生活与思想状况出发，理论联系实际，增强学生的情感认同。① 地方文化资源融入学校教育不仅对地区的经济、政治发展具有推动力量，而且对个体的成长成才也发挥着潜移默化的影响。近年来，我国大力鼓励学校深挖地方资源，凸显地方特色和优势。地方文化资源教育转化的最终目的是在教育实践中进行应用，但其并不是遵循简单的输入逻辑，而是需要采取一系列行动使之落实。由于诸多现实因素，地方文化资源教育转化的过程中出现了实践偏差，具体表现为目标偏差、内容偏差和方法偏差。

一　目标偏差：地方文化资源教育转化定位不准

　　"教育上的错误比别的错误更不可轻犯，教育上的错误正和配错了药一样，第一次弄错了，决不能借第二次第三次去补救，它们的影响是终身洗

---

　　① 刘勇：《地方优秀历史文化资源引入高校思想政治理论课的探索与思考》，《学校党建与思想教育》2018 年第 23 期。

刷不掉的。"① 这提示我们，在任何时候，有效的教育行动必须以正确的教育目标为导向。地方文化资源的转化与使用也是如此。从理念上讲，地方文化资源教育转化的目标是将地方文化资源与学校教育真正融合，发挥地方文化的教育价值，从而促进学生情怀的积淀与个性的发展，思想的提升与品格的锻造，审美观的形成与人文素质的提高等等。目标是地方文化资源向教育资源转化的出发点和归宿，围绕着一个正确的目标而开展的一系列教育实践操作才是有用的、有效的。然而实际的教育实践中存在目标定位不准确的问题，这也就导致了地方文化资源教育转化的现状不容乐观。

地方学校在确立地方文化资源教育转化的目标时首先要考虑的就是地方文化的教育取向。美国教育哲学家布鲁巴克将价值区分为外在价值和内在价值，"外在价值是我们因为这些价值对于某些事物有用处而判断它们是好的那种价值，它们的价值依赖于它们去达到另一种价值时所产生的后果；内在价值就是我们不是因为它们对于另外某些事物有用处，而是因为它们本身就具有好的价值"。② 地方文化对于学校教育来说，其外在价值体现在可以通过促进学校特色建设而获得某些荣誉，内在价值体现在地方文化本身具有的教育价值。调查研究发现，现有学校教育实践中更偏重于地方文化的外在价值，如"迎合上级打造所谓的'政绩'、取悦媒体谋求所谓的'名声'、打败同行成为所谓的'典型'等"。③ 因此，学校将地方文化资源引进学校的教育教学中只是为了完成指向外在利益的"任务"，教育取向过于功利化，容易将地方文化传承与学校个体发展割裂开来，有悖于地方文化资源教育转化的目标。

除了在教育取向上过于功利导致地方文化资源教育转化的目标定位不准确，对于地方文化教育的理解偏差也会导致目标定位的不准确。例如，有的学校将地方文化教育简单理解为文化符号的传递或文化知识的输入，由此将地方文化资源转化为教育资源的目标单纯确立为简单梳理能应用于学校教育中的地方文化，而忽视了对地方文化背后价值的深入挖掘。党的

---

① 〔英〕约翰·洛克：《教育漫话》，傅任敢译，人民教育出版社 1985 年版，第 22 页。
② 转引自王道俊、郭文安主编《教育学》，人民教育出版社 2009 年版，第 90 页。
③ 吴文涛：《传统文化如何走进学校？——论学校传统文化教育的实践逻辑》，《中国教育学刊》2018 年第 3 期。

十八大以来，我国高度重视中华民族传统文化的传承，旨在增强民族的文化自信和价值观自信。地方文化作为中华民族传统文化的一部分，渗透着中华文化的主要精神，又具有自身的鲜明特色。若学校教育忽视对地方文化的深层价值的挖掘，就缺少了对学生内在价值观念的培育，其也就无法从情感上认同和尊崇地方文化，学校教育也就难以越过文化知识直达学生的内心世界，这也与地方文化资源教育转化的目标不符。

地方文化资源教育转化的目的不能仅仅停留在知识层面，还必须深入挖掘地方文化资源的文化内涵与价值观念，让学生知其然，知其所以然。"应当看到，知识是部分，文化是整体：知识是文化的结晶，文化还包含着创造知识的源泉；知识往往归于静态的逻辑，而文化还包含着动态的历史过程；在知识中往往看不到人及其作用，文化则永远将人及其创造性置于中心地位。因此，完整而健全的教育不应当只是一种知识教育，而应当是一种包括知识在内的文化教育。"① 调查研究发现，很多地方学校现有的地方文化资源教育转化的目标定位是一种知识取向的地方文化教育，这样会使得地方文化失去它本来的色彩，学生难以感受和了解到地方文化的独特魅力。同时，仅停留在知识层面的教育教学，会导致学生只是浅层次地了解部分地方文化知识，无法实现整体的文化素养发展。

浅层次的、表面的地方文化教育不能使文化扎根于学生的内心世界，学校教育应该努力挖掘隐藏在地方文化深处的精神意义，帮助学生透过外在的文化事物体悟文化精神内在的价值。正确的地方文化资源教育转化目标的确立，需要地方学校、教师正视地方文化的教育价值与意义，摒弃功利化的教育取向，注重对学生内在价值观念的培育，深入理解与重构地方文化知识，建立知识与文化之间的联系。如此，地方文化资源教育转化的教育实践才能朝正确的方向前进。

二　内容偏差：地方文化资源教育转化体系偏狭

在地方文化资源教育转化的过程中必须基于教育目标明确选择什么内容以及如何呈现这些内容。就现状来看，地方文化资源教育转化过程中存

---

① 孟建伟：《从知识教育到文化教育——论教育观的转变》，《教育研究》2007 年第 1 期。

在内容偏差，即教育转化体系偏狭，具体表现为：一是地方文化资源选择偏狭，二是地方文化资源呈现偏狭。

地方文化资源的选择决定着地方文化教育实践围绕着什么样的主题展开。根据地方文化资源的特点和学生学习的特点，地方文化资源的选择一般应遵循以下两个原则。第一，现实性原则。美国心理学家和教育家、结构主义教育思想的代表人物布鲁纳认为"使学生对一门学科有兴趣的最好办法是使他们知道这门学科是值得学习的"。地方文化资源具有明显的地域性，其存在于学生的现实生活中。将地方文化资源内容引入学校教育教学，就是以学生熟悉的地方优秀文化资源内容对课堂内容加以拓展、延伸和补充，并拓宽学生学习的内容"空间"，加强学习内容与社会生活、学生生活的联系，以此使学生获得情感上的满足。第二，需求性原则。学生的需求是教育教学的出发点和归宿，选择的地方文化资源应该是能引导学生有兴趣学习和探索，能激发学生追求知识的欲望，能满足学生的需求和愿望以及获得学习成就感的内容。

地方文化资源的选择本身就具有一定的难度，就目前的地方文化资源教育转化过程中地方文化资源内容选择来看，还存在内容不够丰富、结构有失系统、元素单一等问题。一是传统与现代文化资源脱节。传统的地方文化资源携带着文化传承的地方特色，具有地方性、历史性和创造性，新资源的充分开发和利用需要通过与传统资源的"对接"，但是，在现有条件下现代与传统的地方文化资源没有达到有效对接。"假如开发地方文化资源时，不注意传统与现代的结合，也许就脱离了我们的受教育者，要知道，文化的传承过程，也是一个渐进变化的过程，这个过程需要也必然会烙上深深的时代气息。"[①] 二是有形与无形文化资源离散。很多地方学校注重对地方有形文化资源的开发利用，而忽视了对无形文化资源的挖掘与重塑。三是地方与全域文化资源游离。部分地方文化资源整合的视域长期滞留于自身的狭长地带，缺乏外界文化信息、思想等资源的涌入，往往陷入不可打破的僵局。

美国教育家赫钦斯说："教育意味着教学。教学意味着知识。"[②] 从这个

①　严抒勤：《美术课程地方文化资源的开发刍议》，《上海教育科研》2010 年第 7 期。
②　王承绪、赵祥麟编译《西方现代教育论著选》，人民教育出版社 2001 年版，第 206 页。

角度来讲，地方文化知识化是其教育转化的重要内容。我们知道，课程和教材是呈现地方文化和其所转化的知识的主要载体，但就目前地方文化资源教育转化的现状来看，课程计划中体现地方文化内容的科目少、课时少，教材编纂中体现地方文化的篇幅、内容少、缺乏校本教材和乡土教材。

"课程作为文化发展的主要手段或媒体，为文化的增殖、创新及其育人意义的形成、育人标准的定位提供核心与导向性的途径与机制，离开课程，文化便成为一池死水而终将枯竭。"① 课程是连接地方文化与学生的媒介，发挥着承载、呈现、整合、传递地方文化的功能。就目前而言，在课程方面存在如下问题。一是学校缺乏地方文化课程的设置，很多学校并没有让地方文化进入课堂，更没有进到学生的脑海中。一些重视地方文化的学校，也更多是把它们放到了辅助性的或第二课堂的选修课上，而学生通常不会主动选择这些与考试无关的课程。所以，学校里一些颇具地方文化特色的活动课程也常常流于形式，仅仅局限在语言竞赛、地方特色服装展示等浅显层面上，地方文化丰富内涵远远没有被涵盖。二是地方文化课程的课时没有保障。有的学校虽然开发了一些地方文化课程，但几乎没有固定的教学时间。由于没有专门的教学时间和规定的课时量，地方文化课程的实施很容易让位于日常教学。三是在课程的组织与实施中，教师表现出对外来资源的"绝对服从"，教师完全依据原有的内容来组织活动，缺乏自身的理解，也就难以将地方文化资源鲜活地呈现在教学活动中。

教材是课程的核心组成部分，是传输知识、传播价值观念和意识形态的重要工具，它应该充分适应现代社会政治、经济和社会发展的需要，以及人们对继承和发展本土传统文化的需要。在教材方面，我国很多地方学校还未注重结合当地地方文化来编排适合的教材，即缺乏乡土教材和校本教材。缺乏教材是制约学校开展地方文化教育的一大障碍，同时也严重影响地方文化教育的质量。在一些开发过校本课程的学校也曾发生由于种种原因而中断的现象。调研发现，很多学校在国家倡导下采取了开发校本教材、依托学校大型活动或常规活动开展文化教育等措施来促进地方文化和民族文化的传承。这些活动开展之初受到了学校领导的重视，教师和学生

---

① 姜德刚、郝德永：《当代课程的文化建构使命》，《高等教育研究》2001 年第 6 期。

也投入了极大的热情，然而并未得到延续与发展，许多学校现在已放弃使用承载地方文化的校本教材，各种传统文化活动也被忽略。可以看出，相对于地方文化教育课程来说，教材开发处于更危急的状态。教材与课程作为教育的两个极为重要的方面，应当相辅相成，互相促进。

三　方法偏差：地方文化资源教育转化路向不全

克利福德·格尔茨说："我们需要的不只是地方知识，我们更需要一种方式把各式各样的地方知识转变为它们彼此间的相互评注：以来自一种地方知识的启明，照亮另一种地方知识隐翳掉的部分。"[1] 在学校教育中融入地方文化应该更加注重其内在的意义价值，以此来实现地方文化资源进校园、进课堂的价值追求。地方文化资源向教育资源转化的实现，必须借助一定的方法来展开，教育方法运用得是否恰当，是否为学生所喜爱、所接受，在一定程度上影响着地方文化传承的质量和学生学习的效果。调查研究发现，当前的地方文化资源教育转化的路向不全，即存在方法偏差的问题。

就当前的情况而言，很多教师在将地方文化资源融入课堂时，方法不得当，导致虽然讲课讲得很卖力，学生们对于内容的接受情况却不是那么乐观。活教育，不仅是教材要联系生活，也有教师要运用灵活教育方法之意。教师最大的本领，不在于会教出多少能进入名校的学生，而在于让每一名学生都爱上他的课堂，即使最初不喜欢，也能慢慢接受并且爱上教师的课堂，领会所学的知识。受"知识中心主义"的影响，地方文化资源在融入学校教育时的方法具有"灌输"和"成人化"的倾向，缺少学生自我的体验过程。很多教师在课堂教学中融入地方文化资源的方式主要是借助教材中的一些直观呈现出来的文化内容，向学生介绍相关的文化知识，仅停留在让学生知道有这么一种传统文化，而不涉及其中深意，更不会让学生主动探索。

此外，地方文化资源教育转化的方法较为单一。很多地方学校仅仅将眼光局限在学校内部，忽视了与社区、家庭等的合作。社区、家庭中处处

---

[1] 〔美〕克利福德·格尔茨：《地方知识——阐释人类学论文集》，杨德睿译，商务印书馆 2016 年版，第 366 页。

都有地方文化的身影，社区和家庭的教育环境也十分有利于学生感受地方文化。与学校教育相比，社区教育和家庭教育传承地方文化的方法更为生动、灵活。社区和家庭可以通过诞生礼、成年礼、婚礼、丧葬仪礼、宗教仪式等地方文化传承活动，通过一对一、一对多、多对多的传承方式使年青一代接受地方文化教育。然而，与电视、电影、录像、互联网等大众媒介相比，社区教育和家庭教育传承地方文化的方式还不够有趣和生动，容易造成年青一代对地方文化传承活动的厌倦，不利于地方文化传承的水平提升。① 因此，地方文化资源教育转化的方法应该更加多元化，地方学校除了要与社区、家庭加强合作外，还应该加入现代信息化元素。

通过考察发现，地方文化资源教育转化的方法还存在重外铄、轻内化的问题。很多学校在教育教学中应用地方文化资源多采用图片展示、课外活动和文化环境建设等外铄手段。② 这种方法在一定程度上能够帮助学生获得地方文化的相关知识，但学生通过这样的方法很难将文化知识内化，也就无法获得文化认同。"内化即是自律，是指在学校和教师的引导下，使学生体认文化精髓，并转化为自身的个体意识，是一个将外在的文化内容真正内化为学生的文化意识的过程。"③ 地方学校在转化地方文化资源时不能偏重于外铄方法，而应该更多地采取有效的内化方法激发学生的文化认同和文化责任感。

由于没有现成的模式可参考，教育者对于地方文化资源融入学校教育缺乏必要的处理能力，对于具体应用方法的选择是随机的、孤立的、呆板的。一些教学方法，如组织学生参观当地名胜古迹、开展地方文化主题活动等本身很好，但教育主体对此类教育活动没有很好地进行统筹规划，对学生缺乏正确有效的引导，使得这些教育活动最终流于形式，没有取得应有的教育效果。教育方法的多样性和灵活性是地方文化资源教育转化实践中一个不可忽视的方面，根据地方文化特点，采用合适的教学方法传承地方文化是学校不可推卸的责任。

---

① 曹能秀、王凌：《论民族文化传承与教育的关系》，《云南民族大学学报》2009 年第 5 期。
② 杜芳芳：《学校教育视野下的民俗文化传承研究：以苏南地区为例》，中国社会科学出版社 2020 年版，第 200 页。
③ 吴文涛：《传统文化如何走进学校？——论学校传统文化教育的实践逻辑》，《中国教育学刊》2018 年第 3 期。

第七章

地方文化资源教育转化的价值定位

地方文化资源之所以能够在教育中进行转化，两者其实是有共同特点的。首先，两者都具有传承性。文化资源是地方文化记忆的呈现，从成为资源的那一刻起，就已经被赋予了文化记忆所特有的存储功能和传承职责。教育也是如此，无论面对的是知识、技能还是文化，其重要任务之一就是对它们进行传承。其次，两者都有反思。教育同文化记忆一样，在教育的过程中会对教育的内容不断进行反思性的筛选和整合，目的是让教育既不丢失流传至今的优秀的东西，又能够契合当下社会，同时也指向未来，让以后的孩子们依然能从这些内容中进行获取。两者也有不同的地方，例如经过教育筛选了的内容，有机会成为文化资源，而文化资源中的很多内容，却不一定能够进行教育转化。因此，我们必须对其进行价值定位。

第一节　生成文化记忆

法国社会学家涂尔干认为："教育就是一种使年轻一代系统地社会化的过程。我们可以说，在我们每个人身上都存在着两种不可分割的（除了科学抽象的需要之外）但又是不同的特性。一种是那些只适合于我们自身以及我们个人生活中的事件的所有精神状态，这可以被称作个体特性。另一种是由各种观念、情操和习俗构成的一套体系，由于它们存在于我们之中，存在于由我们组成的某个团体或各种不同的团体之中，因而并不是我们的个性。它们是各种宗教信条、道德信条和习俗、民族传统和职业传统以及集体的观念。它们的总和就构成了某种社会特性。教育的目的就是在我们每个人身上造就这种社会特性。"① 这种特性既来自作为国家意志的意识形态，也来源于作为自我与国家建设的生存经验，还源于与前两者有关但又区别于前两者的文化记忆。

每一个地方能够从起源一直存活到今天的现代社会，其积淀下来的资源必定是相当丰富的。无论是物质资源还是精神资源，对于这个地方而言，所起到的不仅仅是支撑日常生活的作用，还有着凝聚力和回顾的效果。从一片自然的土地，到有人居住，再到形成集体或族群，并且让集体中的成员形成这个地方与其他地方无论如何都有不同之处的印象，所依靠的是印刻在地方历史基因里的文化记忆。从这些文化记忆的要素里才能够提炼出符合教育特质的、适合转化为教育的资源。因此，生成独特的文化记忆尤为重要。

一 符号化的记忆识别

抽象化的概念往往不便于更多人理解，但是拥有具体形象的符号则不同。格尔茨认为文化概念与符号学的概念是等同的，卡西尔也曾说，人的本质是符号的动物。文化通过符号的方式的确可以给人们传递很多信息。例如地方流传至今的神话传说，或者精神信仰，都可以内化在符号形态里面，可以是图腾，也可以是文字或图案。在一些民族地区颇为流行的口述史文化中，游吟诗人或者地区颇有威望的长者，曾是地区文化的代表，也可以被称作"行走的活历史"。他们以口耳相传的形式存储文化，并将其传递出去，但过程中由于传达者本人的记忆程度，以及个人游历经验的愈加丰富，随着文化传递时间的拉长，可能已经增添了许多口述者本人的思想，也有可能与起源的版本大不相同，这也让这一部分"过去"和"历史"在传承的过程中，不断在变化也不断在被遗忘。这就是为什么民间神话传说往往有很多个版本。其实在这种"记忆—传递—再记忆—再传递"的推进中，像这样的传述者已经被大家默认为文化符号了。他们所传递的文化，也有着一定的教化作用。无论是神话传说还是英雄史诗，流传的目的体现的无非是深入文化骨髓中，但又迫切想让世人知道的"真、善、美"的东西，所以在很多地方的口传者也会有意无意地为故事增添一些具有哲理意

---

① 〔法〕涂尔干：《教育的性质与任务》，转引自瞿葆奎主编，陈桂生等选编《教育学文集·教育与社会发展》，人民教育出版社 1989 年版，第 19~20 页。

味的结尾。但这种口耳相传的方式，对于当今社会这种人口密度日益增大、地方文化越来越多的情况，显然不足以应对，人们需要一个更为具体的东西来承载这些遥远的文化内容。

(一) 提炼属于地区文化专有的记忆符号

一个国家、民族或者地区，往往有自己的特色，主要体现在自然特色和人文特色两个方面。一方面，自然特色来源于自然形成的风貌。例如南方多雨水，汇聚成江河湖海，所以被称为江南水乡。于是河流、湖泊、桥梁、船只等就成为不少南方地区专属的标志，只要一提到某些特定的自然场景，人们的脑海里就可以立马提取出与之相对应的地区。不过从自然环境的因素上看，这是属于覆盖面积相对较大的区域性符号。另一方面，地区与地区之间细微的差异更多地体现在人文特色上。以四川方言为例，从川西到川东，从川南到川北，方言的发音都有所不同，甚至相去甚远，有可能同一个市州的不同村落之间，都有不同的方言。虽然语言是文化传播与交流的手段之一，但语言同样也是一种文化的符号，并且是每一个地方专有的文化符号。在 2020 年年初，新冠肺炎疫情期间，曾有这样一则报道：陕西渭南一农村，用秦腔宣传防疫，内容朗朗上口，"莫要聚餐太危险，刘邦不赴鸿门宴，不戴口罩的快躲远！"秦腔作为西北地区传统戏曲，同其他戏曲一样，面临着传统戏曲现代化的尴尬，但作为地域特征极其鲜明的戏曲种类，这种唱腔一旦响起，就能够让人立刻辨认出来，并且能够成为本地区区别于其他地区的文化名片。

提炼属于地区文化专有的记忆符号，在转化为教育资源的过程中，可以成为一种醒目的标志。以藏戏为例，2003 年起，被视为藏文化"活化石"的藏戏开始向联合国教科文组织申报"人类口头和非物质遗产代表作"，例如巴塘藏戏、青海马背藏戏等都已被列入我国国家级非物质文化遗产名录。与其他非物质文化遗产相比，藏戏有自己与众不同的优势。首先，藏戏作为现代戏曲剧种中最为古老的剧种之一，"其表演形式起源于藏族民间歌舞和说唱以及苯教所包含的祭祀仪式与巫术歌舞"。① 从藏族社会的历史和生

① 蒋英：《保存民族的历史文化记忆——从藏戏"申遗"的优势及原则谈起》，《四川戏剧》2009 年第 4 期。

活中生长出来的艺术风格，不仅保留了戏曲的特点，更反映了藏族人民独特的文化和生活方式。在藏戏的传统剧目中，既有反映西藏本土巫苯的神灵和祭仪，又有藏传佛教的神佛、人物的演义故事。而藏戏的表演从内容到形式都更多地保留了原始风貌，其中最具标志性的面具表演，历史悠久、品种繁多。藏戏面具起源于拟兽图腾舞蹈，与京剧中脸谱一样，赋予了面具下的角色以突出的形象和鲜明的性格。可以说面具是藏戏最具标志性的符号之一，它是藏族聚居区历史与人文发展的一种见证，既承载着藏族人对自然的敬畏，也印刻着人们对历史的凝望。

（二）赋予记忆符号以深刻的意义

从符号本身来讲，其所蕴含的意义原本来自文化中的精神层面。作为文化记忆的外在表现形式，如果只有华丽外形，其生命同样也无法走得长远。真正值得被转化为教育资源的地方文化，应当具有三个方面的特征。

第一，具有相对长远的时间延续性。历史上也有很多盛行一时的东西，但很多都在时代发展的过程中，被当地人抛弃。从文化记忆的特征来看，这一部分文化已经被人们所筛选了，人们对其中还能够被运用的部分进行了重构，抛弃不适于集体共有和社会发展的部分。对于文化而言，究竟有没有好文化和坏文化之分呢？在此我们不做定论，但人们对文化的运用却影响很大。不仅影响着文化的生命历时长短，同样也影响着整个地区的未来发展。无论是人们对于宗教的信仰，还是对图腾的崇拜，都是人们对自然之力的敬畏和对未来世界的一种美好期许。神话、传说与科幻故事之间的区别也在于此，神话、传说是人们对未知的过去的想象，科幻则是人们对未来进行的遐想。因此，作为教育转化的地方文化资源，要具备的首要条件就是能够在时间上产生更为长远的影响力，以此为基础形成的文化符号往往能给人以更加深刻的印象。

第二，拥有批判式的空间接纳性。时间赋予文化的是一种纵深的跨度，传承的时间越长，说明这种文化对于这个地方或族群的人们而言，已经成为一种印刻在民族底蕴中的记忆。完全封闭的地方文化在现代化的社会里几乎是不复存在了。玛格丽特·米德在对萨摩亚人进行人类学研究的时候，观摩到的萨摩亚人的生活与成长和当代城市中的人有很大的不同，不仅仅体现在日常的生活方式、仪式习惯上，还体现在为后人津津乐道的代际相处关系上。但后来的研究者对米德所做的这项研究提出了质疑，因为当他们进入萨摩亚人的生活圈时，所见到的却是与研究者自身所处环境没有太大差异的情况，尤其是因代沟产生的矛盾冲突依然十分明显。其实研究者们的观察都是正确的。在米德的研究发布之后，萨摩亚人的与众不同引起了更多研究者的兴趣，他们纷纷到访，无可避免地将外界信息带到此处，让原本不相联系的文化，有了正面的碰撞。所以，后来的研究者们所见到的萨摩亚，实际上已经是接受了一定程度的现代文化的地方，而他们原本的文化氛围却在这一过程中遭到了极大的破坏。这一点对于任何地方的文化而言都是种威胁，因为本地方的文化受到其他地方文化的侵袭，是最具破坏性的打击，原有的文化不复存在，生活在这里的人们随着代际的更迭，更加无法拥有对地区、民族的深刻认同。面对这种情况，生成的文化记忆符号就需要具备一定的空间接纳性。这也对地方文化提出了两个方面的要求，一方面，原本的文化依然为本地的人们认可。很多地方的传统文化之所以会被动摇，很大的一个原因是其实人们对这种文化的存在也并没有达到不可或缺的程度。生成文化记忆的必要条件之一是人们对此种文化与自己的生存和发展之间关系的认识，这是一种正相关的关系。另一方面，立足于本文化的基础之上，对其他文化进行理性的接受与改造，对于原有文化而言，既能够保持其精神原貌，还能丰富其时代性。不仅对保存文化形成文化记忆有所帮助，当文化通过地域之间的交流，被带到其他地方的时候，同样也能够成为其他文化借鉴和吸收的成分。这对于整个人类文化的跨地域交流也有着更加深远的促进作用。

第三，具有与自己对话的反思力。时间不仅能够让人记住很多事情，也能让人遗忘很多事情。被记住的不一定都是好的，而被遗忘的也不一定都是坏的。文化记忆所特有的权力维度，让一部分文化成了以维护特定权力为目的的时代的牺牲品。例如秦始皇时期的"焚书坑儒"，让中华文化遗失了很多关于秦朝以前的文化记忆。后世之人都知道道家的老子、儒家的孔子、墨家的墨子，他们对当时世界进行了富有哲学意味的思考，依然对今时今日的人们有着莫大的影响。然而知识不可能凭空想象，他们的思想也是基于对前人的批判或发展。所以，在他们之前是否还有更为古老的文化呢？从唯物辩证法的角度来看，文化从来都不是一成不变的，它的变化与人类社会的变化密切相关，同时也与科学技术的进步紧紧联系，从某种程度上来讲，技术的进步反映着一部分文化记忆的变化。面对技术的冲击，文化记忆想要"独善其身"，有赖于文化对自己进行对话的反思性。与纵向的时间线条相比，文化所包含的精神内核是否依然符合现代社会的行事准则？与横向的空间场域相比，用以承载文化内涵的符号是否能够用现代化的形态准确地表达？这些思考对于地方文化资源能否进行教育转化同样重要。教育不仅是对知识的搬运，还是对所学内容的批判性思考。人需要"吾日三省吾身"，好的文化同样需要。但文化对自己的思考，并不是对过去、历史的否定，而是看看这些流传下来的记忆，如何更好地适配当下的世界，以及如何指引人们去创造未来。

符号将抽象的文化赋予了形象化的表达，通过直观强烈的视觉冲击，将地方文化的内涵与价值呈现出来。运用这种方式来达到地方文化资源教育转化的目的，对文化和教育两者而言都是有利的。一方面，文化拥有了具体的形态，无论这种形态是以图像还是文字或者其他造型呈现在人们的面前，都让其进入可以摹写的状态，对于文化在更为广泛的空间内进行传播大有裨益。另一方面，教育作为传承文化的有效方式之一，在面对不同教育对象的时候，也可以提供文化内容的具体参考，以帮助教育者和受教育者更好地理解文化。

二　生活化的记忆传承

地方文化在有的人心目中是"下里巴人"一般的存在，但无论是"阳春白雪"还是"下里巴人"，这些形式与内容的来源始终是生活。以唐卡为例，唐卡作为藏族聚居区一种独具特色的绘画艺术形式，题材内容涉及藏族的历史、政治、文化和社会生活等诸多领域，传世唐卡大多是藏传佛教和本教作品。为什么藏族会将民族的图腾或史诗故事、宗教信仰用唐卡的形式呈现出来呢？这与藏族的生活习惯有莫大关系。在历史上很长一段时间里，作为游牧民族的他们会常年迁徙。对于有着庄严信仰的藏族人民而言，包含信仰因素的符号、文字等，如何才能够做到既便于迁移时携带，又可以涵盖更为丰富的仪式元素呢？于是布匹、皮料等成为用来记录它们的材料。直至现代社会，虽然游牧的生活方式相对少了很多，但大家依然保留着唐卡，并且有不少专门的唐卡学院，专职从事着唐卡艺术的传承与传播。在转化为教育资源的过程中，这种极为鲜明地进入群体日常生活的方式，在民族地区并不少见，也为其他地区提供了借鉴参考的思路。

第一，发挥地方文化在生活中的实用功能。不少的地方传统文化之所以呈现出生存困难的情况，其中很重要的因素之一就在于离实际生活越来越远。一方面，从形式上看，例如地方传统文化中存在的很多与巫术、祭祀仪式等相关的形式，就是当时的人们因为对自然现象或生态规律无从理解，同时受到验证技术的限制，由此通过遐想而创生出来的。随着科学世界对物理生态系统的研究的深入，人们逐渐开始不相信它们可以给人的发展或人类社会带来实质性的改变，于是这些文化中从形式和内容上看都颇为传统老旧的部分，便与人们的日常生活渐行渐远。而地方传统文化中与生活相关的仪式庆典则大有不同。例如不少地区仍然保留着庆贺丰收的仪式，虽然从纯粹的程式化的内容演变成了更加倾向于文娱气息的活动。但总体来讲，这种模式还是被地方居民所保留和接纳的。另一方面，从内容上看，地方文化中有一部分技艺的内容，原本也是人们生活下去所必需的技能，但是因为受到工业生产的影响，以前许多工序繁多或者只能由人工所为的技艺，逐渐也淡出了地方文化的日常。对现实"无用"，文化记忆储存的过程及载体在地方发展的过程中，可能就会因此成为地方文化的累赘。但从哲学的角度来讲，文化从来都不是一元的，它是由很多元素组成的复合体。众所周知，"有用"与"无用"都是相对而言的，所以，想要将"无用"的文化转化为"有用"的文化，人们需要做的是挖掘文化的"有用"之处。而教育则是让这些资源留存下来的有效方式之一。

第二，关注地方文化在生活中的德育功能。地方文化资源向教育资源转化，除了文化资源本身所具有的历史意义的传承性，还需要具有教育所需要的德育功能。德育作为育人过程中的一个重要的方面，从文化中汲取的主要有价值取向上的观念和实践操作上的规范。人类文化因为地域的不同而多元，实践操作是思想观念的外在表现，价值取向是实践操作的核心定位。以中国文化中传承时间最长，传播范围最广的儒家文化为例，经历了不同朝代的更迭，儒家文化始终保持着其精神内核，"仁""和"等思想深入人心，不仅成为整个文化中的主要支撑，也是指导人们日常行为的准则。但是地方文化毕竟与大众眼中的主流文化不同，例如文化中的音乐板块，以能够保存的乐谱的形态流传下来的并不占多数。像许多民族地区的山歌，曲调的传唱就靠当地民众口耳相传，但是由于民众的文化水平并不统一，很多人也没有接受过专业的音乐教育，所以地方文化在代代相传的过程中，产生的变数很多，不利于这种文化内容的传承。不过，文化中想要传达给人们的价值观一旦被人们所接受，就足以让人们代代相传下去。总体来讲，地方文化中能够流传下来的不仅仅是对符号、仪式等的外在的习得，更重要的是渗透在人们生活中的德行素养的生成，孟子说过："仁言不如仁声之入人深也。"（《孟子·尽心上》）。教育的转化对地方文化的元素进行选择的时候，除了要考虑地方文化的特点，还要考虑教育的特殊性，筛选文化中符合教育教学规律的、能够升华为促进学生形成正确的世界观、人生观、价值观的内容，让文化与教育之间相互融合。

第三，开拓地方文化在生活中的美育功能。文化中最能够带给人们美的感受的东西主要有两层。第一个层面是文化的表层形态。以民族服饰为例，通过在民族地区的长期观察，可以发现，民族服饰的造型特色保留得相对完好。尤其是在重大的仪式、庆典中，地方民众身着民族服饰参加仪式等，也成为地方文化走向现代人们生活的一种重要方式。在民族地区，人们日常生活中穿着民族服饰的比例虽然有所下降，愿意穿着民族服饰的人也有老龄化的趋势。但近年来，随着国家和地方对民族文化的大力宣传，逐渐培养起了年青一代对民族服饰的重新认识。从根本上看，民族服饰本就是民族文化中诸多要素的一种呈现方式。服饰的整体设计体现的是文化中最为生活化的部分，从设计上就能够看出哪些服饰是来自劳作时的构想，哪些是源自休闲时的构想。而制作服饰的材料展现出的则是这片土地的自然资源。服饰上的图样、文案既有民族的信仰，如图腾等，也有民族对自然和生活赋予的美好愿望，如具有浓厚民族寓意的植物、动物等。这些元素综合起来所构成的，就是人们建构在服饰上的文化之美。第二个层面是文化的深层形态。以近年来非常流行的汉服文化为例，几乎各大高校都有汉服社团的踪影。对于在日常生活中也同样喜欢穿着汉服的人来说，这种做法的用意是什么呢？一部分人认为，汉服是汉文化的代表，它所代表的不仅仅是某一个朝代，还有中华文化历史长河中生长过来的所有文学、书画、诗词歌赋、风俗习惯等，展现的是一种人民群众对美好生活的向往。当然，在这一过程中也有不少批判的声音，认为汉服代表着对封建文化的复辟，从审美的角度上来讲，虽然古风也是一种美，但与现代文化格格不入，也不适用于现代社会的生活。但对于教育而言，要做的并不是否定它的存在，而是教给学生如何从辩证的角度来看待时间与文化、过去与现在，以及适用与不适用。任何一种文化中都没有绝对的"善"和绝对的"恶"，也没有绝对的"美"的标准。但应当学会的是如何欣赏其中给人以美的感受的部分，以及如何将这些从时间维度上看起来非常遥远的内容，引入空间维度上的现代社会。

第四，打开地方文化走进现代社会的多元道路。很多传统中盛行的东西，比如某些特定仪式等，在形成地方文化记忆的过程中经历了层层的筛选和重构，有的被遗忘，有的被摒弃，但无论如何很多传统古老的文化，已经无法生硬地被搬到现代社会中来，找到地方传统文化与现代社会契合的点，是打开文化记忆向现代教育转化的钥匙。从传播的广度上看，因为互联网技术的迅速发展，人与人之间交换信息的方式已经突破了地域的限制，不仅可以实现多平台的实时互动，还可以将信息进行数字化的备份，打开了地方文化保留和传播的现代化道路。从传播的深度上看，传统的口耳相传和传统形式的宣传报道仍然起着作用。传播平台的多样化，一方面给了地方文化一个展现在更多人面前的机会，另一方面也给了地方文化反思和批判的新路径。当越来越多的人从不同的角度来看待地方文化的时候，无论是对其外显形式的评论，还是对其内含理念的评说，都可以成为这种文化在生成新的文化记忆过程中的一种参考，让文化对自身进行一个审视之后，再对其进行教育的转化。

无论从哪一个角度来讲，文化与生活都是相互关联的。教育也是如此，教育是生活之中的教育，教育教人如何去生活。而生活就是文化最鲜活的部分，文化则是生活的理想境界。

三 个性化的记忆创新

一个国家、地方或民族的文化鲜活，其文化个性就突出，相反则会形成模糊的文化形象，从而导致国家、地方或民族的模糊甚至消失。而时代变化的迅速程度远远超过我们的想象，科技的日新月异也让人们见到了这个世界可以拥有更多的可能。对于文化而言，如果沉迷于过去初现时的灿烂和鼎盛时的风光，随着时间的推移，也最终会被时代所抛弃，与之相和的记忆也相对静止在了那个时刻。记忆需要更新，更需要创新，地区本身是文化记忆个性化的标志之一，但不容易的是如何对记忆进行个性化的创新。

首先，挖掘地方文化的特色。地方文化的魅力就在于其与众不同，例如近年来重庆西阳的非物质文化遗产——苗绣，频繁出现在大众的视野里。从特色上看，西阳苗绣绝非单纯的刺绣，它从技艺到花样，不仅吸纳着西阳民俗文化的变迁，更称得上西阳民俗文化的纪录片。"据西州苗绣的传承人陈国桃介绍，现存的苗绣，起源于古代濮人的雕题文身，以谋生存。自濮人到南蛮，由于蚕桑之术的发明，雕题文身开始从残酷的保身艺术转变成美的装饰艺术，随之演变的，是挑花、织花、凿花、绣花等民间技艺。时至春秋、战国，湘绣、蛮绣便形成了。后来，湘绣以居住在湘江流域的濮人后裔相柳一支为主体，其绣花技艺向写实逼真的艺术境界发展；蛮绣以居住在沅江流域、乌江流域的蛮氏为主体，其技艺向幻想的艺术境界发展，形成了如今的西州苗绣。"① 这种被称为"古苗文化的活化石"的特色技艺，是"重庆市级非物质文化遗产项目"，被誉为"穿在身上的史书"和"针尖上的国粹"。这样的特色文化在很多其他地方也有，例如四川的羌绣。挖掘这种特色并不局限于留存它的形式。因为它一方面代表着这个地方发展的轨迹，另一方面也是人们审美倾向的演变，所以这些形式不仅可以走进传统校园，还可以发展成为职业教育、技术教育的研究对象。

其次，对地区文化进行现代化阐释。"教育是传统从一代人传到另一代人的媒体，是一个移植传统的过程，这种过程使接受者得以接受进一步变异和完善的传统。通过将传播人所理解的传统灌输给接受者，教育熏陶了这些接受者；教育也是一个选择接受传统的优异人才的过程。"② 教育首先

---

① 《西州苗绣：古苗文化的活化石》，https://baijiahao.baidu.com/s?id=1690537299946426321&wfr=spider&for=pc，最后访问日期：2020年5月25日。

② 〔美〕爱德华·希尔斯：《论传统》，傅铿、吕乐译，上海人民出版社2009年版，第262页。

能够传递给学生的，一定是大家所熟知的东西。但耳熟能详只能说明文化的流传度广，并不能代表它能够内化为教育。文化既具有开放性又具有包容性的特点为文化自身带来了创造和重构的可能，僵化地传递地方历史的遗产，学生习得的也只能是机械化的记忆。对于教育者而言，最大的挑战来自如何将"过去"介绍给"现在"，并让其指向未来。当代教师对地方文化的熟悉程度不像以前，一方面是因为有的文化历时久远，逐渐被现代社会中的人所淡忘；另一方面，现在人员流动频率增强，年青一代与故土的黏性没有前辈们那么强烈。像居住在凉山州城市里的孩子们，一个班级中虽然彝族同学占的比例大，但孩子们对彝族传统的了解非常浅。虽然父母具有一定民族文化的基础，但也不会刻意去普及，只有在民族特有的节日、庆典的时候或场所里，才会带着孩子一起去完成某些特定的仪式。文化或许因此就被止步于书本。学生们没有感受到地方文化存在的真实性，自然也无法与其产生共鸣。对地方文化进行现代化的阐释，其一在于创新地方文化传播的方式，用现代社会人们喜闻乐见的形式进行传递，例如短视频、直播间等网络媒体，能够抓住人们碎片化的注意力，通过这种新颖的方式让地方文化进入人们的生活圈子。其二在于观照传统文化对于现代社会的意义。一味地传承而没有创新的文化，终有一天会被时代所抛弃，因为每一代人也有每一代人的特色，创新文化的外在形式和精神内涵的同时，创造属于这个时代的文化。我们不能永远站在历史的角度来看今天，也要站在今天的角度看未来，更加应当从未来的角度看今天。

四 能动化的记忆主体

从古至今生成的文化记忆对于每一个国家、地方或民族而言都具有标示性的意义，也是促使文化多样性发展的因素之一。而人始终是文化记忆的重要载体，因为人与人的互动形成的社会活动，从而筛选和提炼出来的有一定意义的活动或形式，代表着文化记忆鲜活的一面。因此形成能动化的记忆主体，对地方文化资源教育转化的实现起着现实推动的作用。

第一，让记忆走向认知。机械地将历时久远的文化记忆搬运到现代社会当中，并不能形成历史与现在的有效对话。即使文化的形式、外形被置于人们当下的生活之中，我们也无法从内心深处产生共鸣。以侗族大歌的传承为例，曾经是农民们忙完农活后回家团聚时一起唱的歌，是他们休闲和交流的重要方式。但山门打开之后，电视、电脑、手机成为人们消磨时间的主流，年轻人更热衷于追求流行音乐，也不再愿意接受侗族大歌的乐式曲调。这只是体现在音乐方面的部分，甚至现在许多侗族年轻人都不再讲民族语言。这种文化在年轻人心目中既是遥远的也是过去的，但文化记忆本就是来自历史深处，当他们的思维中形成了文化"由过去及现在涉将来"的认知时，就会运用文化记忆去接续地方文化的源流，并带着时代的使命感去创造未来时空视角下的记忆。

第二，培养记忆的传人。无论物质文化还是非物质文化，最初都来自人类社会。物质文化保留了其固定的形态，非物质文化则不一定拥有具象的外衣。它们大多依附在人的身上，拥有此种文化的人存在，则文化就存在。从这种角度看，人也是文化记忆的载体，所以保护和培养记忆的传人就十分必要。"贵州省文联编审杨德培认为，保护非物质文化遗产，最重要的是对艺人传承的重视。民间艺人高龄的很多，老艺人一个个逝去，没有徒弟，不经意间这些技艺就消失了。他举例说，曾经有一名苗族老艺人耗毕生精力将古歌写成苗文和汉语的对照本，四处找地方发表将其传承，却得不到重视。后来老人去世，人们这才发现，他所掌握的那一部分古歌也随之消失。保护一个民间艺人，就等于保护了一份非物质文化遗产。"① 的确，如果记忆失去传人，那么消失在大众视野也不过是时间的问题。而培养传人的过程就涉及从纯粹的文化向教育的资源进行转化的问题。如何培养，培养的标准是什么，对哪些人进行培养都需要思考。

总的说来，文化记忆的消失意味着人们对集体的归属和认同的减弱，最终带来的是文化所代表的国家、地方或民族的现在和未来将不复存在。文化记忆不是某一个人的，虽然它有来自个人记忆的成分，但还是会回归到群体中去。因此对文化记忆的传承和保留，并不意味着由某一个人或某一个群体来承担，而是关乎生活在这里的所有人的事件，应当分享给所有的人，同时也需要所有的人共同去维护和建构。

---

① 喻丹：《如何留住贵州的文化记忆》，《当代贵州》2006 年第 14 期。

第二节　增强文化自信

一　文化体认从自发到自觉

　　作为一个地方的文化，首先是这个地方的人获得人质化觉醒的产物，文化体认的问题就是相对于人来讲的。就像哈布瓦赫所研究的集体记忆一样，人是集体之中的人，集体是由人所构成的集体，因此由集体记忆形成的文化总体里，同样有着个人记忆的部分。因此，文化体认是文化创造的一种活动方式的展开，通过这些活动所形成的仍然是文化。对于地方而言，为什么要让人们形成文化体认的过程呢？一方面，从发生论的角度看，文化体认是一种被动的过程，人只有在自然的进化之中，在某一些特定的时候获得人质化觉醒，爆发出了最原始的文化意识，由此才产生出文化体认的行动。在这种情况下人们具备了人质化的心灵镜像，从这种镜像出发来对所处的环境和自身进行审视。从生存论的角度看，文化体认又是人质化觉醒后，人的生存自觉，也是人区别于物的标识，由此人才能朝着成为"人"的思路去生活。从文化学的角度看，文化体认最终生成的就是文化。无论是哈布瓦赫集体记忆还是扬·阿斯曼提出的文化记忆，都是对文化的一种表达。所以，形成地方文化体认对于文化的传承和发展而言，是一种从自发到自觉的过程。

　　第一，自发的文化体认是一种前喻性的认知方式。建立在对地方历史的僵化的继承基础之上，自发的文化体认缺乏时代性和创造性。全盘接受文化的过去，意味着在当下的社会活动中，没有用发展的眼光对历史进行批判性的思考。一种是地域上的局限。在现代化的社会里，这种自发的认识依然存在于部分偏远地区。这种情况下，虽然能够留存地方文化原有的状态，但人们的思想和行为也必然受到时代的禁锢，无法融入现代文化体系中去。而这样形成的文化自信也是一种受历史束缚的狭隘的盲目的自信。另一种是思想上的局限。每一个地方都存在这样一些群体，固执地认为历史的就是好的，这种偏执的思想事实上对于他们自己的生存以及共同环境下的他人的生存都有一定的影响。例如历史上的许多文化也同样存在着危害，例如缠足、冥婚等形式以及重男轻女思想等，在现代这一讲求人权的社会中，已经明显不利于整个人类文明的进步和发展，但少部分地区依然存在这样的现象，并且完整地保留着许多守旧的习俗和仪式。人们的思想仍然没有脱离对历史传统的绝对依赖。根据玛格丽特·米德对三喻文化的阐释，前喻文化作为一种晚辈向前辈学习的文化模式，正是文化体认的自发性体现。如果一味地遵从长辈、恪守古训，地方文化即使在历史上有大放光彩的时候，也必定会随着时代车轮的前进而遭到抛弃。

第二，自觉的文化体认一定程度上体现了一种同喻和后喻的特征。文化的生命力同样也是人带来的。地方文化的过去即是地方的历史，但不是历史的全貌。当时被创造出来的有可能称为文化的内容或形式，改朝换代之后却不一定能够继续以文化的形式存在了，或者没有汇聚到主流文化的体系中去，而成为边缘文化或者小众文化。20 世纪末 21 世纪初，曾经在年轻人中非常盛行的"非主流"文化，在现在看来，当时的外形打扮早已不符合时尚领域的审美标准，流行的"火星文字"也成了时代的遗产，取而代之的或许是近年来的"网络新词"，其宣扬的"青春忧伤"等文学形式和思想观念也颇具争议。诸如这样的情况，在科学技术和互联网技术的推动下，一种文化淹没另一种文化的现象所需要的时间将会越来越短。但是自觉的文化体认则可以维持文化的生命与活力。之所以说自觉的文化体认具有同喻和后喻的特征，是因为在这种氛围里生长出来的文化，不仅有着对历史的尊重，也包含对现实的认可以及对未来的预测。现实的文化不是对过去文化的依附，也不是对未来文化的盲目，同样也不是对其他文化的简单汇总，而是包含了每一阶段的自然、社会、人文等多重属性的区别于其他地方文化的标志。以教育为例，中国大环境中的教育自清末民初以来呈现了三个过程，即学习欧美到学习苏联再到学习欧美的过程。整个环节里面所呈现的盲从，让中国的教育一度失去了自我。正如石中英教授所呼吁的："一个人失去了自信心是可怜的，一个时代的教育失去了自信心是可悲的！在放眼世界、吸取世界各国优秀教育文化精华的时候，我们这些为人父母者、为人老师者和从事教育研究的人，是否应该多花一点时间去系统了解中国古代绵延不绝的教育传统，在复述西方教育话语的同时领悟一下那古老的中国式教育智慧！'笨鸟先飞'；'严师出高徒'；'身教重于言教'；'桃李不言，下自成蹊'；'独学而无友，则孤陋而寡闻'；'上善若水，水利万物而不争'……"① 所以王岳川先生指出："一个能够广泛地影响世界的大国，一定是一个思想家辈出，在参与世界知识体系建构的知识生产中，不断推出新的整体性思想体系的国度。更直接地说，就是不再拼凑他国的思想文化的百衲衣，而是以中国经验和中国元素建构的社会生活理念和生命价值观，成就自己文化形象的整体高度和阔度——必须在人类文化价值观上，拥有影响和引导这个世界前进的文化力量。"②

文化体认从自发到自觉的过程是一个认识文化、发现文化和创造文化的过程，同样也是一个文化的形式向教育转化的过程。通过教育让人们认识到文化的多元共生性、时代独特性、未来发展性，运用教育的方法教给人们反思文化和创造文化的能力，以此来形成对文化体认的自觉。

二　文化认同从被动到主动

文化记忆理论中早已研究过文化与认同之间的关系以及文化认同与民族认同的关系。从本质上讲，文化认同意味着人对其本身及其过往的认同。但是为什么这种认同会有一个被动的过程呢？从哲学的角度来讲，也就是"人其实永远也无法真正认识自己"的体现。

第一，被动的文化认同是外驱力作用下的结果。文化记忆所隐藏的权力维度在这种情况下则体现为被动的文化认同。历史上北魏皇室推崇佛教，兴建佛寺、广扩僧侣，曾有寺三百之巨，僧二百余万的规模。仅北魏当时的首都洛阳就有佛寺千余座，其被誉为"佛国"。但当时的民众对此的评价却褒贬不一。一部分人认同皇室的做法，认为佛教所传达的宗法义理能够让人的思想进入平静祥和的状态，从而寻找到内心的安宁。在这一群人中，也有一部分是看中了当朝佛教背后所代表的利益。在他们看来，礼佛或者成为僧侣不仅可以保障温饱，甚至达到一定程度之后，还可以获得当时皇室的青睐，以谋取其他权力。在北魏后期，受这种思想影响的人也并不在少数。这种外驱力受制于两个方面，一方面是代表这种文化的权力机构的推崇或压迫，另一方面则是人类自身不断膨胀的欲望。人们的眼中其实并

① 石中英：《西方教育理论泛滥　中国古代教育智慧被长期忽视》，《读经通讯》2010 年第14 期。

② 王岳川：《生态文化启示与精神价值整体创新》，《江西社会科学》2008 年第 4 期。

没有文化本身，而是被附着在文化上的各种标签所吸引。因此，这样的文化带来的认同感，不过是人类对不同需求的选择而已。

第二，主动的文化认同是内驱力作用下的结果。心理学家埃·弗洛姆说："人可以使自己适应奴役，但他是靠降低他的智力素质和道德素质来适应的。"① 其实文化认同也是这样的，只有在主动提升自我素质的基础上才可能达成有价值的认同。什么样的文化能够让人产生主动认同的行为呢？通过对现存古老文化的观察，可以发现具有内驱力的文化认同往往具有以下几个特征。其一，遵从自然的规律。道家学说尊崇道法自然，这样的观点时至今日依然经久不衰。根本原因就在于万事万物都具有一定的规律，自然的规律也是促使社会形成的条件之一。西方哲学家的研究也源于此，古典哲学对水、火、土、气四种元素的思考，虽然简单而朴素，但也是希望通过解释自然现象，来展现对人类从何而来、将去何处的思考。而这种古典朴素的哲学之所以被后来的哲学家推翻，也是因为它所展现的并不是自然本身的规律，而是带有一定人类主观性质的推测。其二，遵从社会发展的规律。从本质上讲，社会发展的方向并不是一直在向前行进的。每一次武器装备的革新，同样也意味着诸多技术的进步，而技术的进步带来的就是文化的更迭。不过整个人类社会或许也会因此发生变化。可能是世界局势的巨大变动，也可能是小范围的重新洗牌，而文化也跟着这些变化而变化。其三，遵从人本身的规律。卡西尔强调人的本质是符号的动物，人类之所以对某种文化产生认同感，就在于这种文化让他们有了归属的特定符号。

文化认同从被动到主动需要经历三个阶段。第一个阶段，保存文化，构建主动传承文化的环境。一方面搭建承载文化的容器，如博物馆、历史文化风貌场所，另一方面通过主流宣传立好文化认同的风向标。同时，借助多渠道传播方式，逐渐渗透到日常生活，让文化走进普罗大众，成为全民皆可传承的文化体验。第二个阶段，延续文化，奠定主动参与文化的机制。一是打牢地方文化在普通教育中的基础，使之成为全民学习的必要内容。二是提高对文化传承者的重视。文化传承者所承袭的文化内容和形

---

① 〔美〕埃·弗洛姆：《为自己的人》，孙依依译，三联书店1988年版，第45页。

式，有的属于较难保存的部分，一旦失传便永远成为过去。第三个阶段，发展文化。被大众主动认同的文化绝对不是昙花一现或故步自封，而是真正能够面对未来挑战的文化。对文化进行发展的前提是，过去、现在甚至将来的人都对此有所认同，其是社会长期进步和发展所不可逾越的内容。对文化的认同肯定不是对文化外部形态的认可，而应当是经过对文化精神内涵理解之后的认同，能够真实地感受到文化在自我成长过程中留下的印记。

三 文化践行从自在到自为

归根到底，被束之高阁的东西并不是文化，至少不是文化的全貌。文化应当具有文明的气质和生活的气息，它来源于人类的生产生活之中，只有回归到人类中去才有其存在的价值和发展的空间。这一过程所涉及的正是对文化的践行。

第一，开辟文化形态的多元可能。近年来不少地区的中小学校开始改革课间操，将传统的广播体操改为了丰富的民族民间舞蹈，例如在藏族聚居区部分学校课间操跳的是锅庄舞，甘肃酒泉某中学课间操跳的是敦煌舞，内蒙古包头市蒙古族中学学生课间操跳的是蒙古舞，黑龙江望奎先锋镇中心小学的课间操是扭秧歌，甘肃张掖花寨乡中心小学的课间操是打腰鼓，四川成都温江光华实验中学将川剧特点融入了课间操，贵州江口县江口中学也将传统民族舞加进了课间操。如刘铁芳教授所言："乡村地域文化中长期积淀而形成的地域、民俗文化传统，以及乡村生活现实中原本就存在着许多合理的文化因素，有着对于乡村生活以及乡村生活秩序建构弥足珍贵的价值成分，换言之，乡村地域文化中原本就潜藏着丰富的教育资源。"①这对于国家、民族、地区而言都是一样的。但是在较长的一段时间里，民族的或者地区的舞蹈、曲艺等被赋予的都是文化类型或娱乐形式，即使引进到教育教学的过程中，也局限在固定学科中。这种短时性的教学带来的影响力微乎其微，但是像这样充分挖掘文化多面性的方式，将民族民间文化的不同方面通过教育环节中的各种形式进行改组改造，就能产生新的发展思路。上

---

① 刘铁芳：《乡村教育的问题与出路》，《读书》2001 年第 12 期。

述传统舞蹈改编后进入校园文化生活的情况，不仅让学生亲身感受了文化的实体，也引起了其他地区人们的模仿。地方文化从一种抽象的、远距离的形态走进了人们的视野。这也对教育领域提出了严格的要求。其一，地方教育、学校教育对地方文化、传统文化进入校园的重视程度、实践方式的探索，对于文化践行的落地起着主要推动的作用。其二，教师对地方文化、传统文化的认识、研究以及思考的深度，对文化在教育过程中的创造性革新有着直接的影响。其三，学生对地方文化、传统文化的接受能力和接受程度影响着文化践行的最终实施效果。其四，社会对地方文化、传统文化通过教育的方式进行传承的认可度，也影响着文化践行的广度。

第二，重视文化的核心精神培养。文化的外部形态或许会因为传承方式、承载形式的不同而发生变化，但沉淀在文化内部的核心价值体系却不容易受到影响，这就是文化的核心精神。人们对文化进行传承的动力，主要来自内心对文化的认同与尊重，而不是对符号的简单模仿。索绪尔认为，符号是一种包括"能指"和"所指"的二元关系。"能指"表现为声音或形象，是符号的物质形式，是可以简单成为"符形"，"所指"是符号的内容或思想，指由这种声音或形象在人的心理引发的概念，是符形所表示的意义或符号使用者所作的解释。① 现代社会对于文化的具体践行依然有所欠缺，其一是将文化作为纯粹的知识，并没有与人的精神世界产生实质的联系，简单来讲，就是没有走进人们的心里。人们不能够从文化中获得启迪和思考，既不能内化为自我的思想，也无法外显为带有文化特色的行为。其二则是将文化中"术"的部分剥离出来，仅满足于对"术"的保留和传承，让技术脱离了文化的精神层面。这也是开辟文化形态的多元可能的过程中容易出现的问题。当学生们学会民族传统舞蹈时，娴熟的舞蹈表演很有可能只是时间堆积起来的技法上的练习，文化还是沦为机械的记忆性知识，并没有在师生群体中形成文化传承的精神血缘。最后可能导致的结果就是，人们只知道这是知识，却不知道这是文化。因此，重视文化的核心精神培养，不是对人们所熟知的符号、图案、仪式进行简单的汇编，也不是在这些基础之上进行符号的再生，而是对隐藏在文化背后的价值观念、

---

① 参见朱家新《闽台民俗体育文化符号构建》，《民族传统体育》2018年第28期。

思想理念进行深层次的挖掘和重构。

从根本上讲，增进文化自信不在于对文化的物质外衣进行绚丽的包装，也不在于让人们只看到文化的表象，而是让人认识到文化内涵的信息要素，搭建文化的内化机制。"内化即是自律，是指在学校与教师的引导下，使学生体认文化精髓，并转化为自身的个体意识，是一个将外在的文化内容真正内化为学生的文化意识的过程。"① 有效的内化机制会避免单向的灌输。无论是学校还是社会在进行地方文化传承、创生新的文化记忆时，需要认识到其并不是为了传承而传承，同时也要明确自身在传承过程中的角色定位，因为其面对的对象始终是"人"。大家既是文化的承袭者，也是文化的建设者。现在学习地方文化、传统文化的人，在未来也会成为传承者。只有在社会行动中将之内化，且将它们的意义环绕着这一内化过程建构时，它才会成为认同。② 如果在他们的内心都没有建立起这种文化应当保留或传承下去的信心，也没有形成自己是文化持有者的定位，也就无法形成文化主人翁的意识。真正的文化自信需要走进人们的心中。

第三节　培育文化品格

一个国家、地区或民族文化的盛衰取决于其文化的品格，而文化品格的核心就在于这种文化在起源和传承的过程中形成了怎样的思维模式和价值取向，是积极开放的还是消极保守的，是兼容并包的还是极端排斥的。需要特别注意的是，培育文化品格是每个人的事，但作为主要教育者的教师在其中发挥着非常重要的作用，如列宁所言："在任何学校里，最重要的是课程的思想政治方向。这个方向由什么来决定呢？完全只能由教学人员来决定。"③ 下述文化品格的三个维度很难有脱离意识形态的"纯粹"品格，或者说每个文化品格都需要思想政治方向为其提供保障和要求。

---

① 吴文涛：《传统文化如何走进学校？——论学校传统文化教育的实践逻辑》，《中国教育学刊》2018 年第 3 期。

② 参见〔美〕曼纽尔·卡斯特《认同的力量》，夏铸九、黄丽玲等译，社会科学文献出版社 2003 年版，第 3 页。

③ 《列宁全集》第 15 卷，人民出版社 1959 年版，第 438 页。

一　文化意识之维：客观与接纳

无论人们对文化持有什么样的态度，都不能改变它是客观存在的这一事实。地方文化、民族文化可以是博物馆里陈列的物品，标记着人类发展历史的时间线。但如果要真切地培育文化品格，首先应当从意识的维度入手。也就是说，对文化的理解、表达与行动必然是文化意义的阐发与构建，在这样的过程中，让人们获得文化基因，发育文化胚胎，拥有文化之魂。

首先，承认文化的客观实在性。文化所涵盖的内容没有绝对的好坏，人们对某种文化的价值取向实际上是一种偏好，而这种偏好的来源相对较广，从首因效应的角度来看，来自个体过去的经验和价值判断，个体对文化的理解程度则不相同。但是对于文化传承而言，却并不由个人好恶左右。从教育的视角来讲，文化的传承、传播与发展一方面上有师承，另一方面下有学生。文化和文化的承载者都是客观存在的。而作为传承的双方需要梳理正确的文化意识，首先就要有文化自觉与文化自信，这是对"根"与"魂"的认同与尊崇。只有在这一基础上才能够主动地继承地方文化，保持地方文化的纯粹性和独特性。

其次，接纳文化的多元共生性。当然对于现实社会中的文化而言，风格、形式、内容的不同才带来了丰富多彩的文化世界。现代社会人们喜欢快节奏的流量文化，在短时间内吸引更多人注意力的文化传播方式背离了原本需要长时间积累与沉淀的文化传播精神。急功近利的思维，仅仅将很多文化的表象进行了拆解。我们在强调地方文化的地域性、民间性和乡土性特征的同时，也需要关注到互联网平台向大众所推送的文化的普适性特征恰恰是与地方文化有所断裂的。技术为地方文化提供了突破地域局限、打破人与人之间交流互动的时空限制的可能。"人们不仅可以通过网络媒介来单纯地接受与欣赏，进入到戏剧的规定情境之中，并且可以通过点击链接的方式来主动参与设计戏剧的情节、人物和结局，甚至还可以使自己加入进去，从而形成一种所谓的'交互性戏剧'，使得网络戏剧获得一种全新的观演交流的途径和方式"。[①] 但地方文化为了适应时代，在发展的过程中

---

① 施旭升、舒凌云：《审美场的形成与转换——论戏剧传播的媒介特性》，《现代传播》（中国传媒大学学报）2009 年第 5 期。

无法避免同质化的趋势。例如在戏曲的发展方面，传统戏曲很难融进现代音乐文化领域，听惯了流行音乐的年轻群体无法接受传统戏曲的词曲唱腔，如果仅是作为流行音乐的补充或点缀，人们或许还会有耳目一新的感觉，一旦要真正走进戏曲领域进行专业学习还是有一定难度。一方面，大家对戏曲的了解仅限于知晓这样一种艺术形式。另一方面，大家对音乐文化的认知带有一定的时代倾向性，片面地追求流行音乐，却忽略了一个根本问题，音乐本就是多元的。

需要注意的是，文化除了具有一定的认知功能和娱乐功能，在构建公共秩序、凝聚文化认同、维系地方人们的核心价值体系等方面有着不可估量的价值。

二　人文修养之维：外显与内化

文化的价值一方面体现在对人的精神世界的丰富，另一方面也有物质上的满足。片面追求经济发展的思想导致在很多地方，文化变成了生意，其教育功能被忽视了。如钱穆先生所言，"人文修养即是讲究做人的道理和方法，懂得如何做人才是最高的知识，学如何做人才是最大的学问。学做人是人最切身的问题，任何一个社会，一个民族，都有其教人做人的道理，生长在这社会里的人，都得接受这社会教我们做人的道理"。①

其实，文化既是普通的又是特别的。雷蒙德·威廉斯提出文化具有两个方面，即"已知的意义和方向，其成分都经过实践；新的观察和意义，它们被提出并被检验。这是人类社会和人类思想的普通程序，通过它们，我们看到了文化的性质：它总是兼有传统性和创造性，这是两个最普通的公共含义和最优秀的个体含义。我们在这两种感觉中使用文化这一词：意味着一整套生活方式：共同的意义；意味着艺术和学习：发现和创造性努力的特殊过程。某些作者保留了这个词的一种或另一种感觉；我则是同时强调二者，并强调它们之间相连接的重要性。我对我们的文化提出问题，这些问题与我们的普遍和普通的目的相关，也是关于深度和个人意义的问

---

① 钱穆：《钱宾四先生全集42：历史与文化论集》，联经出版事业股份有限公司1998年版，第373页。

题。文化是普通的，在每一个社会和每一个思想中"。①

文化总会以符号的形式显现在人们的生活中。近几年，文化创意产品层出不穷，从文具到食物，从书籍到化妆品、配饰等，甚至还有不少衍生游戏。文化用这样的方式被大众认识，文案、图样，以及这些符号曾经代表的生活方式都被挖掘出来，人们从学习、模仿开始了解文化。所获得的是文化外显的美感体验，学习后所呈现的也是文化的外在形式。正所谓"学艺先学德"，艺术在文化中占有相当大的比例，像此前所提到的民族民间歌舞就是如此。无论是文学、歌曲、舞蹈还是其他艺术形式，从艺术的起源上看的确是具有娱乐的成分，但人们如果仅仅传承其外显的形态或者技法，其显然没有办法流传到今时今日。因为文化不仅仅是艺术，更是规范和日常生活的象征，它与过去、传统有关，也与现在、未来和社会再生产有关，所涉及的是传承、创造和改变的问题。所以，文化也不能成为纯粹的商业生产，而是需要被大众吸收内化的价值理念。

但也正是这些外显的符号，吸引着人们去了解和内化文化的内涵。正如国内非物质文化遗产研究的学者所言，"无论我们把保护非物质文化遗产的口号喊得多么高调，也无论我们把非物质文化遗产的热潮鼓吹得多么热闹，最后都必须落实到它们所依托的社区，都必须是使它们在民众生活中得以延伸或维系"。② 四川自贡的灯会即是如此。作为中华彩灯历史的重要组成部分，灯节与灯会伴随着节日仪式逐步形成并发展成熟，尤其是元宵节等中国文化里的传统节日。自贡借助了节日的契机，不断挖掘和创新灯的制作和造型，并将其打造成了一张地方文化的国际名片，赢得了"天下第一灯"的美称。"自贡灯会'形、色、光、声、动'一体展现，'教、科、文、经、贸'有机耦合，形成了特有的社会功能：灯会搭台、经贸唱戏，以文化力驱动了经济的发展，为自贡这座全国历史文化名城的二次创业、重铸辉煌走出了一条经济和文化互动联动，一体发展的新路。同时为积厚流广、源远流长的中国灯文化在新的历史时期如何弘扬光大探索了新的途

---

① 〔英〕克里斯·巴克：《文化研究理论与实践》，孔敏译，北京大学出版社 2013 年版，第 41 ~ 42 页。

② 廖明君、周星：《非物质文化遗产保护的日本经验》，《民族艺术》2007 年第 1 期。

径。"① 同样的情况在很多传统戏曲的传承中也有体现。中国传统戏曲如京剧、昆曲等，由于戏本内容和表演方式都与现代社会的差距越来越大，年轻人鲜少有真正能够融入传统戏曲中的。但近年来蓬勃发展的视频网站、短视频平台，让这样的小众文化有了新的传播渠道，不仅有戏曲的表演，还有对戏曲的解读。大众通过这些形式对传统戏曲有了新的了解，认识到戏曲剧本的教育功能，诸如以善良、因果、报恩等为主题的京剧名篇《锁麟囊》，对《杨家将》故事进行改编，淡化战争氛围，着重表达人伦亲情关系的京剧《四郎探母》等。

文化正是通过这样的显性引导和隐性默化，让文化传承者和学习者在心中建立起了民族文化、地方文化的自信心和自豪感。用"引进来"的方式让大家感受到文化在生活中的真实存在，用"走出去"的方式让大家看到文化在不同的地方也大放异彩。地方文化资源教育转化的过程中，通过外显与内化，促进人文修养的提升，服务于文化品格的培育。

三　文化认同之维：认知与情感

用痕迹学的理论来说，但凡走过必留下痕迹。我们不是生活在真空世界的人，每个人都不可能绝对脱离自然、社会而存在。人与人、人与自然、人与社会之间的互动产生了不同的文化现象以及文化群体，人们从对文化的认知到形成情感的依托的过程，就是文化认同的过程。地方文化在现代社会中已经受到的冲击可能并不是最大的，在未来的世界里，没有人知道地方文化中的哪一部分就脱离了人与社会的情感认知。将地方文化资源进行教育转化的意义也在于此，难点在于如何实现。

从现状来看，地方文化面临的时代困局在于走不出时间维度上的传统的局限，迈不出空间维度上的地域的局限。地方文化逐渐变成小范围里面小众群体的自娱自乐，既没有让更多的本地人产生文化自信心和自豪感，也没有让地方以外的人感受到这种文化的真实存在。诚如费孝通在《乡土中国》中所描述的那样，在中国社会中的很长一段时间里，凝聚在一起的血缘关系组成了社会的基本架构。社会的记忆既是个人的记忆，也是血缘

---

① 《灯会起源》，http://www.zgdenghui.cn/about.asp?bid=197&cid=317，最后访问日期：2021年5月20日。

家族的共同记忆。这些记忆是一个人、一个地方存在的标志，是连接过去与现在的纽带，这样的文化认同，是源于血脉宗亲的文化认同，人们很容易因为家族的关系生成某种文化记忆，然后世代相传。然而现在甚至未来的社会，地域之间距离缩小，人的社会活动范围扩大，对文化的认知广度随之发生变化，有可能很难形成对某种文化的认同。因此教育则成为让地方文化资源从单纯的认知变成富有感情的认同的有效方式之一。例如藏族聚居区的中小学校，除了将藏族传统舞蹈如锅庄舞等改编成课间操之外，还会开发专门的民族民间舞蹈课程，邀请民间舞蹈的传承者进入校园专门讲解舞蹈的过去和现在，以及传承的必要性。运用隐性课程和显性课程以及校园文化的隐性和显性两个层面，将这种地方特色文化引入学生的校园生活。此外，还会在地方专门的节日庆典上组织舞蹈演出，让更多的人看到文化传承的效果。有研究者在藏族聚居区某小学调研时发现一名小学生锅庄舞跳得特别好，即使在课间操上也跳得非常投入，于是问他："你为什么跳得这么好呢？"学生回答："因为我是藏族人啊。"很显然，文化已经内化到学生的内心，不仅达到了文化传承的效果，更形成了民族认同、文化认同的情感。

列宁曾说："没有'人的感情'，就从来没有也不可能有人对于真理的追求。"① 任何一种传承了数百上千年的地方文化，在成为文化记忆的过程中，不仅会给人们带来娱乐上的享受、感情上的倾诉，也承载了这个地区的发展脉络，无论从文化传承和保护的角度，还是维系地方文化多元化的角度，都应对地方文化作深度的挖掘，为维护整体文化生态平衡作出努力。可见，地方文化资源教育转化的过程既是一个由表及里的过程，也是一个从现象到本质的过程。文化的精神力量应当很好地挖掘，例如地方文化中所蕴含的道德准则，人与自然、人与社会、人与人之间和谐相处的规则等，都是文化的外在形式所不能充分展现的，需要依靠教育的手段，将其转化为可以被表达、具有引导力的教育资源。

---

① 《列宁全集》第 25 卷，人民出版社 1988 年版，第 117 页。

第八章

地方文化资源教育转化的现实超越

地方文化是人们在长期的社会实践中创造出来的精神财富，是中华民族文化的重要组成部分，是一个地区独特的精神标识，其充分反映了地方经济、人文发展过程中的变化，代表了地方特色。地方文化资源对于学校教育教学也有着重要的现实意义，其是学校德育工作之源，是学校教育资源之基，是学校特色打造之本。如果在学生的成长环境中缺少了对本地区特色文化的学习，那么他们对家乡文化甚至是民族文化、国家文化的认同感将难以形成。但就目前而言，地方文化资源在教育转化过程中出现了教育内容局限、教学方式单一和教师队伍薄弱等亟须解决的问题。如何实现地方文化资源教育转化的现实超越，是地方学校发展的新思考。从地方文化资源的开发和利用的角度来看，实现地方文化资源的教育转化，需要厘定地方文化视野、重塑教育主体意识以及搭建校内外协同平台。地方文化视野的厘定是地方文化资源教育转化的前提条件，教育主体意识的重塑是地方文化资源教育转化的有力保障，校内外协同平台的搭建是地方文化资源教育转化的根本方式。在这个意义上，地方文化才能在学校教育教学中融入和扎根，学校教育的价值才能最终得以实现。不然，学校只是得到了"文化"的外壳而已，难以实现真正的内涵发展。

第一节　多维整合：地方文化资源教育转化文化视野厘定

地方文化是一个复杂、庞大的系统，且随着地方经济的发展和人口的流动在不断发展变化。近年来，在提倡多元文化的大背景下，许多学校开始注重将地方文化资源融入教育，但在此过程中陷入了一种误区，体现为传承内容局限于传承本地文化，传承主体仅局限于本地成员，传承的场域也仅限于学校。因此，地方学校需要厘定地方文化资源教育转化的文化视野，在学校教育中选择、开发和利用好地方文化资源。"多维整合"是顺应当今世界教育发展趋势和国内教育政策的出路，其为地方文化资源教育转化指明了新的方向，多维整合开发地方文化资源既是地方教育新的途径也是必然的途径，不仅传承了地方传统文化，实现了教育的社会功能，而且让本地区学生了解、认同、尊重本土文化，拓宽了学生的文化视野，丰富了学生的心智，完善了学生的素质结构，实现了教育的本质功能。① 多维整合要求学校在准确理解学生文化生境、合理厘定多元文化理念、加大教育互通性、发挥社区教育的功能等措施下，真正实现地方文化资源的教育转化。

一　准确理解学生多维文化生境

当前，经济的发展、交通的便捷、旅游业的大力发展和城市打工潮等增进了地方与地方之间的沟通与交流，也促进了地方文化的发展和变化。如在一些以旅游业为主业的地方，大都会将当地文化进行打造，在文化旅游中，由于与游客之间的文化碰撞，地方文化会发生涵化现象；同时，为满足旅客的需求，地方还会对自身的传统文化做一些改变，或者加入一些新的元素，以符合游客对当地文化的预期，从而获得更多的经济利益。旅游业有时对地方文化产生着积极的作用，同时也积极地影响着文化发展的进程。地方文化在外来兴趣的作用下，将会得到重新阐释和评价，这也是文化自身的一种变革。② 由此可见，每个地方学生的文化生境都具有各自的特殊性，他们从小接受本地方传统文化的熏陶，人口的流动又带来了文化交流的频繁化，地方文化从而呈现出多样化的形态，使得学生必然面对

---

① 孕藏草：《多维整合：藏区本土文化课程开发的新途径——以甘南藏族自治州碌曲县玛艾镇藏族小学为例》，《民族教育研究》2012 年第 5 期。

② 参见卢天玲《旅游背景下地方文化真实性研究——九寨沟、桃坪羌寨游客和社区居民的文化真实性感知》，四川大学出版社 2013 年版，第 227 页。

"多维"的文化生境。

地方文化大致包含三部分：一是本地方传统文化；二是社会主流文化；三是外来者带入的其他地方传统文化。本地方传统文化是一个地方的文化基础，地方文化从衍生到发展都蕴含着独有的价值和丰富的内涵，任何地方都具有自己独特的不同于其他地方的传统文化，一个地方的传统文化是由其地方人们世代积累的文明成果构成，是该地方成员内聚力与团结的象征，它可以强化地方成员的自尊心、自信心，每一个地方成员的成长过程中都深深镌刻了本地方的传统文化知识。社会主流文化与时代发展紧密联系，其能够引领时代的发展潮流，具有鲜明的时代性特征，并规范和引导着文化体系内所有的文化形态和文化内容。当前，国家提倡的是中国特色社会主义文化，加强社会主义核心价值体系是中国特色社会主义文化建设的重要内容，也是当代中国社会主流文化的导向。通过对其他地方文化的学习，既能够求同存异，取长补短，促进对本地方文化的再认识和发展，也能够促进对民族文化和国家文化的认同。

在"文化交融"这种复杂的文化背景下，地方学校教育承担了重重任务，既要保持和传承本地方优秀传统文化，也要学习和认同主流文化，同时，还要尊重、了解、吸收其他地方的优秀传统文化。如何让各地方学生更好融入日益复杂的社会，就需要地方学生处理好本地方传统文化与社会主流文化、其他地方文化之间的关系。学生只有真正认识、理解自己的地方文化，才能在多维的文化生境中明白自己的位置。学校作为向学生传递文化信息的重要场所，在地方文化资源教育转化的进程中，必须准确理解学生的多维文化生境，这样才能帮助学生实现对地方文化的理解。具体而言，要想准确理解学生的多维文化生境，学校需要做到以下三个方面。

第一，明晰学校地处的地方文化生境。文化生境是文化赖以生存和发展的环境，包括文化的自然环境和人文社会环境两方面，是相互交往的文化群落借以从事文化创造、文化传播及其他文化活动的背景和条件。地方文化的生存与发展离不开文化的生态环境，彼此存在协同进化的关系。地处不同区域的学校，其历史上所处的社会文化发展不同，经济文化发展不平衡，人们的生活方式、宗教信仰、风俗习惯、文化素质等方面存在许多差异。如地处湖北省宜昌市的地方性大学三峡大学，就有着源远流长的巴楚文化底蕴，校园里有求索溪等地方文化特色建筑。利用其地域的文化资源，三峡大学以水电特色、依托地方的发展主旨，找准了自己的资源生态位，充分利用了地方资源优势来发展自己。

第二，明晰学校内部的文化构成。对于大多数学校来说，生源主要是由本地学生和外地学生两部分构成，这也就带来了学校内部文化构成的多样性，这种多样性在地方高校中体现得尤为突出。学校应该充分考虑到学校内部的文化构成，通过调查学生的生源地及地方文化背景，根据学校的实际情况选择恰当的文化资源，营造能够增强学生文化理解和促进学生成长发展的学校特色，以满足学校所有成员的文化需求。

第三，明晰地方文化生境下学校教育发展的困境。在明晰学校地处的地方文化生境和学校内部的文化构成后，学校需分析地方文化生境下学校教育发展的困境。地方特殊的文化生境能够促进学校教育的特色发展，但同时也可能会带来一些发展困境，对于一些发展相对滞后、环境相对封闭的地方学校来说，面临的困境可能更大。以地方高校为例，一些地方大学由于地理位置的原因在教学信息、资源等方面都与中心城市高校教育"熔炉"下的主文化产生了隔离，从某种意义上来说是形成了一个隔离区。地方大学亚文化圈的这种相对封闭性，对于高校的发展来说有一定的阻滞。并且对于学生来说，接受的主流文化由于受到地域的限制和影响也会跟不上时代的步伐，虽然信息时代已经到来，但是地域环境文化造成的这种亚文化圈还是限制了学生自身的社会化发展。

二　合理厘定地方文化教育理念

地方文化是一个地方的灵魂，是其延绵不尽的精神内核，更是其永葆青春焕发迷人魅力的本质所在。我国在新课改以前，由于长期受西方科学主义知识观的影响，地方文化及本土知识经常被排斥在学校课程之外。在世界文化越来越趋于多元化的今天，每个国家和地区都十分重视对自己本土文化的保护和传承，并且都努力在学校的教育中引入地方文化教育，地方文化教育在一定程度上得到了改善，但在地方文化资源教育转化的过程中还存在许多问题，主要表现为教育内容的局限性、教学方式的单一性和教师队伍的薄弱性。

调查研究发现，问题产生的原因之一就在于地方学校未能厘定合理的地方文化教育理念。当前，存在两种不可取的地方文化教育理念：一种是"走过场式"地方文化教育理念，即有的学校和教师认为地方文化教育并不重要，使得地方文化教育流于形式，以完成任务为主；另一种是"目光狭隘式"地方文化教育理念，即只重视本地方文化，而忽视甚至排斥外来者带入的其他地方文化。除此之外，地方学校也缺乏具有多元文化整合教育理论知识及教学能力的专业教师。地方学校对于教师多元文化整合教育理念及经验培养的忽视，造成教师在讲课过程中无法顺利应对多元文化交融的教育教学情境，无法培养不同文化背景学生形成跨文化适应能力，也无法辨别不同文化背景学生的行为模式，从而未能良好引导学生树立正确的多元文化视野，影响到学校的多元文化教育质量。

青少年作为地方文化传承的主力军，就需要学校教育加强对于年轻一代学生多元文化理念的教育，帮助学生形成正确的多元文化意识。合理的地方文化教育理念能够为地方文化教育指明方向，我们认为，在地方文化教育中应该树立起"多元共存，平等发展"的多元文化教育理念。

对多元文化教育理念的正确理解，是更好地执行多元文化整合教育的第一步。多元文化教育就是以尊重不同文化为出发点，在各地方文化平等的基础上，为促进不同文化间的相互理解，有目的、有计划地实施平等的"文化教育"。在实施多元文化教育时，以"多元共存，平等发展"的理念作为培养学生素质，促进学生发展的要求，培养学生的跨文化适应能力。在学校多元文化教育中，要让广大师生正确认识到地方文化的构成，学会承认地方文化差异性、相对性及合理性的事实并明确保护各地方优秀文化遗产是每个人的责任。

人类文化的多样性是人类社会进步的记录，其一旦丧失将不再重复。在学校的校园建设、教育教学中也应该始终贯彻多元文化教育理念，将"多元共存，平等发展"的理念落实到方方面面，避免流于形式，学校和教师要做到公平对待每一个不同文化背景的学生，尊重学生不同的地方文化习俗。除此之外，可以开展一些活动来加强师生对多元文化教育理念的认识和感受，使这种理念深入实践，深入人心。

三　文化传承与学科教育的互通

地方文化承载着培养和发展学生素养这一重要功能。由于地方文化源自我们身边，贴近我们生活的实际，是我们的情感之根、成长之基，在学科教育中结合地方文化的核心要素，能够实现与学生的心灵沟通、情感共鸣。学科教育具有明确的教育目标、多样化的教育模式和教学手段、固定的场所与科学的教材体系以及完善的师资培养体系。而地方文化教育发展较晚，缺乏系统科学的研究与经验基础，也未形成完善的师资培养体系。相比于学科教育，地方文化教育仍然存在内容单一、手段落后、受众窄的弊端。再加之部分优秀地方传统文化濒临消失险境，急需学科教育中的先进教育手法及教育设备对其进行保存与传承。最重要一点在于，学生在地方文化教育与主流文化学习中若存在文化冲突，在未能得到良好引导的情况下将对学生学习产生严重障碍。

许多学校在地方文化教育过程中，存在相当多的问题。有些学校缺乏相应地方文化课程的教师；有些学校开设了课程却没有相应的教材；有些学校根本就没有开设相关地方文化类的课程，有些学校虽然开有相关课程也具备师资条件，但是学校对其的定位仅仅是一门辅助性的课程，学生选取这类课程多数只是为了获得相应的学分，而不得不去上课，而有些学生真正对某些地方文化感兴趣却苦于没有获取、了解相关知识的途径；等等。

学校教育是文化传承的主要方式，学科教育则是学校教育的主要手段。从内涵上来讲，教育是培养人的活动，其主要功能是传承文化，而学科教育则是这项传承活动的具体形式之一。从古至今，随着交通与通信的发展，不同民族、地区的人与人之间，文化与文化之间的交流与对话越来越频繁，尤其是在现在多元化的世界里，文化与不同门类的学科之间的联系更加紧密。在我国，从学校教育教学的过程仍然以学科课程、分科教学为主流的现状来看，文化与学科教育的整合依然需要一个漫长的磨合期。要实现文化传承与学科教育的互通，使地方文化教育与学科教育相辅相成，可以从以下三个方面入手。

第一，在学科教育中，灌输多元文化教育理念并普及学科教学中内容与之相关的地方文化知识。语文、历史、地理等偏文科性质的学科是理想的融入地方文化的学科。以语文学科为例,《语文课程标准》在总目标的第二条明确提出:"认识中华文化的丰富博大,汲取民族文化智慧。关心当代文化生活,尊重多样文化,吸收人类优秀文化的营养,提高文化品位。"①例如,部编版高中语文教材中安排了大量的具有浓郁地方文化气息的文学作品来感染学生进而教育学生,不仅添加了"当代文化参与"这一版块,也有像《边城》这样颇具地方文化色彩的文章。《边城》是一篇描绘美丽湘西的文章,在讲授这篇文章的时候,教师就可以借助小说中所展现出来的地域色彩引导学生发掘湘西的地方文化及延伸到自己家乡的地方文化。通过本地方文化教育帮助学生更好地理解主流文化,引导学生处理好主流文化与民族文化的关系,丰富学生的文化知识。

第二,将地方文化资源转化为学校艺术教育的特色内容。除了在学科教学中渗透地方文化外,各地方学校也可根据本地区、本校的实际情况开发极具地方特色的艺术教育内容。以苏南地区为例,可以将本地的民间舞蹈、民歌、地方戏剧、民间手工艺及民间美术等作为学校音乐和美术学科内容的组成部分。例如,惠山泥人、苏州泥塑、江南水墨画、无锡纸马、桃花坞版画、紫砂陶艺等可以引入学校美术课程;锡剧、昆曲、江南丝竹、评弹、二胡等可以引入学校音乐课程。将地方文化资源转化为艺术教育的特色内容,不仅能够丰富学校的艺术教育活动,也能使学生切身感受地方文化的魅力。

第三,借鉴学科教育里先进的教育方式方法,改变地方文化教育单一、落后的教育方式,加强地方文化传承教育质量。增强学科教育老师与地方文化课老师的学习、互动。通过互相听课、集体讨论、教案交流等方式,地方文化课老师可吸取先进的教学方式方法,学科教育老师也能更加理解地方文化。多样化的教育形式是现代化教育发展的新需求,也是提升学生学习兴趣的重要手段。赫尔巴特强调"没有兴趣,教学无疑是空洞乏味的",② 杜威说"没有一点兴趣而要引起任何活动,从心理学上说是不可能的"。③ 学校

---

① 中华人民共和国教育部:《义务教育语文课程标准》(2011 年修订版),北京师范大学出版社 2012 年版,第 3 页。
② 〔德〕赫尔巴特:《普通教育学·教育学讲授纲要》,李其龙译,人民教育出版社 1989 年版,第 67 页。
③ 〔美〕杜威:《学校与社会·明日之学校》,赵祥麟等译,人民教育出版社 2005 年版,第 165 页。

可通过学科教育中先进多媒体教学手段，例如网络教育、影像传承，将地方文化传承置于开放的网络环境，通过生动、直观的影像来引起学生对民族文化的瞩目和感悟，增强学生的学习效果。

四　充分利用社区文化传承功能

"'社'在古代指土地神和祭祀土地神的地方、日子以及祭礼。"① 社区教育是"社区内有关机构根据社区内各类成员的需要和社区发展的需要，组织协调社区内外的资源，灵活多样地传授教育内容，以达成某类目标的活动"。② 学校教育作为民族文化传承的主要阵地，在现实教育中，存在一定的不足，而这就需要发挥社区教育对地方文化传承教育的辅助功能。

地方文化传承教育是地方乃至整个民族共同的任务，现如今地方文化传承任务大多被狭隘地认为是学校的任务。在地方文化传承中，学校教育当然发挥着不可忽视的作用，校内教育一是能培养与现代社会同步的人，二是能改造地方文化，促进文化融合。但是当前的地方文化传承脱离社会，仍然存在不足。

第一，学校教育中缺乏社会文化传承教师。学校教师在师范教育及在职培训中都几乎未接受过专门的地方文化教育培训，未能深刻理解地方文化教育的深层含义。对于在自己的家乡任职的教师来说，虽然对当地文化有所了解，但也缺乏系统全面的认识；对于外地教师来说，对地方文化的了解更少，理解也更浅薄。教师未能深刻理解地方文化理念也就无法将地方文化很好地传授给学生。即使部分教师有传承地方文化的意愿，但由于教学任务繁重，对于相关文件理解不深，在教学中，对于地方文化教育也只能是蜻蜓点水式讲解。而当地未能受过良好教育的老人或者手工艺者却是地方文化传递最好的老师。

第二，学校中的地方文化教育资源有限。学校中的地方文化资源以可记录的物质文化资源为主，而地方的文化资源既包括建筑、服饰、饮食等物质文化资源又包括节日、工艺、结婚习俗等非物质文化资源。一些优秀的非物质文化资源广泛存在于社区中，无法进入学校课堂教育中。因此，

---

① 周娟、鲜耀：《民族地区社区教育与民族文化传承》，《职教论坛》2012 年第 9 期。
② 鲍海丽：《社区教育：民族文化传承的有效途径》，《中国民族教育》2011 年第 9 期。

学校在寻求可开发的地方文化资源时不要仅仅局限在学校内容，需要与社区及类似的社会组织相结合，通过社会组织挖掘更多的地方文化教育元素，给学生提供全面的、形式多样化的地方文化教育。

学校应充分利用社区的文化传承功能，具体可以从以下几方面来做。

第一，充分挖掘社区中的文化资源。社区中存在大量的地方文化显性资源与隐性资源，例如地方建筑、地方歌舞、地方工艺等显性文化资源与地方历史、地方传说、地方节日等隐性文化资源。将其引入学校课堂教学中，丰富地方文化教育内容。例如苏州高新区镇湖实验小学是一所深受当地苏绣文化浸润的百年老校，学校以"苏绣文化"这一得天独厚的特色文化资源，将苏绣文化与学校教育有机结合，在学校课程内容中巧妙渗透和浸润苏绣文化。既保护和传承了苏绣技艺和文化，又充分发挥了苏绣文化的育人价值。①

第二，利用社区的文化"传承场"。"人类的活动充满了活的教育，研究它不是从我们现在的书本、学科规范出发，而是该实实在在的走进生活，只有走进生活去得到的东西才是这样。"② 因此，地方文化传承也同样需要走进生产和生活。地方传统文化植根于社会生活之中，社会既是地方传统文化之源，也是传承之基。社区中存在寺庙、文化中心、礼仪活动举行场等场所，而这些场所却是最早进行地方文化教育的场地。将学校课堂搬入社区文化"传承场"中，让学生接触活生生的文化事例，才能避免学校文化传承流于形式，才能保障地方文化有效传承。

第三，借助社区的支持与帮助。很多学校和教师在寻求可开发的课程资源时只盯着学校内部，对拥有丰富课程资源的社区往往视而不见。因此，学校和教师必须转变观念，争取社区的支持与帮助。为了调动社区合作的积极性，学校也应该为社区提供相应的支持和服务，比如学校可以设法通过课堂教学为社区的成人教育提供场地和师资等方式获得当地社区的积极回应，从而为有效利用社区文化资源提供保障。

---

① 杜芳芳：《学校教育视野下的民俗文化传承研究：以苏南地区为例》，中国社会科学出版社2020年版，第92页。
② 转引自周娟、鲜耀《民族地区社区教育与民族文化传承》，《职教论坛》2012年第9期。

第二节　文化自觉：地方文化资源教育
转化主体意识重塑

"文化自觉"这一概念最早由费孝通先生提出。1977 年，他在《反思·对话·文化自觉》一文中，将其规定为"生活在一定文化中的人对其文化有'自知之明'，明白它的来历，形成过程，所具的特色和它发展的趋向，不带任何'文化回归'的意思，不是要'复旧'，同时也不主张'全盘西化'或'全盘他化'。自知之明是为了加强对文化转型的自主能力，取得决定适应新环境、新时代时文化选择的自主地位"。① 认识和了解所处的文化是人产生文化自觉的基础，能够在文化转型和新时代文化选择中具有自主能力则是目的。"文化传承涌动的绝不仅是简单的怀旧情绪，文化传承必须充分立足于文化自觉。"② 在新时代背景下，传承和保护日益衰微而富有地方特色的文化是当地学校应肩负的责任，地方文化传承需要教育主体的文化自觉，这是由教育主体的文化使命所决定的。

地方文化资源转化的教育主体包括学校领导者和教师。学校领导者是学校前进方向的引路人，要自觉地承担起文化传承任务，其对文化价值的觉醒所产生的文化使命感最为重要。学校领导者不仅要认识到学校传承和传播地方文化的时代使命，还要思考地方文化元素融入学校教育的意义和价值。我们在这里，主要探讨的是地方文化资源教育转化过程中的直接参与者，地方文化资源的直接传播者——教师。地方文化传承视野下，教师文化自觉之基本规定有正确认识地方文化、正确认识多元文化、正确认识自己的地方文化传承使命。教育过程中主体应重塑地方文化资源转化意识，重塑文化自觉能力，需要有明确的文化角色定位，需要克服二元对立的文化思维模式，需要注重教师自身的"内因发展"。

一　教育主体充分实现文化自觉

奥地利教育人类学家茨达齐尔说："人是反思的和自决的生物。因为人

---

① 费孝通：《反思·对话·文化自觉》，《北京大学学报》（哲学社会科学版）1997 年第 3 期。
② 张继梅：《文化自觉与文化传承》，《齐鲁学刊》2013 年第 4 期。

具有自决的能力，所以他也是一种自我塑造的生物——自决是自我塑造可能性的条件。这里要说的是，如果人做出了决定，那么他不仅在做出这个决定（一种不断地为遵守某种约束而实行的决定）的瞬间决定自己，并渐渐地会使违背这种约束的倾向削弱下来，使遵守约束变得容易起来，甚至使它变成一种需要，不再如此频繁地被驱使去遵守它……因此自决成了人自我塑造的手段。"① 事实上，在文化自觉上，人的自我发现、自我反思、自我决定、自我塑造依然是非常重要的，这种重要性与作为重要主体的教师角色密切相关。

在地方文化传承过程中，教师所扮演的角色是一个复合型角色，他们是地方文化的继承者、传递者、反思者和创造者的统一。要扮演好这些角色必须以文化自觉为前提，教师要认识到自己所肩负的文化传承的使命，要对地方文化符号、民间故事、地方传说、重大节日和仪式等有深入的了解并辨析地方文化资源在教育中的价值和意义，思考如何将这些地方文化资源进行教育转化。教育主体需要充分实现文化自觉，主要在于以下几个方面。

一是继承地方文化需要文化自觉。作为特定地方文化继承者的教师需要通过对地方文化的学习和体认使自己成为"文化人"，并且获得自身应有的地方文化素养，从而成为地方文化最忠实的继承者，这一系列活动是一个文化习得的过程，也是一个对本地方文化进行分析与考量的过程，因为地方文化是一个庞杂的系统，哪些是营养哪些是糟粕，需要教师以文化自觉为前提加以判断，这样才能保证其继承行为的科学性。

二是传递地方文化需要文化自觉。传递地方文化是教师文化传承的应有之义，如果说继承是为了让自己成为一个地方文化的"享受者"，那么传递则是为了让受教育者也成为文化的"享受者"。学校越来越剥夺家庭对下一代的教育权利，这是教育发展的必然趋势。这样一来，学校也剥夺了家庭教授下一代地方文化的权利。教师在代表学校传递地方文化的时候必须实现文化自觉，这样一方面有利于强化教师的使命感，另一方面能让教师在传承过程中对地方文化进行选择和组织。

① 〔奥〕茨达齐尔：《教育人类学原理》，李其龙译，上海教育出版社 2001 年版，第 50 页。

　　三是反思地方文化需要文化自觉。作为理性的文化人，教师承担着"培养社会建设者、提高民族素质"的使命，这要求教师具有反思与批判的精神。生于斯长于斯工作于斯往往就容易司空见惯，就缺乏反思与批判。而教育是需要反思与批判的，朱熹有云："读书无疑者，须教有疑。有疑者却要无疑，到这里方是长进。"（朱熹《学规类编》）而教师的反思与批判需以学生的生存之需为基础，这种反思与批判是理性的，而不是感性的，这就需要教师的文化自觉。当前，经济全球化带来了地方文化的认同危机和传承危机。而任何一个地方的文化都是先进与落后同在、精华与糟粕并存，作为社会良心和文化精英的教师，必然在文化自觉的基础上承担起反思和批判地方文化的重任，进行文化的"去粗取精、去伪存真"的工作，保证优秀的民族文化得以传承，从而促进地方文化自身的警醒与改进。

　　四是创新地方文化需要文化自觉。深刻的反思和理性的批判必然带来文化元素的创新和体系的重建。教师对地方文化的解读会影响到其授业的学生，教师通过直接的教育或间接的濡染来影响着地方文化未来的走向。在多元文化时代，只有具有文化自觉的教师所进行的文化创造才是符合潮流的，全球化的背景带来了社会文化的多元，这为地方文化的传承带来了新的挑战。多元文化的教育背景需要教师立足对本地方文化和外来文化的全面理解才能有所创造。而教师又是生活于当下时代中的人，文化的时代气息会反映在其教育过程中。从这个意义上讲，具有文化自觉的教师所进行的文化创造是在对自己地方文化否定之否定的基础上促进地方文化新的飞跃。

　　荀子说，"君子博学而日参省乎己"（《荀子·劝学篇》），在文化自觉这个层面，教师亦然。教师在继承、传递、反思和创新地方文化的过程中扮演着不可替代的角色，教师文化自觉能力的塑造，要求其必须成为民族文化的享受者。但是就目前而言，教师大多强调对固有文化知识的定向传播，以传统、习俗、经验、常识、天然情感等自在因素构成的存在方式或活动图式仍是教育的重点，教师们总体还停留在"自在"阶段，尚未达到"文化自觉"阶段，致力于地方文化传统更新与发展的力量不足。在地方文化教育中，教师的文化自觉是教师要认识到自己所肩负的文化传承的使命，以教育为载体，传承地方文化精神，通过自己的实际行动帮助学生认识和了解本地方的历史和文化，形成客观公正的文化观和历史观。教师文化自觉的充分实现需要其树立起地方文化传承的责任意识。"教师对文化传承的使命感源于主体的自觉意识，没有文化自觉意识，就不会有文化使命感。"①责任意识是教师文化自觉的首要品格，但地方文化传承的责任意识并不能在短时间内快速形成，也不是通过他人简单的话语教育就能形成的，是需要教师在长期的实践中逐渐形成的。在日常的实践活动中，教师要加强自身地方文化传承责任意识的培养，要能够从内心接受和认可自己的责任，紧接着才能付诸行动。

二　教育主体深度理解地方文化

教师的"文化自觉"，需要教师群体对自身所处的地方文化的深度理解和在面对地方文化时表现出来的继承与反思的能力。只有当教育主体真正理解了地方文化并将其内化后，才能选择恰当的文化教育内容，采取合理的文化教育方式。在当今发扬和传承中华民族传统文化的大背景下，地方文化教育非常重要。每个地方都有着悠久的历史传统，有丰富多彩的地方文化，有渊博精深的地方传统，这些都是中华民族传统文化不可或缺的组成部分。人们在这样的文化传统下世代繁衍生息、薪火相传，从过去走到现在，并向着未来前行。在太多知识影响着人们判断的今天，教师的文化自觉显得尤为珍贵。教师要深度理解地方文化，形成文化自觉，只有广大教师群体真正读懂了自己身处的地方文化，才能确立地方文化的主体性。

我国在历史长河中形成了与生境相呼应的立体多样、多变交融的地方文化。在多元文化背景下，地方文化一方面受到全球化和其他地方文化的冲击，同时也在吸纳其他文化的元素与符号，地方文化传承危机与生机并存。每个地方的人们不仅要处理与主流文化的关系，还要处理与其他地方文化甚至是外来文化的关系，由此产生了文化的交流与融合。在我国，有一座特殊的城市——深圳，这座城市非常年轻。无论是从地理空间，还是从文化上来看，这座城市都有些棱角分明，那些有关历史、文化、社会、城市的思考都孤零零地漂浮着，缺少大众的参与和交流，似乎离文艺太遥远，缺少了文化气息。但早在夏商时代，深圳沿海的沙丘谷地就已聚居有

---

① 杜芳芳：《学校教育视野下的民俗文化传承研究：以苏南地区为例》，中国社会科学出版社2020年版，第159页。

自己独特文化的南越部族，作为改革开放的最佳展示，其也有着自己独特的发展史。来自五湖四海的人都汇聚在这座城市，它聚集了全国各地的文化，展现着各地的风土人情和文化习俗，它有着一种移民城市文化，一种年轻的创新文化。文化创意产业现在是深圳新兴产业的重要组成部分，对于深圳来说，构建属于这座城市独特的地方文化既是挑战，又是机遇。因此，深度理解地方文化十分重要，只有了解了身处的地方文化才能应对发展困境，抓紧发展机遇，处理好地方文化传承和发展的关系。

当前，教育主体对于身处的地方文化的理解出现"不识庐山真面目，只缘身在此山中"的现象已经不在少数，教师不理解自己地方文化的现象是较为普遍的，这主要与教师的教育经历和自我学习有关系。我们认为，教师做到认识和理解地方文化需要做到以下几点。第一，对自己身处的地方发展史有大概了解。历史是文化的载体，文化是历史的血脉。一个地方的文化都是随着这个地方的历史发展积淀起来的，所以要想了解地方文化的形成必须首先了解地方文化形成的过程，即这个地方的历史，这样才能更好地了解地方文化，才能对地方文化知其然，知其所以然。第二，对于地方文化的信仰和核心价值要有较为深入的掌握。第三，对于标志地方的文化符号、民间故事、民族传说、民族典籍、重大节日、典型仪式等要有深入的掌握，并能实现对其透彻解释。非此不能说明自己认识和理解了地方文化。

我们要以地方课程和校本课程开发为契机，加深对地方文化的理解。随着新课程改革的深入进行，学校教育建立自己的地方课程和校本课程势在必行，而这两种课程的建设往往都以教师为主体，教师在此过程中应该通过挖掘地方文化资源实现对地方文化的再认识，加速对本地方文化的准确理解。我们知道，学校教育具有系统化和高效率的优势，学校教育以经过选择的人类文化为传播内容。作为地方文化继承者和传承者的学生，他们并不天然具有认知地方文化的能力，特别是在受教育时间逐渐提前的今天，学校教育一定程度上隔离了他们与原有文化的自然联系。因此，学校传承地方文化不仅具有条件上的优势，而且对于培养地方成员的文化品格也是必要的。

当前，随着国家三级课程管理体系的逐渐完善，地方课程和校本课程开发在一些地方正在逐渐开展。将文化整理到地方课程和校本课程建设中来是发挥教育文化保护功能的有效途径。地方课程在实现其文化传承功能的时候必须以文化选择功能的实现为前提，并通过有效的课程实施来完成。有效的文化传承方式一定是适合学生学习习惯的方式，因为有效的学习有利于学生将知识内化。一些族群在其产生和发展的过程中选择了相对稳定的文化传统，其中包括语言、行为、交往方式等表象的东西，也包括思维方式、价值观念等深层次的东西，这些传统的形成是历史选择的结果。有效的地方课程实施必须是在充分尊重地方文化的特点和规律的基础上进行的，特别是要关注作为文明传承规律和方法的文化形式，只有这样才能够有助于在将来的课程实施中减少信息衰减，以利于课程实施。

三 教育主体科学提升文化智力

罗素强调，"缺少智力，我们的复杂的现代世界就将不复存在，进步更无从谈起"。① 怀特海认为，"一个不重视培养智力的民族注定将被淘汰"。② 大家之所以这么重视智力，是因为智力是掌握知识的必要条件，对于文化智力而言也是如此。

每个地方都在长期的发展中形成了独特的文化，尊重每个地方的文化是每位公民应具备的基本素养，这一点对于施行地方文化教育的教师而言，尤为重要。学校传承地方文化走向实践必须由教师的教学活动来完成，教师需要科学提升文化智力来吸取地方文化，实现文化自觉。"文化智力"最早是由厄尔利（Earley）提出的，"作为一种跨文化能力，文化智力可通过人格特质进行预测，它解释了特定文化环境下个体行为更加有效的原因"③。目前对"文化智力"典型定义的代表分别是厄尔利和昂（Ang）的研究以及托马斯（Thomas）等人的研究，这两种定义都将文化智力看作多维构念，并与其他智力相区别。厄尔利和昂认为："文化智力包含元认知、认知智力、动机智力和行为智力四个方面。元认知是指人们获得和理解文化知识的心理过程；认知智力强调文化知识的结构和内容；动机智力反映个体对跨文化互动

---

① 〔英〕罗素：《罗素论教育》，杨汉麟译，人民教育出版社 2009 年版，第 47 页。
② 〔英〕怀特海：《教育的目的》，徐汝舟译，三联书店 2002 年版，第 26 页。
③ P. C. Earley, "Redefining Interactions across Cultures and Organizations: Moving Forward with Cultural Intelligence," *Research in Organizational Behavior* 3 (2002): 271 – 299.

的重视和对文化智力的积极利用；行为智力是指在跨文化交往中使用合适的语言和非语言行为的能力。这四个方面共同构成了人们在多元文化环境下有效管理和运作的总体能力。"[1] 托马斯等人对文化智力的定义强调整体性，"他们将文化智力看作是由文化知识、跨文化技能和文化元认知三个因素相互作用下产生的更高级别构念，反映了个体在不同文化情境下有效互动或与来自不同文化背景的人交往的能力"。[2] 可见，提高教师的文化素养与能力是学校有效传承地方文化的重要保证，而文化智力又是提高教师文化素养与能力的关键因素。

地方文化传承的关键在于，如何让地方文化得以延续，并得到大多数人的认同和接受，充分认识到地方的优秀传统文化，并上升为主体的自觉意识，成为传承地方文化的主体。教师在传承地方文化的过程中本身包含两方面的任务。第一，教师要挖掘"活"文化中的文化传承机制。每一种得以成功传承的地方文化背后总有一种成功的地方文化传承方式，这种方式是地方成员用千百年时间积累起来的文化传承机制，这种机制是具有历史生命力的。教师要尝试从这种机制中寻找对学校教育中传承地方文化的启示。第二，教师要从地方文化中吸取养分，促使自己文化品格的发展。教师可以通过努力和体悟，从自身所赖以生存的地方文化中寻求发展前行的动力，而不是一味地借鉴外来模式或思路。作为地方文化传承者的教师，只有从地方文化出发，深刻思考人生问题，才能理解人性，才能得到成长，才能成为诚实的、具有创造精神的教育者，从而成长为真正意义上的地方文化使者。由此，既要积极提升教师群体的文化认同感，又要关注不同教师的主体性和主观能动性的发挥，唤起教师的文化使命感、责任感和内在创造力，从而加强地方文化的自主能力，取得适应新环境、新时代的文化选择的自主地位。

鉴于此，应该通过一系列的政策措施，从中央到地方建立起一整套完善的机制，加强对教师地方文化基础知识和地方文化素养的培养，科学提

---

[1] P. C. Earley and S. Ang, *Cultural Intelligence: Individual Interactions across Cultures* (Palo Alto: Stanford University Press, 2003), p. 168.

[2] D. C. Thomas, "Cultural Intelligence: Domain and Assessment," *International Journal of Cross Cultural Management* 2 (2008): 123 – 143.

升教师的文化智力，让他们更好地融入本地方文化情境，更好地为地方文化教育和社会发展服务。

我国绝大多数师范院校的学生毕业后，都将从事教师工作，且大多会回到自己的生源地。然而，就目前师范生培养的内容来看，相关知识和基本素养的学习和培养并未被纳入进来。在我国的师范教育课程体系中，地方文化教育这一块内容几乎是空缺的，一方面是由于地方文化教育还未得到足够的重视，另一方面在于针对来自五湖四海的学生的地方文化教育难以实施。如何打破这一困境，需要师范院校长期在实践中探索。在师范院校增加与多元文化相关的必修课，是培养教师地方文化素养的重要途径之一。由于各校学生的文化背景不同，这种必修课可以采取一种开放课程的形式，教师在其中扮演一个组织者和引导者的身份，具体实施步骤如下。首先，对全体师范生进行一个文化背景的大调查，并以地域进行分班，每个班可以包含多种文化背景的学生，便于学生的文化交流；其次，上课形式主要采取"学生分享"这种方式，教师在课前布置分享任务，同一种文化背景的学生为一小组，各小组按照任务要求搜集与整理相关资料；再次，各小组在文化剖析的基础上进行个性化的分享与展示；最后，由教师进行组织，对各小组的分享内容进行讨论和交流，促进多元文化的交融。

同时，应该在教师的在职培训中融入相关内容。当前，在教师的在职培训和学习中，很少涉及地方文化教育这一块内容，有涉及也只是简单传达地方文化教育精神，并未对教师展开实质性的培养。在职培训是提高教师队伍整体素质、促进教师与时俱进的重要保证。在文化传承的背景下，地方文化教育应该成为教师在职培训的一部分，通过在职培训不断加深教师对本地方文化的理解，不断提升教师自身的文化智力。关于地方文化教育的培训内容，应该充分考虑不同地区的特殊性，施以有针对性的培训，有针对性地融入被培训教师所处地方文化的相关内容，不仅有助于该地方教师队伍整体素质的提高，更有助于当地的和谐发展。关于地方文化教育的培训方式，不可拘泥于单纯的语言输入，可以通过开展丰富多样的活动来促进教师的深入理解及内化，这样能够促进教师对本地方文化的再认识，能够有效调动教师参与度和能动性，也能够帮助教师在日常的文化教育中灵活运用。

此外，教师也应该通过自我学习来提升文化智力。当前，教师对地方文化的自我学习情况不容乐观。一方面，大部分教师都还未形成高度的文化自觉；另一方面，日常的教育教学已经占据了教师学习和工作的中心地位，他们难以分出时间和精力来学习地方文化。教师应更新教育观念，充分认识到自己的地方文化传承责任，树立地方文化传承意识，在日常生活中注意对相关材料资源的搜集与整理，注重个人技能提升和知识体系完善；发挥自身能动性，创新性地选择利用地方文化资源和材料，并充分尝试采用多样化的教学方式。在教育教学中不断积累经验，不断提升自我的文化素养和能力，促进个人的专业化成长。

四　教育主体文化生产能力积淀

教师主体的社会地位与其文化生产能力息息相关。从"天降下民，作之君，作之师"（《孟子·梁惠王下》），到"天地者，生之本也；先祖者，类之本也；君师者，治之本也。……故礼，上事天，下事地，尊先祖而隆君师，是礼之三本也"（《荀子·礼论》），再到"人类灵魂的工程师""学生知识生产的合作者"等，都蕴含着对教师文化生产能力和责任的价值赋予。从这个意义上讲，师资是影响学校有效传承地方文化不可或缺的重要因素，教师的文化素养和对地方文化的了解程度直接影响着教育效果，教师除了不断学习和积累有关地方文化的知识外，还需要以"文化持有者"的视角挖掘、审视和整合地方文化知识，并在此基础上将地方文化研究、整理开发成适用于学生学习的知识载体。"那些对于文化文本的传承负有使命的书写人成为语文学家、评论者、教师和传道者，他们的任务不只是复制文本，而且要通过释放那些标准和形式的动力，把这些文本翻译为不断变化的生活现实。"[1] 也就是说，教师需要具备一定的文化生产能力，即能够通过一定的方式将地方文化资源转化为教育资源。教师"应该能够比其他人更敏锐地感觉到本土知识的存在，更重视保存、保护和发展本土知识的价值，并且懂得如何去研究和分析学校所处社区的本土知识"。[2] 教师是

---

① 〔德〕扬·阿斯曼：《文化记忆》，甄飞译，载〔德〕冯亚琳、阿斯特莉特·埃尔主编《文化记忆理论读本》，余传玲等译，北京大学出版社 2012 年版，第 14 页。
② 石中英：《本土知识与教育改革》，《教育研究》2001 年第 8 期。

有能力感知地方文化知识的，也是有能力挖掘和利用这些知识的。

地方文化不会自动地进入学校场域，它需要教育主体立足学生立场挖掘和利用地方文化的教育要素，对其进行现代化解释和创造性转化才能有效地将地方文化和学校育人实践有机结合。所谓创造性转化，是将地方文化系统中的符号或元素通过教师的努力转化为适合学校发展和学生成长的教育资源。而在这一过程中，教师的文化生产能力是根本保证。文化生产是教师文化自觉的最高阶段，具备文化生产能力的教师才能够实现文化生产，从而才能达到真正的文化自觉。

对本地方文化与精神的理解、认同是发展教师文化生产能力的基础。在此基础之上，教师的文化生产能力还需要长期的积淀才能形成。我们认为，教师可以通过以下途径来不断提升和发展文化生产能力。

第一，站在文化的高度审视学校的发展和学生的发展。文化是一个学校的灵魂所在，学校的发展始终与文化息息相关，而地方文化既是学校发展不可忽视的内容，也是促进学校发展的关键因素。学校的长足发展，一方面需要把地方特色文化融入学校教育目标和人才培养计划中，认识到地方文化的价值以及在人才培养中的作用；另一方面需要以地方文化特色定位学校的发展之路，使学校发展保持一致性、连贯性。而在不断倡导传承中华民族传统文化的背景下，学生需要从文化中汲取养料来丰富自我，而地方文化更是学生思想和精神的源泉。当教师意识到地方文化对于学校和学生的重要性时，他们自然会不断挖掘地方文化中的精华，从而也就能够提升自己的文化生产能力。

第二，积极寻找地方文化与学校教育的结合点。将地方文化资源转化为教育资源是地方文化融入学校教育的关键，作为地方文化传承者的教师需要在不断地寻找地方文化与学校教育结合点的过程中提升自身的文化生产能力。课程资源是教育资源的核心，也是学生学习地方文化的主要方式，这就需要教师有意识地从地方文化背景中进行课程开发，挖掘文化要素，将有价值、有意义的东西变为课程和特色发展的内容。教师在不断寻找地方文化与学校教育结合点的过程中，就犹如在不断地做训练，久而久之自然会提升自我的文化生产能力。

第三节　内外互动：地方文化资源教育
转化协同平台搭建

要想充分发挥地方文化的育人价值仅靠学校内部的力量是不够的，这就需要学校打破边界，搭建校内外互动的协同平台，充分利用各种场馆、同伴学校和社会资源，通过建立"共生共赢"的合作共同体来凝聚合力共同推进学校传承地方文化的教育实践。"共生"指的是两个不同的个体或群体之间所形成的紧密互利关系。在共生关系中，一方为另一方提供有利于生存的帮助，同时获得对方的帮助。"共赢"指的是合作的双方或多方能够共同获得利益。借用共生和共赢的概念来阐述学校与地方文化传承保护之间相辅相成的互利共赢关系：一方面，学校通过整合教育资源、提供教育传承服务，以帮助解决地方文化传承保护方面的问题；另一方面，学校在提供教育科研实践服务过程中，也锻炼了校内科研教学的服务团队，并收获了相应的教学科研成果。因此，地方高校在参与地方文化传承保护服务实践过程中互动生成了一种共生共赢的关系，不仅为地方文化传承难的社会问题提供了一种双向共赢的解决途径，而且为学校拓展出了一个新的科研教学服务领域，推动了学校的创新服务及其多个层面的发展。相关研究显示，目前地方文化传承的校内外互动方面，已经进行了一些较好的探索，但仍然存在校内外互动不足的困境。地方文化传承校内外互动不足的原因是多方面的，综合多方面的考察，我们认为与相关主体的地方文化价值观、学校办学的现实困难和顾虑以及实践操作上的经验不足有关。因此，急需搭建起地方文化资源教育转化的校内外协同合作平台，具体可以通过促成融通型文化价值理解、打造和谐共生型互动平台和探寻生活整合型互动方式来实现。

一　促成融通型文化价值理解

改革开放后，我国社会进入了快速转型期，社会文化心态发生了变迁。经济关系的矛盾运动以及由此引起的社会利益关系的变化，是社会文化心态变迁的直接原因。① 另外，传统社会文化环境向现代社会环境的转化，以及全球化、信息化传播方式的多样化、现代传媒的发展是社会文化心态变迁的重要原因。成千上万的人为了增加家庭收入解决家庭生存问题，加入了打工大潮，这种现象主要表现为经济相对落后地方的人群向经济相对发达的大城市流动。打工者在外地，受到了现代化、信息化的影响，接触的文化是多元的，包括主流文化、打工所在的地方文化，甚至是国外的文化。长期的打工生活使这些群体在潜移默化中对本地方的传统文化的价值意识发生了改变。在这过程中，打工者这一群体也建构了新的文化价值取向，如传统习惯、时尚、风俗等。其实，打工者到外地去打工的过程中，文化价值取向与生存发生碰撞后积极去适应新的文化的转变也是一种积极的态度，至少他们已经在主动学习新的文化。如何让他们保持住这种学习的动力与意识并渗透到学习和传承本地方文化中也是一个值得探讨的话题。

社会文化总是不断发生变化的。在中国，有"三皇不同礼，五帝不同俗"的说法。在西方，古代希腊不同于罗马，文艺复兴不同于启蒙运动，时代不同，礼仪、风俗等都有变化，人们的文化价值体系也会发生变化。可以看出，文化并不是按照人类创造它的最初的动机、愿望来发展的。从文化的属性看，社会中的文化总是以多种形态存在的，总有主流文化和非主流文化、主文化和亚文化之分。社会环境的变化势必会影响文化价值取向的变化。

随着社会的发展，交通往来、各种信息媒介的接触、外出打工潮促成了人员不断的流动，使得地方人们产生了文化价值观的变化，对于地方文化的价值理解也出现了偏差，这在一定程度上阻碍了地方文化的传承。一些家长认为，学生的主要任务是学习知识，关于地方文化的传承不属于学习范畴，关于校内外互动传承地方文化更是觉得事不关己。学校教师认为，互动传承地方文化既不能增加自己的个人收入，也不能提高自己的名誉，对于未来的发展也没有可期待的，进而选择忽视自己对于地方文化传承的主体责任。究其原因，这是文化价值转换、变迁中的矛盾造成的。各种文化的冲击以及政治和经济等方面因素对人们的价值心理、观念的建构有了

① 冯文华、杨婉林：《转型期社会文化心态变迁机制》，《吉林大学社会科学学报》2000 年第 6 期。

很深的影响，这样就造成了新旧文化价值力量的冲突。

"文化是要与人互动才可能传承发展的，如果不能互动，文化只是人的一种记忆而已，失去了生命力，也就没有存在的空间。"[①] 要搭建地方文化教育校内外互动的协同平台，首先要促成融通型文化价值理解，要促进教师、学生和家长等互动主体对于地方文化传承达到共同的价值理解。

首先，要利用教育提高互动主体的文化敏感性。教育作为文化传承的有效方式，起着不可替代的作用，我们可以利用教育来提高地方文化传承校内外互动主体的文化敏感性。这里说的教育是广义上的教育，不仅仅是学校教育。只有具备了文化敏感性，我们才能关注到文化的地区差异和地方需求。具有了文化敏感性的老师和地方成员才能在不同文化约束下构建当地社区文化。地方文化互动的主体应该接受文化敏感性培训。"文化敏感是跨文化交流成功进行的必不可少的组成部分。如果两种文化要进行交流，交际双方应敏感地意识到其中存在的差异，并且能够修正自己的行为方式，以此来表达对对方文化群体的尊重。"[②] 提高文化敏感性，可以使地方成员在传承自己文化成果之外，也吸收其他地方的优秀文化成果。这样，当他们在现实生活中遭遇到文化冲击时就能够减少文化适应压力，更有利于地方文化的传承。地方政府和学校必须根据实际提高民族文化互动主体的文化敏感性。学校方面，对教师，可以通过职前或职中教育进行文化敏感性的培训；对学生，可以通过多元文化课程，比较分析本地方文化同其他地方文化的差异，引导学生进行文化体验，平衡自身文化背景与社会大文化背景间的关系。社区方面，可以通过社区会议、社区活动中心开展的活动、社区文化宣传资料等培养社区成员的文化敏感性。

其次，要培养服务于地方的人才价值取向。目前，在地方文化传承方面面临专业人士稀缺的困境。例如，梳理有关地方文化文献的人才，传承地方传统工艺的人才等。这些专业文化价值极高，但与市场结合不紧密，专业人士就很稀缺。目前，地方学校课程的设置、教学评价都是以学生进

---

① 龙藜：《孤岛突围——文化视野中的藏族小学与社区关系研究》，广西师范大学出版社 2011 年版，第 8 页。

② D. Bhawuk and R. Brislin, "The Measurement of Intercultural Sensitivity Using the Concepts of Individualism and Collectivism," *International Journal of Intercultural Relations* 4 (1992): 413–436.

入主流社会为基础的，教育价值取向主要表现为功利的社会工具性价值取向。要传承地方文化，必须培育服务于地方的人才价值取向，只有这样，我们培养的人才能称得上人才。怎样解决这一问题，根本在于人才价值取向的培养。古人曰"十年树木，百年树人"，又有"养兵千日，用兵一时"之说。可见，人才培养具有长期性的特征。叶澜教授《更新教育观念，建构面向 21 世纪的新基础教育》一文中强调，基础教育必须注重"未来性""生命性""社会性"。培养服务于地方的人才价值取向，一是要加强社会使命感教育。引导地方成员对地方文化忧患意识的培养，以地方文化传承为己任，强调担当意识和鲜明的正义原则。二是人才培养要遵循规律，明确服务于地方的价值取向，去除功利化。我们认为，地方教育可以借鉴国家教学目标，制定符合本地方的专门的人才培养方案，把人才价值取向的培养纳入方案中。

二　打造和谐共生型互动平台

文化具有育人的功能。文化通过其中蕴含的知识体系、价值观念、思想信仰和行为规范等教化社会成员，规范人们的行为，使人们有效地适应社会环境和社会关系，在行为上与社会要求保持一致。"文化育人"是教育本质的核心。① 在文化育人过程中，教育者的首要任务是将各学科的系统知识（文化）传递给学生，对于学生来说这种系统知识还只是一种外在的存在，它必须通过一个以教师为主导的外在文化的教化过程和以学生为主体的外在文化的内化过程的有机结合才能真正实现文化的传承和创新，实现"文化使个体的社会化"。② 地方文化中蕴含的精神品质与现代思想相结合，在形成地方精神的过程中起到非常深刻也非常直接的教育作用。教育方式有很多种，渠道也很多。但是，恐怕最容易为学生所接受，也最容易发挥作用的，是那些以审美的艺术教育为特征的文化教育。

学校不是封闭的孤岛，它需要与社区进行信息、知识的转换和互动。地方文化教育和学校的发展不仅需要学校内部成员的努力，还需要外部力量的支持。当前，地方文化教育的校内外互动仍然存在互动意识与行动不

---

① 潘懋元：《多学科观点的高等教育研究》，上海教育出版社 2001 年版，第 115～118 页。
② 王冀生：《大学之道》，高等教育出版社 2005 年版，第 117～120 页。

一致，互动频率偏低，互动内容偏少、偏窄，互动方法有限等问题。究其根本，出现这些问题的主要原因在于地方文化资源转化为教育资源的过程中缺少一个有效的互动平台。而这个互动平台中的互动主体主要包括学校和社区。在学校方面，主要由学校教师参与互动，校内外互动传承的师资问题是改善地方文化传承现状的关键。教师专业素质固然十分重要，而具有地方文化传承责任感的老师更加令人钦佩。教师是地方文化传承互动中最有"资格"和最有条件的中坚力量。教师接受过相对好的教育，懂得教育知识和教育方法，学习地方文化知识也就更快，培训他们参与到互动传承地方文化中会更加省时省力。在社区方面，主要是由地方文化研究专家等参与互动，他们既能为学校的地方文化教育提供专业性的指导，又能帮助学校解决经费、场地等难题。

因此，我们认为，建立一个"学校—社区"的互动平台是地方文化良好传承的前提。这里所说的平台是指进行校内外互动工作所需要的环境或条件，是校内外进行学习、交流传承地方文化的舞台。这一平台主要是负责协同各方制定校内外互动传承地方文化的共同目标，协同各方选择适用于校内外互动传承地方文化的内容，协同各方确立校内外互动传承地方文化的方式方法，并将校内外的人力、物力、智力等按一定的形式和结构组合起来而开展活动。

我们主张建立"和谐共生"的社区—学校关系。社会共生是人的基本生存方式，任何人都生活在人与人、人与自然的共生系统中。"和谐共生"就是希望所有生命、文化等在不同的时空中相互依存，最大限度地满足生命需要。如何实现地方文化在交流中的创新，光靠社区本身是难以完全实现的。学校是一个知识分子集中的地方，除了一线的教师之外，还有各个领域的专家学者在对其进行理论、技术等方面的支持。美国著名管理学家德鲁克说："管理不只是一门学问，还应是一种'文化'，它有自己的价值观、信仰、工具和语言。"① 因此，学校及教育系统里的知识分子和社区里的文化人充分的沟通交流本身就是在管理过程中开展文化工作，在开展文化工作的过程中形成有效的管理文化，只有这样才能有效地研究和传承地

---

① 〔美〕德鲁克：《管理的实践》，转引自黄济、王策三主编《现代教育论》（第三版），人民教育出版社 2012 年版，第 241 页。

方文化。地方文化传承中,学校与社区也需要建立"和谐共生"的关系。因为互动过程中必然会涉及相关的人力、财力、物力等资源的分配与共享问题。建立和谐共生的社区—学校关系,就要求:在地方文化传承的活动中,一切要从和谐的角度出发,学校与社区没有领导与被领导的关系。不能因为文化观念和主张的不同而否定别人的意见和策略,不能因为某种利益的驱使就不顾社区和学校的共同利益。

三 探寻生活整合型互动方式

有效的互动方式才能推进地方文化的良好传承及地方文化教育的有序进行,我们认为,应该在地方文化资源教育转化的过程中探寻生活整合型互动方式。文化既源于生活,又作用于生活,文化与生活是密不可分的。所谓生活整合型互动方式,是指要将地方文化传承和地方文化教育深入互动主体的日常生活中,并以整合的方式存在,这样才能加深互动主体的文化理解,以及促进互动主体的文化自觉。

第一,"请进来,走出去"。校内外互动涉及两个主体,一是学校,另一个是社区。加强校内外的互动,更好地传承地方文化,离不开"请进来,走出去"这一互动方法。"请进来"是以学校为主体的互动活动,就是聘请社区中的专家、学者、文艺团体到校讲课、讲学、表演等。"走出去"是以社区为主体的活动,是在社区环境内发生的学校人员与社区公众之间的沟通和合作。互动活动的主要目的是加强学校与社区间的相互了解,利用学校教育资源为社区青少年提供培训等。其主要形式有社区与学校组织的文化体育以及娱乐活动,社区与学校举行的各种辅助教学活动等。此类活动对于学生来说是学校教育的有益补充;对于社区来说,学校教师也是社区居民学习地方文化的重要师资资源。

第二,加强"学校—社区"双向服务和合作。学校与社区的互动,学校应该支持社区、面向社区,服务社区,向社区开放、实现学校与社区的双向交流与合作,建立良好关系,把学校带向生活,把生活引入学校,形成一股合力,共同培育学生和影响社区居民。例如,学校的场地、设备、和人力在周末或平日的晚间、清晨或寒暑假开放,提供给社区开展文化教育活动,这样可以节省社区发展的经费开支,也能发挥学校作为社区文化中心的作用。"日本千叶县就推行以学校为核心的 1000 个迷你集会活动，这一活动的具体做法是县内所有的学校会场开放，供学校教职员、社区居民共同谈论各种各样的教育问题。"① 这一做法值得我们学习，它推进了开放学校与社区的交流。我们可以学习这一做法，开放学校设施和设备，邀请校外人员互动传承地方文化。利用学校已有的场地，可以避免更大的人力和财力浪费，还可以避免因把学生或教师带到社区中开展活动而出现的安全事故。

第三，建立小项目工作组的互动方式。我们认为可以通过建立小项目工作组的形式加强校内外的互动，这种方式有以下几个优点。一是成员涉及不是很多，机动灵活。二是避免人力、物力的浪费。工作组完成任务后将自动撤销，不像有些长期性机构需要人员驻守，还需要长期办公的场地和资金。三是以小项目工作组的形式开展的互动可以提高工作效率。小组成员有了解地方发展情况和本地方文化的人，有最熟悉地方风俗和民间艺术的文化代表，有了解教育教学知识的老师，他们的合作一开始就避免了适应环境和工作伙伴所需要的时间。小组成员在活动中各取所需、取长补短，全新的合作伙伴可激发他们传承地方文化的活力。

小项目工作组的工作时间：互动项目启动生效的时间，互动工作完成后自动撤销。

工作组成员：4~5 名有经验的教师，2~3 名"文化代表"（懂得某种特殊地方文化技能的人），2~3 名地方干部。

工作组的主要活动：以现场为基础的教改活动，地方文化课程理论培训，短期研讨班，进行地方文化专题研究，等等。

扬·阿斯曼说："所有社会都想象自身的图像，代代传承地延续着某种身份的认同，它们通过形成某种回忆的文化来实现。"② 我们讨论的地方文化资源教育转化过程，本质上就是一个建立文化认同、社会认同和国家认同的问题。马克思曾说："未来教育对所有已满一定年龄的儿童来说，就是生产劳动同智育和体育相结合，它不仅是提高社会生产的一种方法，而且

---

① 刘淑兰：《学校与社区的互动》，四川教育出版社 2003 年版，第 129 页。
② J. Assmann, *Das Kulturelle Gedchtnis* (Munich: C. H. Beck Verlag, 1992), p. 16.

是造就全面发展的人的唯一方法。"① 我们主张在确定合理的地方文化资源教育转化视野和达成相关主体文化转化自觉的前提下，通过实现校内外互动，搭建地方文化资源教育转化协同平台，促进教育者文化转化的思考、行动和学习者文化意识培育、文化内容习得和文化品质提升，有利于在此过程中以脑体结合的"综合劳动"形式实现文化育人的高效率和高品质，从而彰显地方文化的文化价值与育人价值，推动人和社会协调发展。

---

① 《马克思恩格斯全集》第 23 卷，人民出版社 1972 年版，第 530 页。

结　语

在教育的记忆中让地方文化重获时代价值

党的十八大以来，国家对传统文化的教育与传承的重视达到了新高度。2014 年 3 月，教育部出台《完善中华优秀传统文化教育指导纲要》，强调"加强中华优秀传统文化教育，是构建中华优秀传统文化传承体系、推动文化传承创新的重要途径"。2017 年 1 月，中共中央办公厅、国务院办公厅印发的《关于实施中华优秀传统文化传承发展工程的意见》指出："把中华优秀传统文化全方位融入思想道德教育、文化知识教育、艺术体育教育、社会实践教育各环节，贯穿于启蒙教育、基础教育、职业教育、高等教育、继续教育各领域……"① 重视优秀传统文化的时代价值已经成为国家的政策导向和社会的行动自觉。

中华优秀传统文化不局限于"阳春白雪"的"大传统"，还包括"下里巴人"的"小传统"。② "小传统"即多彩纷呈的地方文化。在历史上，人们因为生活环境不同，所以形成的与自然、社会和自身的矛盾类型就不同，对这些矛盾和问题的解决形成了不同的文化。其重大价值在于，从历史上看，"文化多样性提供了多种不同的方法来解决影响我们所有人的问题和评估生活的基本层面：自然生态系统、社区、个人、宗教和心灵"。③ 当然，

---

① 《中共中央办公厅　国务院办公厅印发〈关于实施中华优秀传统文化传承发展工程的意见〉》，http://www.gov.cn/gongbao/content/2017/content_5171322.htm，最后访问日期：2021 年 6 月 10 日。

② 杜芳芳：《学校教育视野下的民俗文化传承研究：以苏南地区为例》，中国社会科学出版社 2020 年版，第 2 页。

③ 联合国教科文组织编《反思教育：向"全球共同利益"的理念转变?》，联合国教科文组织总部中文科译，教育科学出版社 2017 年版，第 21 页。

在时代发展中，随着交通的便利、信息的互通、交往的密切、生活的互嵌，人们在社会变迁过程中形成了更大的生活圈，上述三类矛盾已经发生了巨大变化，很多地方文化似乎已失去存在的现实意义。但从整个人类社会来讲，地方文化的多样性，其实是提供了解决人类生存与发展问题的地方方案，这些方案总是具有潜在而巨大的应用价值。

而从另外一个角度来讲，当言及中华优秀传统文化时，我们自然而然地会想到作为国家普适意义层面的优秀文化，我们理当学习这些经历历史风霜考验的文化精华，力求与古圣先贤对话，体悟其境界、内化其价值、践行其要求。但是，我们需要高度重视的是，就优秀传统文化的形成和传播过程来看，有"演绎"和"归纳"两种方式。前述类型为"演绎"，若仅仅把演绎和推广而获得的这些文化"等同于"中华优秀传统文化，那肯定有失公允。事实上，演绎是以归纳为前提的。过去，因为信息不畅，很多地方文化未能进入归纳和筛选的范围。所以形成的优秀传统文化只是部分而不是全貌。现在，我们具备了更多的信息手段和更宽阔的文化视野，可以通过教育的筛选功能，在多彩纷呈的地方文化中归纳出具有时代价值和传播意义的优秀文化，让它们成为"阳春白雪"的"大传统"的注脚、补充。只有这样，才能在保护文化多样性的同时实现优秀传统文化的丰富和增值。

从这个意义上讲，传承优秀地方文化是传承中华优秀传统文化的重要组成部分。

然而，地方文化遭遇的传承危机是严峻的。一些文化因为逐渐远离人们生活进入"储存"形态，一些文化因为后继乏人而濒临失传，地方文化的"功利价值"趋于单薄。与此同时，以网络媒体为载体的娱乐性的大众文化，在给成人与儿童带来直观而简单的快乐的同时，取代了不少地方文化的"享用功能"。因此，很多地方文化在现代世界呈现出僵死的特点，它们正在衰落，在不断前进的现代化过程中迅速贬值并日益边缘化，在整个现代化的价值序列中失去应有地位，遭遇"记忆危机"。①

很显然，这样的文化问题很难在文化领域中解决；好在教育的文化功能为地方文化问题的解决提供了可能。

---

① 杜芳芳：《学校教育视野下的民俗文化传承研究：以苏南地区为例》，中国社会科学出版社2020年版，第3页。

教育的文化活化功能可为地方文化理解提供专业方法，教育的文化保存功能可为地方文化固化提供形态支持，教育的文化传承功能可为地方文化延续提供桥梁支撑，教育的文化选择功能可为地方文化记忆提供价值方向，教育的文化交流功能可为地方文化扩容提供渠道保障。

基于理论的可能性和现实的紧迫性，研究者疾呼，学校教育应该在地方文化传承中发挥积极作用，"预防和克服本土人民在工业化或现代化过程中对于本土知识'集体性遗忘'（collective amnesia），特别要使广大的青少年不仅成为了解西方或任何外部世界知识的一代，而且要使他们成为熟知自己本土智慧的一代，成为能够综合各种知识和智慧，创造性地建设本土社会美好未来的一代"。①

如果说前述均为必要性和紧迫性，那么，时代为我们提供了现实性和可能性。随着素质教育向纵深推进，促进学生的个性化发展成为一种教育时尚，地方文化资源引入学校成为一种教育需要，挖掘资源打造特色学校成为一种教育趋势。这一切都为地方文化与教育的美好相遇提供了机遇。同时，随着师范教育品质提升，国培省培在全国范围内深度进行，教师素质整体提升已成现实，他们的本土文化自觉渐成趋势，他们的课程开发技巧普遍丰富，他们的文化回应能力大幅提升。这一切为地方文化进入学校提供了意识支持、价值支持和技术支持。

当然，地方文化与学校教育的互动是有条件的，文化资源转化为教育资源就是其中最为重要的条件。这是一个富有挑战性的工作，这一过程并不是把地方文化资源直接移植到学校，而是根据学生的成长、区域的特点和学校的定位进行从价值定位、条件统整到效果监测的系列活动。

我们不能抱着立竿见影的心态去面对这些工作。因为这些工作并不是简单的知识传递和经验增长，而是在帮助学生形成具有教育意义的"文化记忆场"，阿莱达·阿斯曼曾说，在地方文化中"随着一个地方被放弃或被毁坏，它的历史并没有过去，它仍保存着物质上的残留物，这些残留物会成为故事的元素，并且由此成为一个新的文化记忆的关联点"。② 他的观点，

---

① 石中英：《知识转型与教育改革》，教育科学出版社 2001 年版，第 346 页。
② 〔德〕阿莱达·阿斯曼：《回忆空间：文化记忆的形式和变迁》，潘璐译，北京大学出版社 2016 年版，第 357 页。

给予了我们资源挖掘和过程探究的信心，我们也有理由相信，在教育场域中能够通过嵌入式的地方文化资源的教育建构来实现文化场域重建。这一过程必将有利于学生在学习与生活中主动建构与包括地方文化在内的中华传统文化的深层关联，从而促进其主动成长，让地方文化重获时代价值。

参考文献

安富海：《我国民族文化课程建设存在的问题透视》，《民族教育研究》2010
　　年第 2 期。

巴登尼玛：《建设共享文化是民族团结的根本》，《民族研究》1996 年第
　　4 期。

巴登尼玛：《文明的困惑——藏族教育之路》，四川民族出版社 2000 年版。

巴登尼玛、卢德生：《文化视野下的藏区道德教育》，《中国教育学刊》2006
　　年第 7 期。

邴正：《当代人与文化——人类自我意识与文化批判》，吉林教育出版社
　　1998 年版。

曹胜高：《中华优秀传统文化核心课程体系的建构》，《中国大学教学》2020
　　年第 9 期。

陈桂生：《教育原理》，华东师大出版社 1993 年版。

陈华文：《文化学概论》，上海文艺出版社 2001 年版。

陈兴贵：《多元文化教育与少数民族文化的传承》，《云南民族大学学报》
　　（哲学社会科学版）2005 年第 9 期。

成尚荣：《地方性知识视域中的地方课程开发》，《课程·教材·教法》2007
　　年第 9 期。

程红艳、周金山：《传统文化复兴与教育中国化的探索》，《教育科学研究》
　　2018 年第 3 期。

丛立新：《课程论问题》，教育科学出版社 2000 年版。

崔允漷：《校本课程开发理论与实践》，教育科学出版社 2000 年版。

党志平：《地方文化融入基础教育课程的理论构建》，《教育探索》2015 年第 7 期。

邓志伟：《多元文化——课程开发》，安徽教育出版社 2008 年版。

丁海东：《儿童精神的人文品性及其教育诉求——文化二维视野下的儿童精神及教育》，《西北师大学报》（社会科学版）2010 年第 9 期。

杜钢：《美国多元文化教育课程与教学理论评析》，《外国中小学教育》2007 年第 6 期。

杜志强、靳玉乐：《民族地区多元文化课程：问题与对策》，《中国教育学刊》2005 年第 9 期。

范兆雄：《课程资源系统分析》，《西北师大学报》（社会科学版）2002 年第 5 期。

飞龙：《国外保护非物质文化遗产的现状》，《文艺理论与批评》2005 年第 1 期。

费孝通：《费孝通学术文集》，三联书店 1996 年版。

费孝通：《江村经济——中国农村的生活》，商务印书馆 2001 年版。

费孝通：《乡土中国生育制度》，北京大学出版社 1998 年版。

风笑天：《社会学研究方法》，中国人民大学出版社 2001 年版。

冯增俊：《教育人类学》，江苏教育出版社 2001 年版。

高申春：《人性辉煌之路——班杜拉的社会学习理论》，湖北教育出版社 2000 年版。

龚坚、雷卓权：《地方文化遗产在历史校本课程开发中的运用》，《教学与管理》2021 年第 6 期。

顾明远：《教育大辞典》，上海教育出版社 1997 年版

郭连锋：《地方文化与校本课程开发的价值及策略探讨》，《教学与管理》2011 年第 15 期。

郭元祥：《关于地方课程的几点思考》，《课程·教材·教法》2000 年第 1 期。

哈经雄、滕星：《民族教育学通论》，教育科学出版社 2001 年版。

韩震：《论国家认同、民族认同与文化认同——一种基于历史哲学的分析与思考》，《北京师范大学学报》2010 年第 1 期。

韩宗礼:《论教育的产业属性与教育的运行机制》,《河北大学学报》(哲学社会科学版) 2000 年第 2 期。

郝德永:《课程与文化:一个后现代的检视》,教育科学出版社 2002 年版。

侯灵战:《时间符号与民族认同》,《读书》2001 年第 10 期。

侯鹏生、李庭洲:《传统文化教育中的本土知识融入研究》,《全球教育展望》2018 年第 3 期。

侯前伟:《国际视野下传统文化教育的立场选择和对策分析》,《比较教育研究》2021 年第 1 期。

胡传胜:《符号与象征》,《南京化工大学学报》(哲学社会科学版) 2000 年第 2 期。

胡德海:《教育学原理》,甘肃教育出版社 1998 年版。

胡晓靖:《从图腾崇拜到英雄崇拜——论图腾崇拜的起源、发展与衰落》,《天中学刊》2002 年第 8 期。

胡志毅:《神话与仪式:戏剧的原型阐释》,学林出版社 2001 年版。

黄浩森:《乡土课程资源的界定及其开发原则》,《中国教育学刊》2009 年第 1 期。

黄兆群:《美国的民族与民族政策》,文津出版社 1993 年版。

黄忠敬:《课程文化释义:一种分析框架》,《学术探索》2002 年第 1 期。

江山野:《我国学校课程改革的基本途径》,《课程·教材·教法》1996 年第 9 期。

靳健:《后现代文化视界的语文课程与教学论》,甘肃教育出版社 2006 年版。

靳玉乐:《多元文化背景中的基础教育课程改革的基本思路》,《教育研究》2003 年第 12 期。

靳玉乐:《课程实施:现状、问题和展望》,《山东教育科研》2001 年第 11 期。

康永久:《传统文化的现代教育传承》,《中国教师》2005 年第 5 期。

李长吉:《教育价值研究二十年》,《高等师范教育研究》2001 年第 4 期。

李长吉:《中国传统文化中立德树人的基本形象》,《中国教育科学》2021 年第 3 期。

李臣之：《基于地方文化的课程调适与创生》，《全球教育展望》2016年第10期。

李臣之、纪海吉、张利纯：《综合实践活动课程内容校本建构：地方文化融入视角》，《课程·教材·教法》2018年第11期。

李臣之、王虹、董志香：《地方文化的课程价值刍议》，《教育科学研究》2014年第9期。

李洪修、刘博园：《校本课程开发中传统文化融入的问题透视与实现路径》，《课程·教材·教法》2021年第1期。

李磊：《民族民间传统文化的传承与法律保护研究》，《广西民族研究》2006年第4期。

李琳：《地方文化资源在学校思想政治教育中的运用》，《教学与管理》2018年第21期。

李鹏程：《当代文化哲学沉思》，人民出版社1994年版。

李晓蕾：《中华优秀传统文化教育现状的调查分析——基于全国31个省（自治区、直辖市）的调查数据》，《湖南师范大学教育科学学报》2020年第5期。

梁渭雄、孔棣华：《现代教育哲学》，广东高等教育出版社1997年版。

廖冬梅：《日沉浮问——节日的定义、结构与功能》，西南大学博士学位论文，2006。

刘德云：《文化论纲：一个社会学的视野》，中国展望出版社1988年版。

刘水静、魏薇：《中华优秀传统文化中的爱国主义精神：起源、内涵与特征》，《学校党建与思想教育》2020年第17期。

刘正发：《凉山彝族家支文化传承的教育人类学研究》，中央民族大学学位论文，2007。

卢德生：《取法自在：从"且索"的变迁看藏族教育文化传承策略》，《2007全国博士生（教育类）学术论坛论文集》，2007。

鲁洁、吴康宁：《教育社会学》，人民教育出版社1990年版。

吕虹：《关于建立贵州多元民族民间文化传承发展机制的思考》，《贵州民族研究》2006年第1期。

吕育康：《非主流教育新视野：人才供给非稀缺阶段的中国教育》，郑州大学出版社 2004 年版。

罗远玲:《巴马——盘阳河流域壮族歌咏文化的现代转型与传承》,《民族文学研究》2006 年第 3 期。

马昌仪:《中国神话学文论选萃》,中国广播电视出版社 1994 年版。

么加利:《西南民族地区校内外教育系统功能研究》,《西南大学学报》(社会科学版)2007 年第 5 期。

孟勇:《中学地理优质课教学设计策略——以"自然环境对地方文化的影响"为例》,《地理教学》2021 年第 7 期。

倪胜利:《教育文化论纲》,重庆大学出版社 2011 年版。

庞学光:《教育的终极目的论纲》,《教育研究》2001 年第 5 期。

千里原:《民族工作大全》,中国经济出版社 1994 年版。

邱华全:《新时代教师在传统文化教育中的角色与使命》,《中国教育学刊》2020 年第 12 期。

雀丹:《嘉绒藏族史志》,民族出版社 1995 年版。

邵忠祥:《少数民族乡土文化校本课程开发的问题与对策》,《中国民族教育》2019 年第 6 期。

佘正荣:《生态智慧论》,中国社会科学出版社 1996 年版。

施良方:《课程理论——课程的基础、原理与问题》,教育科学出版社 1996 年版。

石硕:《论藏族历史发展的开放特征》,《四川大学学报》(哲学社会科学版)2000 年第 4 期。

石裕祖:《民族民间舞蹈文化传承规律及发展趋势》,《云南艺术学院学报》2005 年第 2 期。

石中英:《本土知识与教育改革》,《教育研究》2001 年第 8 期。

石中英:《教育学的文化性格》,山西教育出版社 1999 年版。

石中英:《教育哲学导论》,北京师范大学出版社 2002 年版。

石中英:《知识转型与教育改革》,教育科学出版社 2001 年版。

史宗:《20 世纪西方宗教人类学文选》(上册),三联书店 1995 年版。

司马云杰:《文化悖论》,山东人民出版社 1990 年版。

孙绵涛、康翠萍:《教育机制理论的新诠释》,《教育研究》2006 年第

12 期。

孙培青：《中国教育史》，华东师范大学出版社 2000 年版。

王斌华：《校本课程论》，上海教育出版社 2000 年版。

王长乐：《教育机制论》，吉林人民出版社 2001 年版。

王朝闻：《美学概论》，人民出版社 1984 年版。

王德民：《传统文化经典的诠释学解读及教育渗透》，《中国教育学刊》2020 年第 6 期。

王洪志：《地方文化语文校本教材的开发策略》，《教学与管理》2016 年第 15 期。

王欢：《让优秀传统文化在孩子心中扎根》，《中国教育学刊》2019 年第 3 期。

王军：《民族文化传承的教育人类学研究》，《民族教育研究》2006 年第 3 期。

王坤庆：《现代教育哲学》，华中师范大学出版社 1996 年版。

王卫东：《教育价值概念的历史考察与理论分析》，《北京师范大学学报》（社会科学版）1996 年第 2 期。

王治河：《后现代哲学思潮研究》，北京大学出版社 2006 年版。

吴秋连、李臣之：《地方文化融入国家课程研究述评》，《河北师范大学学报》（教育科学版）2016 第 18 期。

吴维：《〈昆山地方文化校本教材〉的开发依据及设想》，《现代教育科学·普教研究》2011 年第 2 期。

吴文侃、杨汉清：《比较教育学》，人民教育出版社 1999 年版。

吴文涛：《传统文化如何走进学校？——论学校传统文化教育的实践逻辑》，《中国教育学刊》2018 年第 3 期。

吴永军：《课程社会学》，南京师范大学出版社 1999 年版。

郗希、刘高升：《中华优秀传统文化复兴教育的几个关键问题》，《人民论坛》2018 年第 8 期。

夏建中：《文化人类学理论学派——文化研究的历史》，中国人民大学出版社 1997 年版。

夏志芳：《地域文化·课程开发》，安徽教育出版社 2008 年版。

肖凤翔、杨顺光：《从传统文化到现代精神：核心素养的哲学阐释与理论构建》，《中国教育科学》2021 年第 2 期。

徐辉、季诚钧：《高等教育研究方法现状及分析》，《中国高教研究》2004 年第 1 期。

杨镜江：《文化学引论》，北京师范大学出版社 1992 年版。

杨九俊：《学校特色建设："寻找属于自己的句子"》，《教育研究》2013 年第 10 期。

姚计海、王喜雪：《近十年来我国教育研究方法的分析与反思》，《教育研究》2013 年第 3 期。

姚艳：《文化传承的困境——阿细跳月的个案研究》，《贵州民族学院学报》（哲学社会科学版）2006 年第 1 期。

叶澜：《教育概论》，人民教育出版社，1991 年版。

易连云：《重建学校精神家园》，教育科学出版社 2003 年版。

易连云、王春华：《习近平传统文化观与当代学校德育改革定位》，《西南大学学报》（社会科学版）2020 年第 1 期。

袁亚愚：《普通社会学教程》，四川大学出版社 1997 年版。

张岱年：《中国哲学大纲》，江苏教育出版社 2005 年版。

张岱年、程宜山：《中国文化与文化争论》，中国人民大学出版社 1990 年版。

张虎生：《论圣地与圣所的时空建构——以拉萨为例》，《民俗研究》2007 年第 2 期。

张雷平、周亚东：《乡土文化教育的现实困境与体系构建》，《国家教育行政学院学报》2021 年第 3 期。

张庆善：《中国少数民族艺术遗产保护及当代艺术发展国际学术研讨会论文集》，文化艺术出版社 2004 年版。

张胜环：《推动中华优秀传统文化在青少年群体中的传承》，《人民论坛》2019 年第 30 期。

张诗亚：《和谐之道与西南民族教育》，《西南大学学报》2007 年第 1 期。

张诗亚：《活的教育与教育学的活》，《西南教育论丛》2005 年第 4 期。

张诗亚：《强化民族认同——数码时代的文化选择》，现代教育出版社 2004

年版。

张诗亚：《西南民族教育文化溯源》，上海教育出版社 1994 年版。

张文：《旅游与文化》，旅游教育出版社 2001 年版。

张滢：《21 世纪中华优秀传统文化教育政策发展研究——从"三进"的角度考察》，《湖南师范大学教育科学学报》2020 年第 5 期。

张永广、尚晓梅：《我国青少年群体参与非遗保护传承现状》，《当代青年研究》2017 年第 5 期。

赵敦华：《现代西方哲学新编》，北京大学出版社 2001 年版。

赵静蓉：《文化记忆与身份认同》，三联书店 2015 年版，第 72 页。

赵世林：《论民族文化传承的本质》，《北京大学学报》（哲学社会科学版）2002 年第 5 期。

赵世林：《云南少数民族文化传承论纲》，云南民族出版社 2002 年版。

郑金洲：《基础教育改革与发展的世纪走向》，《华东师范大学学报》（教育科学版）2000 年第 3 期。

郑金洲：《教育文化学》，人民教育出版社 2014 年版。

钟启泉：《综合课程论》，上海教育出版社 2002 年版。

周宪：《文化表征与文化研究》，北京大学出版社 2015 年版。

筑波大学教育研究会：《现代教育学基础》，上海教育出版社 1986 年版。

〔德〕阿莱达·阿斯曼：《回忆空间：文化记忆的形式和变迁》，潘璐译，北京大学出版社 2016 年版。

〔德〕博尔诺夫：《教育人类学》，李其龙等译，华东师范大学出版社 1999 年版。

〔德〕恩斯特·卡西尔：《人论：人类文化哲学导引》，甘阳译，上海译文出版社 2013 年版。

〔德〕福禄培尔：《人的教育》，孙祖复译，人民教育出版社 2001 年版。

〔德〕哈贝马斯：《作为"意识形态"的技术与科学》，李黎、郭官义译，学林出版社 1999 年版。

〔德〕汉娜·阿伦特：《人的境况》，王寅丽译，上海人民出版社 2009 年版。

〔德〕赫尔巴特：《普通教育学·教育学讲授纲要》，李其龙译，人民教育出版社 1989 年版。

〔德〕康德:《实用人类学》,邓晓芒译,重庆出版社 1987 年版。

〔德〕马勒茨克:《跨文化交流——不同文化的人与人之间的交往》,潘亚玲译,北京大学出版社,2001 年版。

〔德〕藤尼斯:《共同体与社会》,林荣远译,商务印书馆 1999 年版。

〔德〕席勒:《审美教育书简》,冯至等译,北京大学出版社 1985 年版。

〔德〕雅斯贝尔斯:《什么是教育》,邹进译,三联书店 1991 年版。

〔德〕扬·阿斯曼:《文化记忆:早期高级文化中的文字、回忆和政治身份》,金寿福、黄晓晨译,北京大学出版社 2015 年版。

〔法〕埃里克·麦格雷:《传播理论史:一种社会学的视角》,刘芳译,中国传媒大学出版社 2009 年版。

〔法〕安妮·艾诺:《位置》,邱瑞銮译,皇冠文化出版有限公司 2000 年版。

〔法〕布尔迪厄:《文化资本与社会炼金术:布尔迪厄访谈录》,包亚明译,上海人民出版社 1997 年版。

〔法〕布尔迪约等:《再生产——一种教育系统理论的要点》,邢克超译,商务印书馆 2002 年版。

〔法〕列维-斯特劳斯:《野性的思维》,李幼蒸译,商务印书馆 1987 年版。

〔法〕路易·多络:《个体文化与大众文化》,黄健华译,上海人民出版社 1987 年版。

〔法〕莫里斯·哈布瓦赫:《论集体记忆》,毕然、华金译,上海人民出版社 2002 年版。

〔法〕涂尔干:《道德教育》,陈光金等译,上海人民出版社 2006 年版。

〔法〕涂尔干:《社会分工论》,渠东译,上海三联书店 2000 年版。

〔法〕雅克·德里达:《多重立场》,佘碧平译,上海三联书店 2004 年版。

〔古希腊〕柏拉图:《理想国》,郭斌和、张竹明译,商务印书馆 1986 年版。

〔荷〕冯·皮尔森:《文化战略——对我们的思维和生活方式今天正在发生的变化所持的一种观念》,刘利圭等译,中国社会科学出版社 1992 年版。

〔加〕马克斯·范梅南:《教学机智:教育智慧的意蕴》,李树英译,教育科学出版社 2001 年版。

〔加〕N. 戈培尔等：《教师的角色转换》，万喜生译，湖南教育出版社 1991年版。

〔美〕爱德华·霍尔：《超越文化》，何道宽译，北京大学出版社 2010 年版。

〔美〕爱德华·霍尔：《无声的语言》，刘建荣译，上海译文出版社 1991年版。

〔美〕保罗·康纳顿：《社会如何记忆》，纳日碧力戈译，上海人民出版社2000 年版。

〔美〕贝克尔：《局外人：越轨的社会学研究》，张默雪译，南京大学出版社2011 年版。

〔美〕C. 赖特·米尔斯：《社会学的想象力》，陈强、张永强译，三联书店2001 年版。

〔美〕大卫·理斯曼：《孤独的人群》，王崑、朱虹译，南京大学出版社2002 年版。

〔美〕戴维·波斯诺：《社会学》，李强译，中国人民大学出版社 2007 年版。

〔美〕道格拉斯·凯尔纳、〔美〕斯蒂文·贝斯特：《后现代理论——批判性的质疑》，张志斌译，中央编译出版社 2001 年版。

〔美〕杜威：《学校与社会·明日之学校》，赵祥麟等译，人民教育出版社2005 年版。

〔美〕克利福德·格尔茨：《文化的解释》，纳日碧力戈等译，上海人民出版社 1999 年版。

〔美〕L. A 怀特、黄克克：《文化的科学——人类与文明研究》，黄伊玲译，山东人民出版社 1988 年版。

〔美〕拉里·A. 萨姆瓦等：《跨文化传通》，陈南、龚光明译，三联书店1988 年版。

〔美〕刘易斯·科赛：《社会思想名家》，石人译，上海人民出版社 2007年版。

〔美〕露丝·本尼迪克特：《文化模式》，王炜等译，三联书店 1988 年版。

〔美〕罗伯特·K. 默顿：《社会理论和社会结构》，唐少杰、齐心等译，译林出版社 2006 年版。

〔美〕玛格丽特·米德：《代沟》，曾胡译，光明日报出版社 1988 年版。

〔美〕迈克尔·海姆:《从界面到网络空间——虚拟实在的形而上学》,金吾伦、刘钢译,上海科技出版社 2000 年版。

〔美〕曼纽尔·卡斯特:《认同的力量》,夏铸九、黄丽玲等译,社会科学文献出版社 2003 年版。

〔美〕曼纽尔·卡斯特:《网络社会——跨文化的视角》,周凯译,社会科学文献出版社 2009 年版。

〔美〕尼尔·波兹曼:《童年的消逝》,吴燕莛译,广西师范大学出版社 2004 年版。

〔美〕尼葛洛庞帝:《数字化生存》,胡泳译,海南出版社 1996 年版。

〔美〕欧文·戈夫曼:《日常生活中的自我呈现》,冯钢译,北京大学出版社 2008 年版。

〔美〕普洛格、贝茨:《文化演进与人类行为》,吴爱民、邓勇译,辽宁人民出版社 1988 年版。

〔美〕乔纳森·特纳:《社会学理论的结构》,邱泽奇、张茂元等译,华夏出版社 2011 年版。

〔美〕苏珊·郎格:《情感与形式》,刘大基、傅志强、周发祥译,中国社会科学出版社 1986 年版。

〔美〕塔尔科特·帕森斯:《社会行动的结构》,张明德、夏翼南、彭刚译,译林出版社 2003 年版。

〔美〕约翰·维克雷:《神化与文学》,潘国庆、杨小洪、方永彦等译,上海文艺出版社 1995 年版。

〔美〕约翰·维克雷:《神化与文学.潘国庆》,杨小洪、方永彦等译,上海文艺出版社 1995 年版。

〔美〕詹姆斯·克利福德、〔美〕乔治·E.马库斯:《写文化——民族志的诗学与政治学》,高丙中、吴晓黎、李霞等译,商务印书馆 2006 年版。

〔孟〕阿马蒂亚·森:《以自由看待发展》,任赜、于真译,中国人民大学出版社 2002 年版。

〔日〕绫部恒雄:《文化人类学的十五种理论》,中国社会科学院日本研究所社会文化室译,国际文化出版公司 1988 年版。

〔苏〕维克多·特纳:《仪式过程:结构与反结构》,黄剑波、柳博斌译,中国人民大学出版社 2006 年版。

〔英〕爱德华·泰勒:《原始文化》,蔡江浓编译,广西师范大学出版社
　　2005 年版。

〔英〕安东尼·D. 史密斯:《民族主义:理论意识形态历史》,叶江译,上
　　海人民出版社 2006 年版。

〔英〕本尼迪克特:《文化模式》,王炜译,三联书店 1988 年版。

〔英〕C. W. 沃特森:《多元文化主义》,叶兴艺译,吉林人民出版社 2005
　　年版。

〔英〕怀特海:《教育的目的》,徐汝舟译,三联书店 2002 年版。

〔英〕简·艾伦·哈里森:《古希腊宗教的社会起源》,谢世坚译,广西师范
　　大学出版社 2004 年版。

〔英〕罗素:《罗素论教育》,杨汉麟译,人民教育出版社 2009 年版。

〔英〕马林诺夫斯基:《西太平洋的航海者》,梁永佳、李绍明译,华夏出版
　　社 2001 年版。

〔英〕马凌诺斯基:《文化论》,费孝通译,华夏出版社 2002 年版。

〔英〕马歇尔·萨林斯:《文化与实践理性》,赵丙祥译,上海人民出版社
　　2002 年版。

〔英〕迈克·费瑟斯通:《消费文化与后现代主义》,刘精明译,译林出版社
　　2000 年版。

〔英〕迈克尔·吉本斯等:《知识生产的新模式——当代社会科学与研究的
　　动力学》,陈洪捷、沈文钦等译,北京大学出版社 2011 年版。

〔英〕斯图尔特·霍尔:《表征:文化表征与意指实践》,徐亮、陆兴华译,
　　商务印书馆 2013 年版。

〔英〕泰玛·利贝斯、〔英〕埃利胡·卡茨:《意义的输出:〈达拉斯〉的跨
　　文化解读》,刘自雄译,华夏出版社 2003 年版。

〔英〕约翰·斯道雷:《文化理论与大众文化导论》,常江译,北京大学出版
　　社 2010 年版。

〔英〕詹姆斯·库兰、〔美〕米切尔·古尔维奇编:《大众媒介与社会》,杨
　　击译,华夏出版社 2006 年版。

图书在版编目（CIP）数据

地方文化资源教育转化现实与超越／卢德生著. --
北京：社会科学文献出版社，2021.12
　　ISBN 978 - 7 - 5201 - 9417 - 4

　　Ⅰ.①地…　Ⅱ.①卢…　Ⅲ.①地方文化 - 文化资源 -
文化教育 - 研究 - 中国　Ⅳ.①G127②G40 - 055

　　中国版本图书馆 CIP 数据核字（2021）第 239946 号

地方文化资源教育转化现实与超越

著　　者／卢德生

出 版 人／王利民
责任编辑／袁卫华
责任印制／王京美

出　　版／社会科学文献出版社·人文分社（010）59367215
　　　　　　地址：北京市北三环中路甲 29 号院华龙大厦　邮编：100029
　　　　　　网址：www.ssap.com.cn
发　　行／市场营销中心（010）59367081　　59367083
印　　装／三河市东方印刷有限公司

规　　格／开　本：787mm × 1092mm　1/16
　　　　　　印　张：16.75　字　数：265 千字
版　　次／2021 年 12 月第 1 版　2021 年 12 月第 1 次印刷
书　　号／ISBN 978 - 7 - 5201 - 9417 - 4
定　　价／138.00 元

本书如有印装质量问题，请与读者服务中心（010 - 59367028）联系